CLASSES PRÉPARATOIRES AUX GRANDES ÉCOLES COMMERCIALES
1er CYCLE UNIVERSITAIRE
CONCOURS DE LA FONCTION PUBLIQUE

100 fiches

pour connaître l'économie et la société françaises

Marc Montoussé
Coordination

Yves Jean Belœil-Benoist
Professeur de chaire supérieure
en sciences sociales

Philippe Deubel
IA-IPR
Académie de Lille

Bréal éditions
1, rue de Rome – 93561 Rosny-sous-Bois cedex

Édition : Stéphane Gonet
Couverture : Joëlle Parreau
Mise en page : GG Publication

ISBN : 978 2 7495 0772 9

AVANT-PROPOS

Cet ouvrage a pour objectif de présenter de façon claire, structurée et directement opérationnelle, l'ensemble des connaissances fondamentales et des enjeux concernant l'économie et la société françaises. Il est composé de cent fiches, pouvant être étudiées séparément, dont chacune propose une présentation concise et organisée d'une question sur ce thème. Des renvois permettent l'examen d'analyses ou de données complémentaires figurant dans d'autres fiches. Chaque fiche est structurée par un plan apparent qui facilite la lecture, permet de bien distinguer les faits des analyses et met en lumière, chaque fois que c'est utile, les différents points de vue exprimés par les acteurs.

Cet ouvrage permettra de préparer avec efficacité différents concours de la fonction publique. Il pourra aussi être utilisé avec intérêt par tous ceux qui ont besoin de développer ou de synthétiser leurs connaissances sur ce thème, qu'ils soient étudiants ou simples lecteurs soucieux de s'informer sur l'économie et la société françaises.

Marc Montoussé

SOMMAIRE

PARTIE I – ÉLÉMENTS D'HISTOIRE ÉCONOMIQUE ET SOCIALE DE LA FRANCE

PARTIE II – DÉMOGRAPHIE ET POPULATION ACTIVE EN FRANCE

PARTIE III – L'ÉCONOMIE GÉNÉRALE DE LA FRANCE

PARTIE IV – L'APPAREIL PRODUCTIF

PARTIE V – BUDGET ET DÉPENSES DE LA PUISSANCE PUBLIQUE

PARTIE VI – LES POLITIQUES ÉCONOMIQUES ET SOCIALES

PARTIE VII – TRAVAIL, RELATIONS PROFESSIONNELLES ET MOUVEMENTS SOCIAUX

PARTIE VIII – STRATIFICATIONS SOCIALES ET INÉGALITÉS

PARTIE IX – ÉCOLE, CITOYENNETÉ ET CULTURE

PARTIE X – FAMILLE, RELIGION ET VALEURS

PARTIE I

ÉLÉMENTS D'HISTOIRE ÉCONOMIQUE ET SOCIALE DE LA FRANCE

FICHE 1

LE « RETARD FRANÇAIS » DU XVIIIe AU XIXe SIÈCLE

En 1921, un historien souligne pour la première fois que « la France ne connut jamais de révolution industrielle » (John Clapham); cette proposition, reprise par nombre d'historiens et économistes, a été étayée par l'ouvrage de François Crouzet, De la supériorité de l'Angleterre sur la France *(1985). Effectivement, la France ne semble pas avoir connu de* take-off, *ce qui invite à « une remise en cause de l'industrialisation française » (Richard Roehl, 1976). Pourtant, la France disposait, bien avant l'Angleterre, de conditions favorables à une révolution industrielle.*

1 Dynamisme et potentialités de l'économie française

A La présence d'avantages nombreux

- Face à l'Angleterre, la France du XVIIIe siècle est loin d'être un pays en retard; la population française est quatre fois supérieure en nombre, le revenu national comme la croissance économique est également supérieur. La France a même connu une proto-industrialisation (phase de transformation du système productif précédant l'industrialisation) qui repose sur de nombreuses manufactures (grâce au colbertisme). À la veille de la Révolution, en 1788, la France produit près de 140 000 tonnes de fonte contre 63 000 en Angleterre; mais la technique employée est différente: 80 % de la fonte anglaise est produite au coke contre à peine 20 % en France. Les réseaux français routier, fluvial (avec les canaux), de cabotage n'ont rien à envier aux réseaux anglais.
- Si l'agriculture anglaise se modernise sous l'impact des lois des enclosures (délimitation des propriétés pour en augmenter la productivité), entraînant la substitution de grandes métairies (système agricole reposant sur le travail des métayers) à l'agriculture communautaire, l'évolution en France est bien différente mais avec des effets positifs: pour répondre à ses besoins d'argent, vie de cour oblige, la noblesse, propriétaire des terres, loin de les accaparer, les vend aux fermiers. En 1789, 40 % du sol appartient ainsi à de moyens propriétaires. En un siècle, leur bénéfice, fruit de la rente foncière, s'accroît de 60 % en valeur réelle alors que les droits seigneuriaux sont rongés par l'inflation et que la dîme (impôt levé au profit du clergé) ne progresse que de 10 %.

B Des potentialités mal exploitées

- De 1730 à 1780, le commerce extérieur de la France, en volume, est multiplié par trois pour atteindre un niveau presque égal à celui de l'Angleterre. Mais la grande différence est que le commerce français est très peu diversifié; la plus grande part des échanges se fait avec le premier producteur mondial de sucre d'alors, Saint-Domingue, tandis que les relations anglaises couvrent tous les continents du globe. Les exportations anglaises, en 1780, comptent près de 70 % de produits industriels contre à peine 40 % pour les exportations françaises.
- Au point de vue des inventions, la France peut s'enorgueillir de nombreuses découvertes notamment dans les domaines de la chimie, des transports (navire à

vapeur de Claude de Jouffroy d'Abbans), de la métallurgie, du caoutchouc..., mais l'Angleterre connaît un niveau plus efficace d'inventions qui, certainement mieux acceptées par les entrepreneurs, brisent efficacement des goulots d'étranglement technique (difficultés pour une partie de l'appareil productif de répondre à l'augmentation de la demande compte tenu d'innovation en amont), ce qui est décisif pour la filière textile notamment.

2 Le modèle français : la lenteur d'un développement original

A La présence de nombreux facteurs de ralentissement

- La France accumule des retards qui modèlent sa croissance. De 1800 à 1900, la population française augmente de 42 % mais celle de la Grande-Bretagne de 260 %, celle de l'Allemagne de 240 % ; de ce fait, la France ne connaît pas les effets d'entraînement des autres pays. L'agriculture ne s'y modernise pas. Si l'attachement à la terre, favorisé par le législateur révolutionnaire (parcellisation des propriétés après l'abolition du droit d'aînesse), joue, le libre-échange (signature en 1860 du traité franco-anglais de libre-échange) pénalise les agriculteurs français après le retournement des prix de 1860.
- La France ne semble pas manquer d'épargne mais celle-ci est thésaurisée, les Français préférant des placements sûrs chez le notaire que des comptes ouverts dans les banques, récemment créées sous le Second Empire. Cette absence du sens du risque se retrouve dans la bourgeoisie (*Fiche 5*) d'affaires limitant le recours à l'endettement, y préférant un fort taux d'autofinancement ; le modèle d'un Octave Mouret (Émile Zola, *Au Bonheur des Dames*, 1883) est rare, encore que son « paternalisme » est symptomatique du comportement du patronat français.

B Un isolement accentué malgré des placements à l'étranger

- Au XIXe siècle, la France réalise 25 % des placements mondiaux de capitaux à l'étranger, soit près de 40 % de la fortune mobilière du pays ; cette exportation de capitaux est souvent encouragée par l'État (cas des fameux emprunts russes). Si certains historiens (Jean Bouvier) parlent d'« hémorragie » de capitaux, perdus pour les investissements intérieurs, d'autres (Patrick Verley) relativisent ses effets négatifs dans la mesure où il n'y a pas pénurie de fonds prêtables en France, comme en témoignent les taux d'intérêt très faibles ; cette exportation de capitaux est assurément une conséquence de la faible industrialisation et non une cause.
- Mais à mesure que les capitaux français s'exportent, le protectionnisme s'accentue, exception faite de la brève période 1860-1880. Loin d'être un « protectionnisme éducateur » (établissement de barrières douanières pour protéger l'industrie naissante) comme en Allemagne, il n'empêche pas un regain de prospérité à la fin du XIXe siècle, mais il isole les industriels français de leurs concurrents étrangers. Désiré par les agriculteurs, ce protectionnisme les pénalise bien plus que les industriels, en les enfermant, protégés par les tarifs Méline en 1892 (barrières douanières pour empêcher les importations de produits agricoles moins chers, fixées par Jules Méline, ministre de l'Agriculture).

La France est l'exemple du modèle de développement original, resté semi-industriel ; à côté des signes réels d'industrialisation, de modernisation, de croissance, certes lente, la population active demeure majoritairement attachée au secteur agricole, ce qui entraîne aussi une urbanisation très lente par rapport à l'Angleterre.

FICHE 2 LA CROISSANCE FRANÇAISE AU XIXe SIÈCLE

*Dans le cas français, les potentialités sont très importantes (*Fiche 1*), mais la croissance française du XIXe siècle a des caractères atypiques. La France apparaît comme le pays du malthusianisme, tant démographique qu'économique : la fécondité est faible depuis les guerres napoléoniennes et, sur le plan économique, le malthusianisme se manifeste par des attitudes défensives, allant du refus du risque à la méfiance des innovations en passant par une crainte du progrès, et aussi par le choix de mesures protectionnistes...*

1 Une croissance originale aux multiples facettes

A L'originalité par rapport au passé et aux pays concurrents

- Jusqu'au XVIIIe siècle, la situation économique de la France reste très proche de celle de l'Angleterre (*Fiche 1*) même si le pays est bien plus peuplé, les manufactures plus nombreuses, les échanges extérieurs un peu moindres. Mais, à la différence du modèle anglais, la France ne connaît pas de réel *take-off*, de décollage économique précis, visible. La période troublée de la Révolution, de 1792 à 1815, malgré des acquis politiques (institutions parlementaires), engendre une dimension récessive importante (surtout avec les dérives coûteuses de la période de la Terreur) : près d'un million de morts (dont les condamnations à mort de chercheurs tel Antoine de Lavoisier), émigration intense de la noblesse, destruction des infrastructures, notamment routières, fuite de capitaux, pertes de colonies, arrêt du commerce extérieur...
- En même temps, la croissance française est un cas original ne se retrouvant dans aucun autre pays s'industrialisant. Posé par le législateur révolutionnaire, le libéralisme à la française est « extrême », n'acceptant aucune entrave au droit contractuel, interdisant toute forme de coalition (décret d'Allarde, loi Le Chapelier). Paradoxalement, l'interventionnisme y est intense (le jacobinisme semblant renforcer le colbertisme) avec la volonté de l'État d'accentuer la centralisation, de promulguer de nouveaux étalons de mesure (système métrique, système monétaire décimal...), de contrôler la circulation de la monnaie...

B L'originalité des cycles économiques et de l'interventionnisme

- Malgré l'originalité de ce « capitalisme à la française », l'économie de la France ne se distingue pas fondamentalement de celle des autres pays voisins sur le plan des cycles. La France connaît, comme l'Angleterre, la Belgique (les Flandres, plus exactement), l'Allemagne..., une alternance des longues « vagues » Kondratieff (cycles économiques de longue durée observés par les mouvements de prix, de productions...), certes moins accentuées (d'après les évaluations des historiens de l'économie), ce qui serait une preuve supplémentaire pour affirmer que la France est un pays « semi-industriel » dans la mesure où ces « cycles caractérisent une économie industrialisée ».

- D'autre part, l'État intervient dans des domaines toujours plus nombreux ; ainsi, il encadre et soutient la croissance, comme par exemple avec les grands travaux urbains du Second Empire (dirigés par le baron Haussmann), avec la « politique » de l'Instruction publique (lois Ferry de 1881 et 1882), avec la protection du travail (création du premier ministère du Travail, en 1906, avec Georges Clemenceau)...

2 Une croissance spécifique

A Les malthusianismes

- La croissance française spécifique s'explique par une population trop nombreuse au début du XIXe siècle (32 millions d'habitants en 1815) et pas assez nombreuse à la fin de ce même siècle (39 millions en 1901) ; le marché est donc pris dans un véritable piège « malthusien » ne permettant pas une « pression créatrice » (au sens d'Ester Boserup) alors que – étrange paradoxe – « la France a toujours détesté Malthus » (Emmanuel Todd) ne voyant en lui qu'un « démographe scélérat » (Pierre-Joseph Proudhon) et jamais un économiste.
- La croissance est également spécifique car le capitalisme industriel français est celui des petites entreprises (*Fiches 38, 39*), au noyau familial puissant ; malgré les exceptions (les Schneider au Creusot, les frères Péreire, les Peugeot...), ce capitalisme adopte progressivement, sur les plans économique, financier, industriel, des attitudes également malthusiennes (peu ou pas de recours à l'endettement, toujours risqué financièrement, y préférant l'autofinancement).

B La Grande Dépression, révélateur de la spécificité de la croissance française

- Parmi tous les pays industriels, la France est celui qui a été le plus touché par la Grande Dépression (1873-1896), à la fois par des chocs exogènes et endogènes. De graves chocs exogènes (provenant de l'extérieur de la France) traumatisent les Français : perte de l'Alsace-Lorraine, concurrence des producteurs agricoles étrangers... Les chocs endogènes (ou internes à l'économie française) n'ont pas été moins traumatisants : crises agricoles à répétition accentuant le malaise paysan, inadaptation du plan Freycinet sur le développement du réseau des chemins de fer, impact de la trop faible consommation, importance du krach bancaire, en février 1882, de l'Union générale (qui inspire à Émile Zola son roman *L'Argent*)...
- La spécificité française provient aussi d'un dualisme exacerbé. Si, globalement, la croissance démographique est faible (taux d'accroissement naturel négatif à la veille de la Première Guerre mondiale), certaines régions sont surpeuplées (Languedoc, Limousin, Bretagne – révélée maladroitement par l'une des premières bandes dessinées, *Bécassine*, en 1905 de Jacqueline Rivière). Ces régions ont très peu d'industries modernes (les maîtres de forges y conservent fièrement leurs pouvoirs, méthodes et traditions ancestrales) en opposition aux rares régions (Nord, Pas-de-Calais, Lorraine...) aux entreprises modernes.

La croissance française au XIXe siècle révèle autant de dualismes que de paradoxes. Ils se réduisent, superficiellement, avec la Belle Époque (1897-1913) avec la maîtrise des secteurs moteurs de la deuxième révolution industrielle (automobile, électrométallurgie...) mais dans un pays à la forte ruralité ; il faut attendre le recensement de 1931 pour que la population urbaine dépasse enfin la population rurale.

FICHE 3 LES MUTATIONS DE L'AGRICULTURE AU XIXe SIÈCLE

*Dans l'*Histoire de la France rurale *(Georges Duby et Armand Wallon, 1976), un tome entier (Tome 3) est consacré à l'agriculture au* XIX*e siècle pour analyser la complexité d'un secteur toujours dominant où l'essor de la paysannerie limite la modernisation dans un pays pourtant industriel. Cette modernisation est tardive et lente ; il a fallu attendre un véritable « ébranlement » dû à des crises graves pour susciter des réactions, qui n'atténueront pas vraiment un « profond malaise paysan » (G. Walter,* Histoire des paysans de France, *1963).*

1 L'ESSOR D'UNE PAYSANNERIE TRADITIONNELLE

A L'enracinement et l'attachement à la terre

- La Révolution, précipitée par une grave crise agricole due à de mauvaises récoltes entre 1773 et 1788, accentue le mouvement, en cours depuis plusieurs siècles, de domination de la petite propriété au détriment de la grande. En effet, la Convention décide (décret du 17 juillet 1793) l'abolition de toutes les redevances seigneuriales et déclare « la propriété paysanne libre », à tel point que les cultivateurs sont totalement libres de choisir leur système d'assolement (rotation des cultures), le choix des plantations, entraînant une agriculture parcellaire, en autoconsommation. La « contrainte de sole », obligeant jusqu'alors les membres d'une même communauté rurale à pratiquer un système identique d'assolement, n'existe plus ; chacun est libre d'organiser ou non des jachères.
- Avec la vente des biens nationaux, la bourgeoisie urbaine trouve un intérêt de placement dans la terre ; en 1830, elle possède 55 % des terres cultivées (24 millions d'hectares), imposant la domination du faire-valoir indirect (les terres sont louées à des fermiers, parfois des métayers, par les propriétaires). Cette bourgeoisie urbaine de nouveaux propriétaires fonciers ne porte guère d'attention à ses terres, n'attendant que des fermages rentables, fruit d'un placement sans risque.

B La domination de pratiques ancestrales

- Le morcellement excessif du sol est l'obstacle majeur à toute modernisation ; malgré des projets, le législateur révolutionnaire n'a pas abordé le problème technique du remembrement (système d'échanges obligatoire des parcelles pour mettre fin au morcellement excessif des terres) – qui ne sera résolu qu'à partir des années 1950 – alors que, par héritage, après abolition du droit d'aînesse, les terres sont de plus en plus morcelées. La France reste ainsi le seul pays industrialisé au secteur agricole prédominant : la population active agricole passe de 75,1 à 44,8 % entre 1801 et 1891 (contre 35,8 à 10,5 % en Angleterre sur la même période).
- Dans ce cadre, il n'y a guère de modernisation globale. Les pratiques n'évoluent pas sauf dans les rares grandes propriétés de la Beauce, de la Brie, de la plaine picarde… Les encouragements donnés par les pouvoirs publics pour moderniser l'agriculture restent sans effet marquant, même s'ils sont nombreux tels la création de l'École nationale des eaux et forêts (1824), de l'École d'agriculture de

Grignon (1826)... sans oublier la création du ministère de l'Agriculture (1836) et la multiplication des concours agricoles.

2 L'ébranlement du monde paysan, source d'une modernisation tardive et limitée

A De graves crises agricoles imposent des mutations

- La modernisation de l'agriculture ne se fait pas sans crises, ni sans graves difficultés. Une série de crises s'accumulent : la culture du mûrier est ruinée par l'importation de soie orientale ; la culture des plantes tinctoriales est concurrencée par l'industrie chimique des colorants ; la culture du blé, véritable emblème national, ne peut lutter contre les importations des blés étrangers bon marché ; le vignoble (le premier du monde) est décimé par le phylloxéra...
- Pour survivre, l'agriculture française doit s'adapter. La sélection des semences se développe (avec l'entreprise Vilmorin, notamment). Des spécialisations régionales se mettent en place avec des cultures florales, fourragères, maraîchères, horticoles (ces dernières multipliées en volume par 6 de 1900 à 1913). L'élevage se développe rapidement (entre 1886 et 1913, la surface des prairies passe de 7 à 15 millions d'hectares), parfois au détriment des cultures, moins rentables.

B Une révolution paysanne plus qu'une révolution agricole

- Mais ces mutations ne profitent pas à l'ensemble du monde rural et la majorité est toujours celle des cultivateurs parcellaires. D'autre part, pendant la série de crises affectant l'agriculture française, la concurrence étrangère a connu des progrès rapides. Les agriculteurs, véritable lobby en France, exigent, lors de manifestations violentes, le retour au protectionnisme (d'où les lois ou tarifs Méline), ce qui les oppose aux industriels français qui n'ont jamais été très favorables au libre-échange (*Fiche 1*). L'agriculture française s'améliore lentement mais sans l'esprit compétitif car enfermée dans un cadre national très protecteur.
- Face au modèle technique de la révolution agricole anglaise, la France aurait connu une « révolution rurale » (Gordon Wright) : l'amélioration porte plus sur l'organisation de la société rurale que sur le plan des techniques. Cela entraîne des comportements plus corporatistes que politiques et économiques, qui se révèlent bien avec Henri Dorgères (pseudonyme d'Henri d'Halluin), porte-parole et animateur du mouvement Haut les fourches ! En 1910, la France compte 240 000 batteuses, 25 000 moissonneuses mais l'Institut agronomique estime que le parc mécanique devrait être dix fois plus grand.

La France est un grand pays agricole traditionnel et semble bien le rester. Il faudra attendre la politique agricole européenne pour voir un changement décisif vers une agriculture productive ; elle sera mise en place dans les années 1960 sur les initiatives de Sicco Mansholt, père de la politique agricole commune (PAC).

FICHE 4 L'INDUSTRIALISATION FRANÇAISE

*Après un hésitant décollage industriel sous le Premier Empire, la croissance reprend en 1830 pour s'accélérer dans les années 1840. Le Second Empire donne une impulsion plus nette : l'isolement des campagnes (*Fiche 3*) est brisé par le développement des chemins de fer ; la grande industrie se développe en affichant un capitalisme original (*Fiche 2*). Ce dernier sera mis à mal par la Grande Dépression (1873-1896) mais déjà la France apparaît comme une puissance industrielle, active et prospère, qui se révèle à travers les fameuses expositions internationales. Pourtant, ces dernières ne peuvent cacher des déséquilibres et des retards économiques à la fois sur le pays leader, la Grande-Bretagne, et sur l'Allemagne, qui réussit un remarquable rattrapage industriel.*

1 Un dynamisme industriel relatif

A Une métamorphose indéniable

- Quoique très rurale et refermée sur elle-même (*Fiches 2 et 3*), la France se modernise sous l'effet de l'évolution générale du monde occidental avec l'augmentation des échanges internationaux, qui ont un impact sur ses productions industrielles. Patrick Verley souligne (*L'échelle du monde. Essai sur l'industrialisation de l'Occident*, 1977) que « les années 1820 à 1880 sont celles d'un glissement d'une économie orientée vers la consommation à une économie orientée vers la production, d'une économie où les entrepreneurs cherchent à adapter leur production aux fluctuations de la demande à une économie où ils s'efforcent de créer et de régulariser la demande... ».
- De 1871 à 1914, l'accroissement de l'activité industrielle dans l'économie nationale est probante. Le nombre de travailleurs de l'industrie passe de 5 millions en 1815 à plus de 8 millions en 1914. Nombre de régions agricoles sont brusquement métamorphosées en centres industriels à l'image des campagnes lorraines riches en minerai de fer après l'innovation des procédés de la sidérurgie. En même temps, la concentration industrielle se développe avec l'absorption des petites industries par les grandes, mieux pourvues en capitaux : le centre drapier d'Elbeuf passe ainsi de 157 fabricants en 1882 à 43 en 1903. Des groupements, les « comptoirs », analogues aux trusts et cartels, se multiplient,

B Des potentialités insuffisamment exploitées

- Les données les plus caractéristiques de l'industrialisation française sont illustrées par la production et la consommation de la houille : de 13 et 21 millions de tonnes en 1899 à 40 et 48 millions en 1913. Mais aussi profondes qu'elles soient, ces transformations ne sont pas comparables à celles de la Grande-Bretagne et de l'Allemagne où l'équilibre industriel est totalement dominé par la grande industrie ; en France, les entreprises industrielles restent, en majorité, de dimension réduite, plus adaptées à une demande locale que nationale, voire internationale.

- La France reste ainsi attachée à la routine, hésitante entre l'attachement à la terre et aux traditions et le risque d'investir des capitaux dans les placements industriels. Michel Beaud (*Histoire du capitalisme de 1500 à nos jours*, 1990) précise bien que « dans sa profondeur sociale, la France reste provinciale, rurale, agricole, artisanale, c'est-à-dire lente et prudente. Une partie même du capitalisme industriel […] reste comme enfermé dans son cocon ». Pourtant, Maurice Lévy-Leboyer (« Le patronat français a-t-il été malthusien ? », *Le mouvement social*, 1974) conteste l'image de « patrons rétrogrades » car certains ont un « souci constant d'intégrer le progrès technique ».

2 Les défaillances industrielles françaises

A Une France industrielle affaiblie ?

- Les techniques et technologies issues de la première révolution industrielle (houille et machine à vapeur) ont survécu jusqu'au cœur du XXe siècle. Si les chercheurs français s'illustrent dans l'essor des technologies électriques industrielles (Expositions universelles de 1881 et 1889), les Français ne sont guère réceptifs à l'introduction effective de leurs innovations comme si la « destruction créatrice » (concept clé, dû à Joseph Aloïs Schumpeter : les innovations nouvelles détrônant les procédés précédents) ne jouait pas totalement.
- De même, nombre d'ingénieurs français (issus de l'École centrale des Arts et Manufactures) vont aux États-Unis pour découvrir de nouvelles méthodes (liées au taylorisme). Par contre, les ouvriers français s'opposent à leur introduction (20 usines seulement, en 1911, ont adopté des méthodes tayloriennes). Parfois, ces méthodes sont imposées par l'État (cas du chantier naval militaire La Loire à Saint-Nazaire, de 1916 à 1919). Les contraintes de la rationalisation ne se pratiquent pas en France comme ailleurs, malgré les effets de la Grande Dépression (*Fiche 2*).

B Une stratégie orientée vers la spécialisation

- À la différence de quelques grands pays occidentaux (Allemagne, Grande-Bretagne, Pays-Bas), la stratégie industrielle française est orientée vers une politique d'excellence centrée sur un produit ou un ensemble de produits, notamment de luxe ou à forte valeur ajoutée (est-ce un legs du « colbertisme » ?). Ainsi la France s'illustre-t-elle dans l'industrie automobile, pays qui comptera le plus de constructeurs, de motoristes, de carrossiers (plus de 300).
- Pourtant, parmi les grands pays occidentaux industriels, la France compte un grand nombre d'ingénieurs de recherche (issus de grandes écoles : Centrale, Polytechnique…) mais assez peu d'ingénieurs de production (malgré l'existence de 25 instituts techniques universitaires, en 1910, dont ceux de Lille, Nancy, Bordeaux, Grenoble, Besançon…).

L'industrialisation, en France, met en exergue un « capitalisme à la française » (Fiche 40) *pris entre la gestion du legs du passé et l'ouverture à la concurrence, entre des structures plus artisanales que proprement industrielles, entre des efforts de recherche-développement de pointe et des applications hésitantes et frileuses. L'explication est assurément à rechercher aussi dans les structures sociales* (Fiches 5, 6, 7) *pour comprendre la lente « décélération de l'économie française » (M. Lévy-Leboyer) à partir de la seconde moitié du XIXe siècle.*

FICHE 5 LA BOURGEOISIE AU XIXᵉ SIÈCLE

Si la bourgeoisie trouve son origine lointaine dans l'affranchissement seigneurial (procédure par laquelle un seigneur féodal rend libre ses serfs) permettant à des artisans et des marchands de s'établir librement dans les « bourgs » (XIᵉ-XIIᵉ siècle), elle s'est révélée en France au XVIIIᵉ siècle comme une force économique, sociale et politique. Si le poids économique de la bourgeoisie est dominant dans l'économie française, elle n'est reconnue politiquement que lors de la révolution de 1789, première révolution bourgeoise. Se développent dès lors de grandes « dynasties bourgeoises », élément-clé du « capitalisme à la française » (Fiches 4, 39).

1 La bourgeoisie passive et la bourgeoisie active

A La bourgeoisie passive ou inactive

- Personnage historique et social central du XIXᵉ siècle, le « bourgeois conquérant » (Émile Zola, Honoré de Balzac…) reflète l'affirmation d'une classe nouvelle dont le statut ne cesse de grandir avec des rôles tant économique que politique et social. Mais loin de toute unité de classe, la bourgeoisie dite « passive » est composée de rentiers aux statuts très différents; certains se contentent de vivre sur les revenus de leur patrimoine, d'autres prennent plus de risques profitant du développement des valeurs mobilières (actions, obligations), des emprunts d'État, des sources nouvelles de rentabilité du capital. Cependant, les placements immobiliers (la terre et la pierre) n'ont jamais perdu de leur importance et ont toujours été préférés (placement dit « de bon père de famille »).
- Très nombreuse (entre 500 000 et 650 000 individus en 1901), cette bourgeoisie passive comprend une diversité importante de statuts: hommes politiques, écrivains, membres des professions libérales et, aussi, de nombreuses femmes seules gérant des patrimoines, des héritages… Ces personnes se contentent de vivre de leurs revenus, ne donnant à leur activité professionnelle qu'une importance marginale. Dans les nombreuses villes moyennes de la France, ils constituent un véritable « groupe leader », dominant les modes, les tendances, les idées… Ces rentiers vivent en « terrain conquis » et servent de modèle de référence pour une autre fraction, bien moins nombreuse, la bourgeoisie active.

B La bourgeoisie active

- Les membres de la bourgeoisie active ne se limitent pas aux placements mais cherchent à les mettre en valeur. En comparaison avec les autres pays industriels, cette bourgeoise est minoritaire en France (moins de 100 000 personnes en 1901), semblant faire revivre le mythe des « 200 familles » (celles qui dirigeraient réellement la France, en référence aux 200 premiers actionnaires lors de la création de la Banque de France et qui se retrouvent, effectivement, dans nombre de conseils d'administration). Ce groupe dynamique participe au développement des banques, des industries, des échanges et constitue de véritables réseaux.

- Qu'elle soit passive ou active, la bourgeoisie a un point commun au niveau des stratégies familiales. À l'opposé de l'idéal du *self-made-man* anglo-saxon, la réussite de la bourgeoisie française est fondée sur une cohésion sociale très forte ; il suffit d'analyser les tableaux généalogiques de familles comme les Wendel, les Peugeot, les Michelin… où les alliances se font tant avec la bourgeoisie d'affaires que la noblesse. Ces « héritiers » sont soucieux de leurs perspectives patrimoniales.

2 De l'origine de la bourgeoisie au recrutement du patronat : une nouvelle classe sociale

A Les héritiers et les hommes nouveaux

- Une majorité d'entrepreneurs français du XIXe siècle possède un capital industriel résultant d'une accumulation ancienne remontant à l'Ancien Régime. Ce sont des héritiers qui ont su faire fructifier les capitaux reçus en héritage. Le capital initial provient souvent de la terre (cas des familles du textile du Nord), ou bien de l'enrichissement dû au commerce et aux échanges internationaux.
- Mais la France ne compte pas que des héritiers, des exemples d'hommes nouveaux existent ; ils sont plus proches du modèle de *self-made-man* anglais ou américain. En prenant des risques (notamment de l'endettement auprès de créanciers), en utilisant une innovation, ils se lancent dans les affaires. La réussite de grandes écoles – caractéristique propre au modèle français – est aussi un moyen de créer une élite industrielle ; ces écoles permettent ainsi une « circulation des élites » (selon les termes du sociologue et économiste Vilfredo Pareto).

B La construction sociale du patronat

- Les réussites, nouvelles ou anciennes, individuelles ou familiales, ne suffisent pas pour créer une nouvelle classe sociale. Le statut de l'entrepreneur s'affirme dans la durée, notamment après trois ou quatre générations, de père en fils, passées à la tête de l'entreprise. De plus, l'homogénéité du milieu de la bourgeoisie et du patronat est renforcée par l'endogamie sociale, l'existence d'un réseau familial constituant autant de liaisons économiques (participation dans les sociétés, constitution d'associations patronales, fidélisation des fournisseurs…). En ce sens, les comités, à l'image du Comité des Forges, ont eu un rôle important de fédération du patronat et de la bourgeoisie.
- Mais, en fin d'analyse, la construction sociale du patronat, avec la place prégnante de la bourgeoisie, s'explique par son comportement, lui permettant d'imposer sa propre vision des affaires, de la société, de l'économie tout entière. Plutôt persuadé d'être investi d'une mission, le patronat fait de l'entreprise une véritable institution (à côté des autres : armée, famille, Église…), aux fortes tendances paternalistes (cas de la famille Schneider au Creusot), soutenant que toute nouvelle société industrielle a besoin d'abord d'autorité puis d'ordre. La bourgeoisie française se caractérise dès lors plus par son conservatisme que par son libéralisme ; ce caractère est différent et éloigné de celui de la bourgeoisie allemande ou néerlandaise, ou encore du patronat anglais, moins conservateur, plus individualiste.

La bourgeoisie française a gagné une place considérable dans le paysage social ; par sa place, son statut, sa vision, elle ne se distingue pas vraiment des élites de l'Ancien Régime même si son objectif est de créer de plus en plus de richesses. Le fossé entre elle et la classe ouvrière risque dès lors de s'approfondir de plus en plus (Fiche 6).

FICHE 6

LA NAISSANCE DE LA CLASSE OUVRIÈRE

Si les ouvriers étaient présents dans les corporations du Moyen Âge, la révolution industrielle est l'acte de naissance d'une vaste classe ouvrière et d'une conscience de classe. Se pose dès lors la question de sa condition avec la méfiance que suggère bien le titre de l'ouvrage de Louis Chevalier, Classes laborieuses, classes dangereuses. *Une véritable nouvelle question sociale se pose avec la prolétarisation qui remet en cause le libéralisme triomphant de la bourgeoisie (*Fiche 5*).*

1 La formation de la classe ouvrière

A L'ensemble diversifié des classes laborieuses

- La révolution industrielle, en France, n'a pas fait disparaître les anciennes formes de production artisanale ; de même, l'apparition des ouvriers d'industrie n'a pas entraîné la disparition des anciennes catégories aux activités manuelles tels les travailleurs indépendants, les ouvriers des ateliers artisanaux et le large éventail des travailleurs à domicile, sans oublier les paysans-ouvriers (les Canuts de Lyon, par exemple)… De ce fait, le prolétariat (vendant sa seule richesse, la force de travail, contre un salaire) n'est que l'une des composantes des classes laborieuses, même si ses effectifs augmentent : 3 800 000 en 1856 ; 6 300 000 en 1911.
- Les ouvriers de type ancien (liés à la production artisanale, détenteurs d'un savoir-faire par apprentissage, propriétaires d'outils) et les ouvriers des nouvelles industries ont des points communs les distinguant du reste de la société : travail manuel, statut de locataire, genres et niveaux de vie proches. Ces facteurs font naître une conscience de classe qui se manifeste lors des « Trois Glorieuses » (27, 28, 29 juillet 1830), première révolution véritablement ouvrière, lors des révoltes ponctuant le régime de Louis-Philippe (révoltes à Paris en 1832, à Lyon, en 1831, 1834), durant la révolution de 1848 et, surtout, lors de la Commune de Paris (18 mars-28 mai 1871).

B Le recrutement de la classe ouvrière industrielle

- Contrairement à l'Angleterre, où les ouvriers proviennent des campagnes sous l'effet des lois des enclosures (*Fiche 1*), les zones rurales françaises dégagent un faible surplus de main-d'œuvre industrielle. Cependant, faible croissance démographique, morcellement des terres (*Fiche 3*), baisse des prix agricoles, déclin des industries locales… entraînent une paupérisation de la petite paysannerie qui demeure attachée à sa terre d'origine ; ainsi, souvent, l'exode rural est précédé d'un exode agricole, le travail de la terre est abandonné mais pas le village.
- La deuxième source de recrutement de la classe ouvrière est l'immigration, variante en fait de l'exode rural sur une plus grande distance et se jouant du cadre national : 400 000 en 1850 ; 600 000 en 1872 ; 1 200 000 en 1902. Ce sont les Italiens dans les mines de Lorraine et les villes industrielles (notamment dans le bâtiment et les chantiers de terrassement), les Belges dans l'industrie textile du Nord, les Suisses dans les industries de Mulhouse, les Polonais dans les grands centres sidérurgiques.

- La troisième source est le recrutement massif des femmes et des enfants, image « noire » du XIXe siècle industriel, fait indiscutable mais à nuancer statistiquement ; ce sont surtout les industries textiles qui font appel aux femmes et aux enfants, plus adaptés à ce type d'activité. Mais, ils travaillent à peine contre un « salaire d'airain » : faible salaire ne permettant que de reconstituer la force de travail selon Ferdinand Lassalle puis Karl Marx.

2 Les conditions de vie et de travail de la classe ouvrière

A L'usine : nouveau cadre contraignant du travail

- Le nouveau lieu du travail se caractérise par son aspect répulsif : chaleur en été, froid en hiver ; odeurs fortes, absence d'hygiène ; bruits ; sécurité menacée ; permanence d'accidents du travail (et ce n'est pas le lot des seules trois grandes industries, mine, sidérurgie, textile). Les innovations architecturales, notamment pour un meilleur éclairage, ne changent pas ou peu ce cadre sordide. L'effort physique, nerveux, exigé par le travail est intense, avec des horaires de 13 à 14 heures. Le temps de sommeil atteint à peine le minimum physiologique.
- Les enquêtes sont éloquentes à la seule lecture de leur titre : baron de Morogues, *De la misère des ouvriers et de la marche à suivre pour y remédier*, 1832 ; docteurs Ange Guépin et Eugène Bonamy, *Statistiques topographique, industrielle et morale de Nantes*, 1835 ; docteur Villermé, *Tableau de l'état physique et moral des ouvriers employés dans les manufactures*..., 1840 (le plus précis sur le plan méthodologique, annonçant déjà les grandes enquêtes sociologiques) ; vicomte de Villeneuve-Bargemont, *Le Livre des affligés*, 1841... ; ce sont autant de réquisitoires impitoyables contre les effets de l'industrialisation : insuffisance de salaire pour se nourrir, espérance de vie en diminution, augmentation de la mortalité infantile.

B La banlieue : cadre complexe de vie hors du travail

- Les enquêtes citées montrent que « si l'usine est un bagne, la banlieue est un enfer » où se mêlent la prostitution, la brutalité, la criminalité, l'alcoolisme, l'abandon d'enfants, la montée des naissances illégitimes... Manifestation d'une crise d'identité d'autant plus profonde que les solidarités ne jouent plus comme dans les zones rurales d'où provient la majorité des ouvriers. L'urbanisation sauvage (des caves aux mansardes en passant par les taudis sordides annonçant les bidonvilles) se double d'une économie parallèle, seule moyen de survie.
- Une frange du patronat réagit en construisant des cités ouvrières (Le Creusot, La Grande-Combe, les corons du Nord, les cités ouvrières de Mulhouse...). Mais, ce sont des solutions sous contrainte, celle du paternalisme patronal, le patronat décidant seul des normes de bien-être des familles ouvrières. De même, la création des « jardins ouvriers » (1896) – un principe pourtant cher à Frédéric Le Play – avec la Ligue française du coin de terre et du foyer (LFCTF) est une illusion pour que « l'ouvrier arraché à sa ruralité natale retrouve une stabilité perdue avec son passé ».

La classe ouvrière prend d'autant plus une conscience de classe que sa situation matérielle difficile se double par la volonté, parfois inconsciente, de la classe dirigeante de penser à sa propre place.

FICHE 7 L'ESSOR DES CLASSES MOYENNES

*Charles Alexis de Tocqueville (*De la démocratie en Amérique*, 1835) démontre que la Révolution et la démocratie entraînent une évolution nouvelle de la société avec l'apparition de nouveaux groupes sociaux. L'analyse de Karl Marx et Friedrich Engels est nette : les classes moyennes (employés, petits fabricants, détaillants, fonctionnaires...) combattent toutes la bourgeoisie (*Fiche 5*) parce qu'elle est une menace pour leur existence même de classe. L'histoire sociale de la France montre une réalité bien plus complexe avec l'expansion et la diversification des classes moyennes.*

1 La constitution progressive d'un groupe social central

A Les classes moyennes se développent avec l'industrialisation et la croissance économique

- Les classes moyennes désignent l'ensemble des couches sociales situées en dessous de la bourgeoisie (*Fiche 5*) et au-dessus des classes populaires, des ouvriers et des prolétaires (*Fiche 6*). Au-delà de leur hétérogénéité, elles ont comme point commun d'exercer une activité professionnelle de bureau, de contact avec la clientèle, en utilisant assez souvent un savoir reconnu par un niveau de diplôme ou un concours (pour les fonctionnaires).
- L'augmentation des classes moyennes, lente mais régulière tout au long du XIXe siècle (600 000 en 1850 ; 800 000 en 1875 ; 1 300 000 en 1914), s'explique par la montée des services marchands : développement des transports, du grand commerce, des banques (notamment de crédit avec des succursales) sous le Second Empire. De plus, la multiplication des mutuelles et assurances, des fonctions administratives (créations des perceptions, des postes...), au début de la IIIe République, sont autant de facteurs expliquant cette croissance d'une classe convoitée pour échapper à la pression de l'usine ou à la pauvreté rurale.

B Une place centrale convoitée

- Ce statut nouveau n'est pas seulement convoité dans une stratégie de légitime promotion sociale, au niveau individuel ou familial, mais aussi sur un plan plus idéologique et sociologique. Si la IIIe République a su s'appuyer sur les instituteurs, ces « hussards noirs » du nouveau régime républicain pour l'application des lois Ferry sur « l'école gratuite, obligatoire et laïque, », tous les régimes qui ont succédé à la Restauration, depuis 1830, ont pris appui sur les classes moyennes, souvent nommées jusqu'en 1850-1860 la « petite bourgeoisie »
- De son côté, Léon Gambetta, président de la Chambre des députés fait appel, pour consolider la IIIe République naissante, à ce qu'il nomme les « couches nouvelles » (1875), représentées par des députés plus nombreux issus de leur sein. Dès lors, la société française prend un nouveau aspect avec un émiettement des situations sociales (ce que Charles Alexis de Tocqueville n'avait pas prévu, pas plus que Karl Marx) à mesure que ce groupe connaît une expansion numé-

rique, comme le souligne le sociologue Luc Boltanski (*Les cadres : la formation d'un groupe social*, 1982).

2 La spécificité des classes moyennes

A Des employés de plus en plus nombreux

- À partir du XIXe siècle, le terme d'« employés » désigne avant tout les fonctionnaires travaillant dans les bureaux. Ensuite, la concentration industrielle, l'essor du commerce ainsi que le développement des règles de gestion des entreprises (comptabilité, archivage des données, secrétariat...) ont entraîné la création d'emplois de nature tertiaire tant dans les grandes et moyennes entreprises que dans l'ensemble du commerce. De ce fait, les employés, comme les fonctionnaires, sont plus nombreux, à partir du milieu du Second Empire, sous l'effet de la spécialisation des services.
- Les employés et fonctionnaires sont nombreux dans les villes, grandes et moyennes, où les emplois de services se multiplient aussi bien dans les services publics (rôle des instituteurs, des préposés aux écritures) que dans les services privés (employés commerciaux, représentants). Ils sont favorisés par rapports aux ouvriers industriels car ils sont plus instruits, moins soumis aux tâches d'exécution et, surtout, ils travaillent dans un cadre moins dur que l'usine (*Fiche 5*). De plus, alors que les ouvriers sont rémunérés sur la base d'un salaire horaire, les employés comme les fonctionnaires perçoivent une rémunération hebdomadaire fixe puis mensuelle. Dès l'aube du XXe siècle, il est possible ainsi d'opposer les « cols blancs » aux « cols bleus ».

B Des situations liées à la mobilité sociale

- La diversité des situations, due à la spécialisation des tâches, n'empêche pas des points communs : l'absence de conscience de classe (« ni bourgeois, ni prolétaires »), la possession d'un petit patrimoine (culturel et/ou matériel), l'aspiration forte à la promotion sociale... qui se traduit par une mobilité sociale plus importante que dans la classe ouvrière.
- Cette volonté de mobilité sociale est favorisée par l'instauration d'une méritocratie (système de dévolution du pouvoir fondé sur le mérite) relative. Cette situation de sécurité relative n'empêche pas un fort sentiment de fragilité, qui annonce déjà l'anxiété que souligneront la sociologue Martine Laronche et l'historien Serge Bernstein en étudiant les classes moyennes.

La France est certes le pays des petites et moyennes entreprises mais aussi celui des classes moyennes dont le poids, dans la société, n'a cessé de croître (Fiche 8). *Cet aspect social participe aussi aux caractéristiques du « capitalisme à la française »* (Fiche 40) *où le rôle central de ces classes reste prégnant* (Fiche 74).

FICHE 8 L'ÉVOLUTION DE LA STRUCTURE SOCIALE DU XIXe AU XXe SIÈCLE

Les prévisions et les anticipations sur l'évolution de la structure sociale de Charles Alexis de Tocqueville, de Karl Marx et Fredrich Engels (Fiche 7) n'ont guère été réalisées. Si la France, en opposition au modèle anglais et aux autres pays industrialisés, n'a pas connu de réel take-off *(Fiche 2), elle n'a pas connu non plus de véritable bouleversement de la structure sociale. L'évolution est, par contre, plus rapide et visible à partir des Trente Glorieuses (1945-1975), mais relativement lente toujours par rapport aux pays voisins. La structure sociale est devenue alors plus homogène avec une moyennisation qui n'exclut pas des statuts sociaux bien différenciés.*

1 La société française est devenue plus homogène

A Les grandes oppositions sociales s'estompent

- Au XIXe siècle et jusqu'à la Première Guerre mondiale, l'opposition classe populaire/classe moyenne/classe bourgeoise était réelle mais elle a ensuite évolué fortement (Emmanuel Todd). La classe populaire, composée essentiellement des ouvriers et employés, a augmenté avec l'industrialisation et le développement du commerce. Cette évolution lente se poursuit dans la première moitié du XXe siècle. Par contre, l'évolution est plus nette à partir des Trente Glorieuses avec l'exode rural et la diminution du nombre d'agriculteurs. En même temps, la classe moyenne augmente ainsi que le nombre d'ouvriers.
- Après 1975, le déclin de la classe ouvrière est assez rapide si on se réfère à la part des ouvriers dans la population active : 37,3 % en 1975 ; 27,3 % en 1999 ; 23,9 % en 2005. Mais ce déclin n'entraîne pas la disparition de la classe ouvrière car le nombre d'ouvriers qualifiés reste relativement stable ; par contre, le nombre d'ouvriers non-qualifiés et d'ouvriers spécialisés (OS) chute par rapport au nombre total d'ouvriers : 45,3 % en 1975 ; 14,4 % en 2005. Le nombre d'employés s'élève, par contre, rapidement en devenant, depuis 1982, le groupe le plus nombreux en se référant au total de la population active : 23,4 % en 1975 ; 29,6 % en 1991 ; 29,1 % en 2005.

B La bourgeoisie s'élargit et se diversifie

- La bourgeoisie a été longtemps définie comme la classe possédante. Aujourd'hui, près de 60 % des ménages sont propriétaires de leur logement ; l'élévation du niveau de vie impose donc de se demander ce qu'est véritablement la bourgeoisie. Le niveau de vie des cadres supérieurs et des professions libérales ne les assimile pas nécessairement à la bourgeoisie : moins de dîners d'apparat (sauf dans la haute administration), moins de traditions familiales. Pour Louis Bergeron, la bourgeoisie demeure la classe des notables, des grands propriétaires fonciers ; il parle à leur propos de « société bloquée », de « milieu fermé » et il s'agit alors de la haute bourgeoisie en opposition à la « nouvelle bourgeoisie » ou aux « nouveaux riches ».
- Les cadres supérieurs copient parfois les valeurs et les codes de la haute bourgeoisie : achat de services de porcelaine, de meubles d'antiquaire ; mais, ce sont

des valeurs acquises et non transmises. Il existe bien de ce fait un mode de vie bourgeois qui se développe à partir du Second Empire; cependant, des distinctions restent présentes, notamment selon les lieux d'habitation (hôtels particuliers pour la haute bourgeoisie, appartements de standing pour le reste de la bourgeoisie) et les quartiers urbains. La classe moyenne peut aussi s'en rapprocher après une réussite dans une grande école, moyen de promotion sociale.

2 La moyennisation de la société n'exclut pas des structures sociales différenciées

A La classe dirigeante a une identité propre en opposition à la classe moyenne

- La moyennisation est l'atténuation des clivages sociaux accompagnée d'une forte augmentation des classes moyennes. Cette atténuation des disparités socio-économiques (accès au logement, revenus, consommation, loisirs...) engendre une homogénéisation très progressive des comportements (fécondité, conjugalité), ce qui conduit à une classe moyenne hypertrophiée où se retrouvent des membres des professions intermédiaires, de l'enseignement, une partie des cadres, voire une partie des employés, ayant tous le sentiment d'appartenance à la classe moyenne. Apparue entre les deux guerres, cette moyennisation s'accentue durant les Trente Glorieuses.
- Pourtant, une classe dirigeante se distingue toujours. Il devient difficile de la définir avec le seul critère financier car les contribuables assujettis à l'impôt de solidarité sur la fortune (ISF) ne constituent ni un groupe homogène, ni la classe dirigeante. Cette dernière reste définie par des pratiques sociales qui crée une identité propre fondée sur des pratiques particulières : soirées mondaines ; vernissages...) et des lieux privilégiés de rencontre (clubs, Bottin mondain, rallyes pour les enfants...), sans oublier l'accès aux fonction dirigeantes, sources de pouvoir.

B La classe populaire s'est renouvelée

- La classe populaire s'est modifiée lentement depuis un siècle sous l'effet des transformations de la condition ouvrière et la place des ouvriers qualifiés. Nombre d'ouvriers relèvent du secteur tertiaire (se distinguant peu des employés) et plus d'un tiers des ouvriers ont le niveau du baccalauréat (professionnel). Ils ont accès à un mieux-être qui les séparent des travailleurs immigrés, des chômeurs en fin de droits et de jeunes aux emplois instables.
- Henri Mendras conteste l'idée de moyennisation comme un nivellement généralisé. Pour lui, il n'y a pas réellement d'homogénéisation du corps social mais, plutôt, une « centration » sur les catégories moyennes compte tenu de l'augmentation du salariat; ces catégories constitueraient le noyau le plus important et le plus dynamique des structures sociales en étant sources de nouveaux comportements, d'innovation et de nouveaux mouvements (écologisme, féminisme). Une partie de la classe populaire se rapproche de ces catégories rendant encore plus flous les contours de la classe moyenne.

*La France est sociologiquement le pays des évolutions lentes du XIXe au XXe siècle ; le pays de la grande « Révolution de 1789 » n'est pas celui des révolutions sociales. C'est pour cela qu'après 1945, les Trente Glorieuses (Jean Fourastié) seront réellement source d'un bouleversement structurel sans équivalent (*Fiche 10*).*

FICHE 9

LES TRANSFORMATIONS ÉCONOMIQUES (XIXe-XXe SIÈCLE)

Les structures économiques sont caractérisées par la place des secteurs d'activités (primaire, secondaire, tertiaire). Il s'agit ici d'analyser la dynamique de ces structures pour déterminer l'évolution de l'économie.

1 L'ÉVOLUTION DES STRUCTURES ÉCONOMIQUES DU XIXe SIÈCLE À 1945

A Une industrialisation progressive

- Selon l'économiste Walt Rostow, le décollage de l'économie française, c'est-à-dire l'accélération nette de la croissance et du taux d'investissement dans le PIB, intervient entre 1830 et 1860. Pour d'autres auteurs, le décollage est plus tardif (fin XIXe-début XXe), ou au contraire plus précoce. En tout cas, il est clair que l'essor industriel de la France s'est déroulé très progressivement, même si plusieurs phases se distinguent : phase de rattrapage à la fin du Premier Empire (1815-1824) ; phase de freinage (1824-1840) ; redémarrage (vers 1840 jusqu'au milieu des années 1850). En 1850, le poids de l'agriculture reste élevé : les paysans français représentent la moitié de la population active.
- À partir de 1860, le rythme de croissance s'infléchit progressivement, mais durablement. C'est le moment où l'industrie allemande, modérément touchée par la « Grande Dépression », prend le dessus sur celle de la France. Il faut attendre 1895 pour voir apparaître un nouvel élan dans l'industrialisation. Il s'agit à l'époque de l'émergence d'un nouveau paysage industriel. Outre la modernisation et le renouveau des secteurs anciens (travail du coton, sidérurgie, métallurgie), on assiste à l'essor d'industries nouvelles attestant que l'économie française a assez bien négocié le tournant de la deuxième révolution industrielle dans plusieurs domaines : c'est le cas de l'électricité, de l'électrométallurgie et, surtout, de l'automobile. Néanmoins, ces réussites sont le fait d'entreprises qui restent de taille relativement modeste par rapport à leurs homologues allemandes et américaines. Ce décalage explique la limite des succès obtenus, puisque si dans l'automobile naissante la petite taille n'est pas incompatible avec l'efficacité, elle l'est désormais pour les industries de biens intermédiaires (construction électrique, chimie de synthèse).

B De la Première Guerre mondiale à la dépression (1914-1939)

- Au cours des années 1920, l'économie française connaît une relative période de prospérité. À cette époque, la modernisation de l'industrie est réelle, se traduisant par une concentration technique et financière. Toute l'économie française n'a toutefois pas connu cet élan de modernisation, et la France demeure globalement un pays de petites et moyennes entreprises assez routinières. Le phénomène de concentration demeure limité. La compétitivité internationale de l'industrie française demeure faible.
- L'agriculture et le commerce sont peu touchés par le mouvement de modernisation. La productivité agricole s'accroît faiblement, et les rendements, s'ils sont tout de même supérieurs à ceux de l'avant-guerre, ne peuvent pas être comparés

aux résultats obtenus par les voisins européens. L'appareil commercial est également archaïque. Le nombre des entreprises commerciales continue d'augmenter, d'autant plus que la législation s'attache à sauvegarder « la boutique ». Tout cela explique la lenteur du développement d'une véritable consommation de masse.

2 Les transformations du second XXe siècle

A Les Trente Glorieuses : 1945-1975

- Dès les lendemains de la Libération, le premier Plan encourage le productivisme dans l'agriculture, qui sera ensuite poursuivi et amplifié dans les années 1960 et 1970 avec une politique nationale de plus en plus dépendante de la politique agricole commune, dont l'objectif majeur est de moderniser l'agriculture européenne. Cette politique a pour conséquence d'élever le seuil de rentabilité des exploitations et, par voie de conséquence, de faire disparaître les plus petites d'entre elles. Dans l'industrie, la croissance des années 1950 et 1960 amplifie les tendances caractéristiques de la nouvelle société de consommation de masse où le rôle de l'automobile et des biens destinés aux ménages (réfrigérateurs, machines à laver, téléviseurs...) s'affirme de plus en plus dans le cadre d'une production standardisée tandis que les industries anciennes se modernisent (exemple de la sidérurgie sur l'eau à Dunkerque en 1963 et à Fos en 1970).
- Dans ce mouvement de concentration industrielle et de rationalisation des activités, s'il y a une exception française, elle doit être recherchée dans les modalités particulières de contrôle des groupes par les noyaux durs d'actionnaires et leurs participations croisées (*Fiche 40*). Quant au secteur tertiaire, celui-ci se développe très vite dans la décennie 1950 pour absorber les emplois libérés par l'agriculture et l'industrie. L'emploi tertiaire augmente de 1,7 % entre 1955 et 1962, de 2,3 % de 1963 à 1973 et de 1,9 % de 1973 à 1979. En 1949, il occupait 7 184 000 emplois (37,3 % des actifs) et en 1974, il emploie déjà 10 978 000 personnes (50,9 % des actifs).

B Des années de crises au début du XXIe siècle

- En France, comme dans les autres pays industrialisés, le recul du secteur secondaire est très net ; pour certains, la diminution de la part de l'industrie dans la population active et le PIB, le déclin irrémédiable des industries traditionnelles à forte densité de main-d'œuvre (textile, sidérurgie, chantiers navals) sont autant de signes d'une désindustrialisation réelle. En fait, il faut interpréter le déclin relatif du secondaire et l'essor du tertiaire comme un processus d'externalisation où les firmes industrielles se concentrent sur leur activité de base et recourent à la sous-traitance dans le secteur des services.
- Les interrogations se portent maintenant sur le secteur des services. Alors que la croissance du tertiaire s'est longtemps expliquée par une productivité plus faible, un des enjeux actuels de la croissance de l'économie française est d'augmenter la productivité dans les services marchands et non-marchands. Comme aux États-Unis qui sont, de ce point de vue, en avance sur la France et l'Europe, le tertiaire devient de plus en plus un moteur du développement économique (*Fiche 21*).

Au début du XXIe siècle, la France fait partie des sociétés les plus avancées où les services occupent les trois quarts de l'emploi total (75,9 % en 2005, soit 18,3 millions d'actifs, dont 11,5 millions dans les services marchands et 6,8 millions dans les services administrés).

FICHE 10 LA CROISSANCE FRANÇAISE AU XXe SIÈCLE

*« Il existe un mouvement progressif qui s'est transmis, sauf quelques interruptions, d'année en année [...], une augmentation de la richesse, un accroissement de [...] prospérité matérielle ». Cette première définition de la croissance due à John Stuart Mill (*Principes d'économie politique*, 1848) a été complétée par F. Perroux (*L'Économie du XXe siècle*, 1969) : « augmentation soutenue pendant une ou plusieurs périodes longues d'un indicateur de dimension : pour une nation, le produit global net en termes réels ». La croissance résulte des transformations et des adaptations des structures économiques (*Fiche 9*). Mais ne reste-t-elle pas en grande partie inexpliquée ?*

1 De la croissance faible (1919-1945) à la croissance forte (1945-1975)

A Une croissance lente en long terme

- La France n'a pas connu, en long terme, de croissance exponentielle, en opposition aux stratégies de rattrapage (Allemagne, Japon). La croissance française est lente, régulière, peu heurtée, malgré les nombreux changements politiques liés au jeu des forces sociales sous la IIIe République. Cette perspective de « force tranquille » repose sur l'agriculture, l'artisanat et, en partie, sur les colonies. Il est difficile d'affirmer que la croissance ait été plus extensive (croissance s'effectuant par vagues successives sans bouleversement réel des conditions de production, avec peu de gains de productivité) qu'intensive (croissance accompagnée d'une transformation rapide des conditions de production, entraînant des gains de productivité), mais elle est certainement plus déséquilibrée (croissance privilégiant l'investissement dans des secteurs privilégiés pour exercer des effets d'entraînement) qu'équilibrée (croissance régulière grâce au respect des grands équilibres que sont les prix, le commerce extérieur…).
- Paul Dubois distingue quatre périodes : 1896-1929, avec une expansion de 1,8 % par an où la substitution du capital au travail est lente ; 1929-1951, de faible expansion (0,9 % l'an) liée à de grandes perturbations ; 1951-1973, avec une croissance inégalée de 5,4 % par an expliquée par une modernisation sans précédent aux changements structurels profonds ; enfin, 1973 à nos jours, avec une croissance molle qui se subdivise avec deux ruptures : une période d'adaptation des facteurs de production pour réagir aux chocs pétroliers, une période d'ajustement pour répondre aux effets de la mondialisation.

B L'« explosion » de la croissance ou les Trente Glorieuses

- Dans ce cadre, il ressort bien que la période des Trente Glorieuses est exceptionnelle. Cependant, le succès de la formule et du titre de Jean Fourastié ne doit pas masquer des interrogations de fond. La croissance devient forte, intensive et plus équilibrée. L'expression des Trente Glorieuses se justifie par l'analyse des principales variables économiques (investissement élevé, forts gains de productivité…) ; cette parenthèse exceptionnelle dans l'histoire française de la croissance est à relier à la dynamique provenant du développement du libre-échange institué en 1946 par l'Agétac (ou GATT) et par la participation à la construction européenne.

- Les Trente Glorieuses n'ont pas supprimé cependant tous les déséquilibres économiques et sociaux du capitalisme français. Jean-Paul Fitoussi souligne que le taux de croissance est resté durablement inférieur à celui qui découlerait d'une utilisation normale des ressources potentielles. Les gaspillages (création d'infrastructures inadaptées), la centralisation excessive, les déséquilibres régionaux, les lourdeurs bureaucratiques ont limité l'expression du PIB potentiel.

2 La volonté de renouer avec la croissance depuis la décennie 1980

A La remise en cause des facteurs de croissance

- En 1984, dans leur ouvrage *Quand les crises durent…*, Jacques Mazier, Maurice Basle, Jean-François Vidal montrent, dans une perspective de long terme, que les causes des déséquilibres, révélées fortement par les chocs exogènes (chocs pétroliers, fin du système monétaire international de Bretton Woods), proviennent de l'inadaptation de l'économie française à l'ouverture de l'économie mondiale. Les solutions interventionnistes, la planification, la place importante des charges salariales dans la valeur ajoutée, qui ont joué favorablement durant les Trente Glorieuses, ne permettent plus de bien réguler l'économie ; l'ouverture des marchés impose dès lors plus de souplesse avec des formes de gestion plus libérales.
- Cette remise en cause, pour renouer avec la croissance, passe par de nombreuses hésitations au gré de la succession des gouvernements : plan Fourcade (1975, pour relancer la consommation intérieure), plans Barre (1976 et 1977, pour stabiliser la croissance avec une réduction des dépenses), plan Mauroy (1982, pour relancer l'économie nationale). Pendant ce temps, le nombre de chômeurs a continué à augmenter, accélérant les perturbations de la croissance.

B Les tentatives pour renouer avec la croissance

- La France retrouve son dynamisme après 1987 avec des taux de croissance de 4,5 % (1988) et de 4,3 % en 1989. Ils sont obtenus grâce à la consommation soutenue par la désépargne et l'endettement, et à une augmentation des investissements. Mais la France reste sensible aux chocs exogènes ; la guerre du Golfe (1990) entraîne une croissance faible (0,8 % en 1991 ; – 1,5 % en 1993). L'alternance libérale de 1993, inaugurée par le gouvernement Balladur, cherche à soutenir à la fois une relance de l'activité économique et de l'emploi, alors que la politique monétaire échappe désormais à l'autorité de l'État, compte tenu du traité de Maastricht et la marche vers la monnaie unique, l'euro.
- Depuis, la croissance semble « jouer au yo-yo » (1,4 % en 2005 ; 2,5 % en 2006). Les performances françaises restent en dessous des pays les plus performants de la zone euro ; le dilemme est de chercher une voie entre le traitement du chômage (en nette baisse depuis 2005) et le dynamisme des entreprises (privatisation, flexibilité, déréglementation, dérégulation…) pour mieux s'adapter à l'ouverture des marchés afin de répondre aux défis mondiaux (*Fiche 22*) alors que la dette publique alourdit (66,6 % du PIB en 2006).

La croissance française reste difficile à déchiffrer, quoique lente sur le long terme. Pour autant, les Trente Glorieuses autant que les périodes d'incertitudes ont été à l'origine de mutations sans précédent.

PARTIE II

DÉMOGRAPHIE
ET POPULATION ACTIVE
EN FRANCE

FICHE 11

LES GRANDES TENDANCES DÉMOGRAPHIQUES (1700-2000)

Vers 1700, Louis XIV comptait 20 millions de sujets, soit plus de 4 millions qu'au XIVe siècle et plus de 2 ou 3 millions qu'au XVIe siècle. Un siècle plus tard, à l'avènement du Premier Empire, les 29 millions de Français représentaient 16 % de la population européenne, ce qui faisait encore de la France le pays le plus peuplé d'Europe. À l'aube du XXIe siècle, il est clair que la France a perdu depuis longtemps son dynamisme démographique.

1 LA SINGULARITÉ DE LA TRANSITION DÉMOGRAPHIQUE FRANÇAISE

A Le processus de la transition démographique

- L'ancien régime démographique, jusqu'au XVIIIe siècle, se caractérise par un taux de mortalité élevé (40 ‰ en France vers 1730) et un taux de natalité également élevé (de l'ordre de 40 ‰ également) ; l'excédent naturel est faible car l'équilibre démographique est fragile, souvent perturbé par les trois fléaux que sont les guerres, les famines et les épidémies.
- À cet ancien régime succède une transition démographique qui se déroule en deux temps. Dans la première phase de la transition démographique, qui se produit à partir de la seconde moitié du XVIIIe siècle, le taux de mortalité chute rapidement (il passe, par exemple, de 37 ‰ en Grande-Bretagne en 1750 à 22 ‰ en 1830) ; comme le taux de natalité reste à un niveau élevé, la population s'accroît rapidement. Dans la deuxième phase de la transition, qui s'étend de la fin du XIXe siècle à l'entre-deux-guerres, le taux de mortalité continue à chuter mais c'est surtout le taux de natalité qui connaît une baisse très sensible (toujours en Grande-Bretagne, le taux de natalité est de 35 ‰ en 1870 et de 20 ‰ à la fin des années 1930).

B Une transition démographique originale

- À l'encontre des autres pays européens, le mouvement d'accélération de l'accroissement naturel caractéristique de la première phase de la transition démographique est pratiquement escamoté en France. Certes, la mortalité recule comme en Angleterre dès la seconde moitié du XVIIIe siècle, mais la natalité lui emboîte rapidement le pas, à la différence des autres nations d'Europe où la baisse de la natalité survient un siècle plus tard. En 1800, le taux de natalité en France se situe déjà à environ 30 ‰. À la fin du XIXe siècle, la France connaît pendant quelques années un quasi équilibre des naissances et des décès et, dans l'entre-deux-guerres, elle va même vivre une véritable crise démographique marquée par une décennie d'excédent des décès sur les naissances, crise qui est la conséquence de la Première Guerre mondiale (1 million et demi de morts), du déficit des naissances des années 1914-1918 et aussi de l'arrivée des « classes creuses » des années 1930 à l'âge de la nuptialité.
- Dans cette longue histoire démographique, le *baby-boom* de l'après 1945 fait figure de parenthèse. Si la fécondité connaît un sommet en 1964 avec près de 2,8

enfants par femme, l'indice conjoncturel de fécondité baisse ensuite jusqu'à atteindre 1,7 en 1998 ; si cette baisse de la fécondité atteint tous les pays développés, elle est cependant amortie en France. Depuis l'année 2000 d'ailleurs, l'indice conjoncturel de fécondité est à un niveau relativement élevé, atteignant 1,92 enfant par femme. Il y a plusieurs hypothèses pour tenter de rendre compte de la précocité de la baisse de la natalité en France. La première s'appuie sur la pression démographique. La France, comme on l'a vu plus haut, est à la fin du XVIIIe siècle le pays le plus peuplé d'Europe de l'Ouest ; dans ce contexte de surpopulation relative, et dans un pays où les progrès agricoles sont limités et les impôts élevés, il n'est pas étonnant que les paysans aient eu des pratiques malthusiennes. Une deuxième hypothèse est relative à l'épisode révolutionnaire : la Révolution française a consolidé les aspirations de la paysannerie à la propriété, par la vente des biens nationaux et la suppression des charges seigneuriales ; dans cette configuration, la transmission du patrimoine foncier implique un contrôle de la fécondité pour éviter sa dispersion. De plus, sur un plan plus idéologique, l'esprit révolutionnaire a affaibli les dogmes religieux en affirmant les droits de l'individu et en fustigeant l'« obscurantisme religieux » ; il a créé ainsi un climat propice au contrôle des naissances.

2 Des conséquences considérables

A Le vieillissement de la population

- Au cours du XIXe siècle et de la première partie du XXe siècle, la France perd sa prééminence démographique ; la population de l'Hexagone représentait 21 % du peuplement européen en 1750 mais guère plus que 11 % en 1900 ; elle est dépassée par l'Allemagne en 1865, par la Grande-Bretagne en 1895 et par l'Italie en 1930.
- Dans ces conditions, le vieillissement de la population française est plus prononcé que dans les autres pays européens et, surtout, de manière beaucoup plus précoce. À l'aube du XXe siècle, la classe d'âge des plus de 60 ans représente déjà 12 % de la population en France, contre 7,4 % en Grande-Bretagne.

B Les phénomènes migratoires

- Du point de vue de l'émigration, l'atonie démographique a eu pour conséquence que la France a été quasiment absente des flux migratoires vers le Nouveau Monde, même pour le peuplement du Canada et de la Louisiane ; d'une manière plus générale, à l'exception de l'Algérie, la France n'aura pas de colonies de peuplement, à la différence de la Grande-Bretagne. L'émigration française, quand elle existe, est souvent imposée par des conditions non économiques (motifs politiques).
- En revanche, la France sera précocement une terre d'immigration, dès les années 1865-1880 puis aux alentours de 1900 où les Belges et les Italiens forment alors le gros des troupes ; ensuite, il y aura des vagues d'immigration successives mais la part des immigrés dans la population restera toujours assez stable jusqu'à aujourd'hui (autour de 6 %).

Beaucoup de nations occidentales sont confrontées, de nos jours, à deux problèmes majeurs qui sont ceux du vieillissement et de la pénurie de main-d'œuvre, nécessitant le recours à l'immigration. La France dispose d'atouts non négligeables pour faire face à ces défis, d'une part, parce que la crise démographique est moins accentuée que dans bon nombre de pays, d'autre part, parce qu'elle a déjà dû surmonter des problèmes analogues dans son histoire.

FICHE 12 NATALITÉ ET FÉCONDITÉ

Après la forte natalité des années du baby-boom *(1945-1967), la France, comme les autres pays européens, connaît un écroulement de la fécondité. L'indice conjoncturel se situe en dessous du seuil de renouvellement des générations (actuellement 2,08 enfants par femme, pour remplacer chaque géniteur en tenant compte du* sex ratio *et de la mortalité infantile). C'est un sujet préoccupant entraînant le vieillissement des générations (*Fiche 13*). Néanmoins, malgré une forte tendance au malthusianisme, la situation actuelle de la France est bien moins préoccupante que celle des pays voisins (Allemagne, Espagne, Italie...) à condition que les données chiffrées donnent un bon reflet de la réalité...*

1 Le *baby-boom*, une parenthèse dans la natalité de long terme

A Une forte tendance au malthusianisme sur le long terme

- Sur le long terme, la natalité française n'a jamais été très dynamique, à cause probablement d'une transition démographique précoce. De plus, de longues guerres meurtrières (Révolution, Vendée, « Terreur blanche », Empire...) ont développé chez les Français des attitudes malthusiennes. De ce fait, la France, pays le plus peuplé d'Europe (exception faite de la Russie) jusqu'au XIXe siècle, a perdu progressivement son dynamisme démographique en devenant pays d'immigration.
- Ainsi, face à cette tendance de long terme, le *baby-boom* est bien une parenthèse (1945-1967), la natalité actuelle ayant repris son *trend* de faible croissance. L'indice conjoncturel de fécondité (somme des taux de fécondité par âge observés une année donnée) est passé de 2,1 (1921-1936) à 2,92 (1946-1950). Le retour de la paix et de la prospérité économique, le développement de la société de consommation, le plein-emploi... se sont conjugués pour créer un climat propice à la natalité avec des perspectives positives (avoir des enfants, c'est se projeter dans l'avenir).

B Une fécondité française relativement moins faible face au reste de l'Europe

- Mais depuis la fin du *baby-boom*, les chiffres de la natalité sont à la baisse. L'indice conjoncturel de fécondité passe de 2,1 enfants par femme en 1972 à 1,68 en 1994, 1,89 en 2000 (« effet du millénaire »...), 1,88 en 2002, 1,91 en 2004, 1,94 (données provisoires) en 2005. Une légère remontée, certes, mais qui ne rejoint pas le seuil de renouvellement des générations (2,08 enfants par femme en 2005). Les pays voisins (Italie, Espagne, Allemagne...) parlent régulièrement du « mini *baby-boom* » français ; en effet, la réalité de la fécondité y est très inquiétante avec des indices faibles rarement atteints : en 2000, 1,54 en Suède, 1,31 en Allemagne, 1,21 en Espagne sans oublier 1,29 en Pologne, 1,22 en Slovénie, 1, 21 en Slovaquie, 1,14 en République tchèque.

- Les données sur l'indice conjoncturel de fécondité sont parfois discutées. En se référant à l'indice de descendance finale (nombre d'enfants mis au monde par les cohortes de femmes ayant terminé leur vie féconde, par convention de 15 à 49 ans), le constat est que la natalité française atteint, voire dépasse légèrement, le seuil de renouvellement des générations (2,11 en 2005). Les Françaises reportent leur fécondité de plus en plus tard (après 30 ans) et celles d'origine étrangère, qui ont une fécondité plus forte en France que leurs compatriotes restées au pays (Turques, Marocaines, Tunisiennes...), ont des filles dont le comportement s'aligne sur celui des Françaises de souche.

2 La fécondité : les multiples explications causales

A Le changement du statut de la femme

- Le déclin relatif de la fécondité française s'explique par le changement de statut social de la femme (même si bien des efforts sont à poursuivre vers la parité ; *Fiche 94*). La montée du taux d'activité des femmes, la tertiarisation leur offrant plus d'opportunités d'emplois, l'allongement des études, ont modifié l'âge de la maternité... Le déclin s'explique ensuite par la prise de distance par rapport à l'institution du mariage, près d'un enfant sur deux naissant hors-mariage (*Fiche 92*).
- Par contre, il reste difficile de se référer à la mise en place des législations de contraception (loi Neuwirth de 1967) et de l'IVG (interruption volontaire de grossesse, 1975), comme explication première, pour éviter toute confusion entre cause et moyen. La fécondité a baissé avant le vote de ces lois sans oublier que les pratiques contraceptives en France sont très anciennes. Malgré ces lois et pratiques, les avortements clandestins sont loin d'avoir disparu et les grossesses indésirables restent assez nombreuses, signe qu'il faut relancer l'information sur la contraception auprès des jeunes.

B La nouvelle place de l'enfant

- Une explication plus fondamentale peut être apportée : dans une société développée de consommation, attachée au bien-être, aux valeurs matérielles, à l'immédiateté, où il devient très difficile de se projeter dans l'avenir, l'enfant apparaît comme une gêne. Ces analyses ont été reprises et approfondies par la philosophe Élisabeth Badinter avec le concept de l'« Enfant-Roi » : si les conditions matérielles ne sont pas favorables pour un accueil digne de lui, les parents refusent de l'avoir ; contraception et IVG permettent alors de faire un choix et d'attendre des conditions plus propices pour avoir et élever un enfant.
- Enfin, d'autres particularités françaises ont été mises en lumière en 2006. D'une part, l'éducation sexuelle est reliée purement à un enseignement de la biologie au collège (âge de l'adolescence), alors que dans les pays scandinaves, cette éducation se fait dès l'âge de 6 ans avec ses multiples dimensions, affectives, sentimentales, médicales, familiales (voire religieuses pour la Suède). D'autre part, les Françaises, probablement sur les conseils des médecins, utilisent essentiellement la pilule contraceptive (ce sont les premières consommatrices du monde en volume) ; dans les autres pays, et pas seulement en Scandinavie, tout l'éventail des moyens contraceptifs est utilisé et notamment le stérilet.

La France se distingue-t-elle par sa forte fécondité relative ou par une relation particulière au corps, à la sexualité, à la fécondité ?

FICHE 13 LE VIEILLISSEMENT DE LA POPULATION

Contrairement aux idées reçues, le vieillissement n'a pas comme cause première l'allongement de l'espérance de vie. De plus, ce n'est pas un phénomène récent. Le vieillissement démographique est une modification de la structure par âge d'une population entraînant l'augmentation de la proportion des personnes âgées (par convention de plus de 60 ans). Le phénomène du vieillissement commence précocement en France, au début du XVIIIe *siècle, lorsque la fécondité diminue (vieillissement « par en bas »); il s'est renforcé progressivement jusqu'à nos jours par une baisse de la mortalité* (Fiche 14) *à des âges de plus en plus élevés (vieillissement « par en haut »). Ce phénomène pose des enjeux nouveaux tant sociaux qu'économiques*

1 Le vieillissement et les changements comportementaux

A L'accélération du phénomène de vieillissement

- Les données de l'Institut national de la statistique et des études économiques (Insee) et de l'Institut national des études démographiques (Ined) sont claires : la part du groupe d'âge des 60 ans et plus par rapport à la population totale française n'a cessé de s'élever (sauf de 1965 à 1982) au détriment des autres classes d'âge (surtout des 0 à 20 ans) : 7,3 % en 1775 ; 10,2 % en 1851 ; 13,1 % en 1901 ; 15,9 % en 1945 ; 17,7 % en 1967 ; 17,3 % en 1980 ; 20,4 % en 1999.
- Le vieillissement renvoie à tout un ensemble de transformations des modes de vie, des niveaux de vie et de l'organisation familiale. Ses causes résultent de meilleures conditions de vie (prophylaxie, médecine, alimentation équilibrée, nouvelle relation au corps…) qui se doublent d'un souci de stratégie familiale de construire des cycles de vie reposant sur la constitution d'un patrimoine : moins d'enfants permet de limiter le partage des terres (après l'abolition du droit d'aînesse). Mais, au-delà de leur nombre, les personnes âgées possèdent des caractéristiques démographiques dont la conséquence la plus remarquable est la proportion de celles vivant en couple au moins jusqu'à 75 ans (malgré la forte probabilité de rester veuves pour les femmes).

B Le vieillissement entraîne un changement social

- Grâce aux transferts sociaux, le niveau des retraites, généralisées depuis le milieu du XXe siècle, n'a jamais été aussi élevé relativement aux salaires ; les personnes âgées n'ont jamais connu une aussi grande autonomie financière qui n'est limitée que par la dépendance physique (les soins de gérontologie et d'assistance tendent à augmenter plus vite). Ces moyens financiers nouveaux permettent de biens meilleures conditions de vie (cas du tourisme du troisième âge, des maisons de retraite avec assistance médicale… sans oublier la vie associative).
- En raison de leur temps libre qui entraîne des disponibilités, les personnes âgées influencent la vie familiale de leurs descendants ; en retour, leur milieu et leur style de vie induit des conditions positives de vie où la perte de sens (le « sentiment d'inutilité des vieux » comme le soulignait Philippe Ariès) n'existe pas

(sauf pour ceux se retrouvant seuls). Ainsi, si la cohabitation intergénérationnelle diminue, jamais les petits-enfants (voire les arrière-petits-enfants), outre le fait de les connaître et de les fréquenter, n'ont reçu autant d'aides (financement des vacances, des études, de la première automobile ou de la première location) de leurs aïeux, surtout avec la montée des divorces (*Fiche 93*).

2 Le vieillissement et les enjeux économiques

A Les enjeux de la création des richesses

- Alfred Sauvy a été le premier à souligner la faible propension à consommer des personnes âgées. Le vieillissement risque à terme de contracter la demande globale (et d'être à l'origine de déflation) car ces personnes s'adressent plus au marché de remplacement que d'équipement. Mais la consommation dépend du pouvoir d'achat ; celui des retraités est actuellement stable compte tenu du niveau actuel des retraites. De ce fait, le comportement global des retraités est plus consumériste que celui des jeunes générations (touchées par des périodes de chômage et d'inactivité).
- Beaucoup d'entreprises se sont d'ailleurs adaptées à cette nouvelle donne démographique ; des firmes s'orientent vers les demandes spécifiques des personnes âgées. Toutes les branches, du tourisme à l'automobile, de l'alimentaire à l'informatique…, créent des créneaux productifs vers le troisième âge (la publicité en témoigne depuis la fameuse « Mamie Nova »…). De plus, nombre de personnes âgées intègrent bien les nouvelles technologies (qui simplifient aussi leurs conditions de vie où… « rester jeune » est une tendance forte et nouvelle de la société).

B Les enjeux de la répartition des richesses

- La présence du troisième âge modifie la répartition des richesses. Depuis 1990, le législateur français a procédé à de nombreux (plus d'une vingtaine de lois) aménagements tant des systèmes de transmission des patrimoines (diminution des droits de successions) que des possibilités de dons entre générations (avec des exonérations fiscales). Cependant, un écart se creuse entre familles comptant des personnes âgées (parfois à hauts revenus) et les autres.
- Si les économistes et démographes ont souvent corrélé vieillissement et dépenses de santé, la réalité est plus complexe. La médecine préventive, comme la prophylaxie, fait augmenter aussi l'« espérance de vie sans incapacité » (alors que les dépenses de soins des jeunes augmentent aussi par les conséquences des conduites à risque). Les dépenses de santé élevées se concentrent sur les deux dernières années d'existence, mais elles sont source de créations d'emploi (assistance aux personnes ; personnels de service ; sociétés de repas à domicile…). Les transformations des technologies médicales (y compris les recherches de gérontologie…) provoquent bien plus la croissance actuelle des dépenses de santé que le poids du vieillissement. Évidemment, reste suspendue au-dessus de la tête des plus jeunes l'« épée de Damoclès » du financement des retraites par les plus jeunes générations.

*La France devient un pays de plus en plus âgé, mais si le vieillissement pose de nouveaux enjeux, il semble bien intégré dans la société. Le risque est de voir ces effets bénéfiques s'évanouir lorsque les retraites perdront leur niveau actuel. Il existe là un problème majeur pour la société française à venir (*Fiches 47, 79*).*

FICHE 14 LA MORTALITÉ

La mort est un fait social autant que biologique; les sociétés adoptent à son égard des attitudes et des pratiques diversifiées (des funérailles au culte des morts, surtout en France où le moindre village compte son monument aux morts). Ces pratiques traduisent la prise de conscience par les personnes de leur propre finitude. Puisque le rapport à la mort est diversement vécu dans chaque société, quelle est sa signification en France sans occulter les données démographiques de la mortalité?

1 De la mesure de la mortalité à l'étude de l'inégalité devant la mort

A Les mesures de la mortalité

- Le paramètre de base est le taux brut de mortalité: rapport entre le nombre de décès survenus au cours de l'année et la population moyenne de la même année, exprimé pour mille (8,6 ‰ en 2005; 9,1 ‰ en 2000; 9,9 ‰ en 1985). D'autres paramètres existent: taux de mortalité infantile (rapport entre le nombre de décès d'enfants de moins d'un an sur le nombre total de naissances vivantes); les quotients de mortalité par âge (probabilité de décéder pour des individus d'un âge donné); taux de mortalité par âge; taux de mortalité féminine; taux de mortalité masculine… Le calcul des quotients permet de dresser des tables de mortalité (et des tables de survie), un moyen de suivre l'évolution de l'espérance de vie.
- Le paramètre de l'espérance de vie correspond au nombre moyen d'années restant à vivre pour les personnes d'une génération donnée si le nombre total d'années qu'elles ont à vivre était également réparti entre elles (l'espérance de vie se calcule à la naissance ou à tout autre âge donné). Après les Japonaises, les Françaises affichent un record de longévité: 83,9 ans en 2005 (d'espérance de vie à la naissance); 82,8 ans en 2000; 81,9 ans en 1995. L'écart avec les Français reste marqué: 76,7 ans en 2005; 75,2 ans en 2000; 73,8 ans en 1995.

B La mortalité différentielle

- En fonction de nombreuses variables socio-démographiques, il existe une inégalité devant la mort. Cette mortalité différentielle dépend de l'âge (avec un minimum vers 10-11 ans), du genre (l'écart de l'espérance de vie entre femmes et hommes a augmenté de 3,5 ans en 1900 à 8,2 ans en 1993 avant de diminuer à 6,9 ans en 2005), de l'espace (espérance de vie plus élevée dans le Nord, en Île-de-France, que dans les régions méditerranéennes), de l'appartenance à une catégorie sociale (sur les années 1990, l'espérance de vie à 35 ans, pour les hommes, est de 38 ans pour les ouvriers, de près de 45 ans pour les cadres et professions intellectuelles supérieures).
- Les facteurs explicatifs sont nombreux. Le rapport au corps est probablement une explication centrale: les femmes, par rapport aux hommes, consultent plus souvent les médecins, ont moins de conduites à risque (face au tabac, l'alcool, l'automobile, les stupéfiants…), ont plus un souci d'alimentation équilibrée… Situation professionnelle, formation, maladies professionnelles, accidents du

travail sont d'autres variables d'importance. Enfin, la couverture sociale, en relation avec les revenus, est une protection plus ou moins grande contre la mortalité: plus la couverture sociale contre les risques de santé est élevée, plus l'espérance de vie est grande.

2 Les comportements devant la mort

A Le changement des comportements devant la mort et les morts

- Dès la fin des années 1980, un certain nombre d'auteurs avaient mis en valeur des changements de comportements considérables depuis la fin de la Seconde Guerre mondiale: fréquentation moindre des cimetières, recours plus élevé à la crémation, interrogations nouvelles sur l'euthanasie... Ces changements s'accélèrent encore plus sur la dernière décennie. La seule constante demeure cependant l'importance que les Français accordent aux fêtes de commémoration: la Toussaint (1er novembre), les Trépassés (commémoration des défunts, le 2 novembre, de rite chrétien), le 11 novembre (en mémoire des soldats morts au combat). Ces changements expliquent la multiplication des études sur l'accompagnement (psychologique, médical...) des mourants et de leur entourage, idée née, au cours des années 1990, dans les unités de soins palliatifs.
- Dans ce changement social, la mort semble bien occultée: jamais la mort n'a été aussi médiatisée, montrée, exposée (la violence au cinéma), mais elle devient une absente de la vie quotidienne alors que « dans le passé, la mort était vécue au quotidien » (Philippe Ariés). Cette évolution a imposé le recours aux cellules d'assistance psychologique. La mort a lieu à l'extérieur du domicile (70 %), à l'hôpital, dans les maisons de retraite... et sur la voie publique (accidents routiers des jeunes), comme si « mourir chez soi était un luxe » ou une preuve d'extrême exclusion (décès lors de la canicule d'août 2003).

B Les causes de la mort modifient aussi les attitudes

- Ces changements s'expliquent aussi par les modifications des causes de mortalité. *Le suicide* (Émile Durkheim, 1897) a été, en France, la première grande étude de sociologie. Aujourd'hui, le nombre de suicides augmente dans toutes les catégories sociales et dans tous les groupes d'âge, essentiellement chez les hommes. Il représente près de trois fois plus de décès que les accidents de la route (6000 tués par an en moyenne de 2000 à 2004) qui ont fortement diminué (en 1995, 8130 tués sur les routes dont 2300 femmes contre 11900 suicides dont 3200 femmes). Le genre est donc une variable de plus en plus importante de la mortalité différentielle (jouant aussi pour le sida).
- Ces changements de comportements se révèlent dans les pratiques funéraires; ainsi, l'augmentation du nombre de crémations est à relier à la baisse de la pratique religieuse (*Fiche 96*), aux modifications des valeurs (*Fiche 97*), au moment où la gestion des cimetières pose des enjeux nouveaux.

La mortalité, mouvement démographique clé, est un moyen de mieux comprendre l'évolution sociétale et celle des comportements sociaux. Les progrès de la science induisent de nouvelles questions (sur la définition même de la mort) alors que l'euthanasie n'a toujours pas trouvé de solution juridique précise (comme aux Pays-Bas en 1994).

FICHE 15 L'IMMIGRATION

En France, jusqu'aux années 1870, les termes « immigration » et « immigré » n'existaient quasiment pas, le vocable utilisé étant celui d'étranger. Aujourd'hui, le Haut Conseil à l'intégration définit un immigré comme une personne née étrangère à l'étranger et résidant en France. Les personnes nées françaises à l'étranger et vivant en France ne sont pas comptabilisées. À l'inverse, certains immigrés ont pu devenir français, les autres restant étrangers. Les populations étrangère et immigrée ne se confondent donc pas totalement.

1 Les immigrés d'hier et d'aujourd'hui

A La population immigrée au début du XXIe siècle

- À la mi-2004, la France métropolitaine comptait 4930000 étrangers, soit 8,1 % de la population totale et 760000 de plus qu'en 1999. Parmi ceux-ci, 40 % (197000) ont la nationalité française, qu'ils ont pu acquérir par nationalisation ou par mariage. Le nombre d'étrangers s'élève donc à 3510000, dont 2960000 étrangers nés à l'étranger et 550000 étrangers nés en France.
- Parmi ceux-ci, 1,7 million d'immigrés (35 %) sont originaires de l'Union européenne à 25; la baisse progressive du nombre d'immigrés italiens, espagnols ou polonais est compensée par l'arrivée d'immigrés en provenance d'autres pays, en particulier du Royaume-Uni. Les immigrés en provenance de pays européens extra-communautaires sont en forte hausse (environ 250000). 570000 immigrés (12 %) proviennent de l'Afrique subsaharienne; ce chiffre modeste est toutefois en augmentation de 45 % par rapport à 1999. Enfin, 870000 personnes (17 %) viennent du reste du monde et principalement d'Asie; la part des immigrés d'origine asiatique progresse rapidement sur la période récente (3,6 % des immigrés en 1975, 12,7 % en 1992, 14 % en 2006).

B Brève histoire de l'immigration

- En France, l'immigration est très ancienne: elle se fait en réponse au malthusianisme des Français (*Fiche 11*), sensible dès le milieu du XVIIIe siècle. Les vagues d'immigration suivent les phases de croissance économique: 1850-1873 (1,5 million de personnes); 1896-1930 (2,5 millions de personnes); 1945-1975 (4 millions de personnes). Du milieu du XIXe siècle à 1914, les immigrés sont originaires de Belgique et d'Italie (deux tiers des immigrants), mais aussi d'Allemagne, de Suisse et d'Espagne. La catégorie « étranger » apparaît pour la première fois au recensement de 1851 et ces étrangers représentaient alors 1 % de la population (dont 40 % de Belges).
- Dans l'entre-deux-guerres, les Italiens constituent le groupe le plus important et l'immigration d'origine polonaise s'intensifie, ce qui constitue une nouveauté puisque ces derniers ne viennent pas d'un pays frontalier. Après la Seconde Guerre mondiale, et jusqu'à la fin des années 1960, l'immigration en provenance du Portugal, puis du Maghreb et de l'Afrique noire est la plus forte; à partir de 1970, l'immigration maghrébine connaît une forte croissance et, dès 1975, les Algériens sont le deuxième groupe d'étrangers le plus important en France.

2 L'IMMIGRATION SOUS L'ANGLE ÉCONOMIQUE ET SOCIAL

A Impact économique de l'immigration

- Les immigrés représentent tout d'abord l'apport d'une force de travail non négligeable, surtout pour les employeurs qui bénéficient ainsi de la présence d'une main-d'œuvre généralement non qualifiée. Les immigrés acceptent des emplois que les autochtones rechignent à occuper et leurs coûts de main-d'œuvre sont un peu moins élevés que ceux de la population locale. Il est difficile de chiffrer l'apport de ces travailleurs à l'économie nationale. Dans son ouvrage *Le Creuset français*, publié en 1988, Gérard Noiriel estime que les immigrés ont, depuis la Seconde Guerre mondiale, construit 90 % des autoroutes françaises, une machine sur sept et un logement sur deux.
- D'un point de vue plus global, il est encore plus difficile de mesurer le différentiel entre les recettes et les dépenses occasionnées par les immigrés. Certes, diverses dépenses existent, comme les dépenses de protection sociale, de maintien de l'ordre, de justice, de frais de scolarité, de formation professionnelle, de coûts supplémentaires dans les quartiers dits « sensibles », d'aides sociales diverses ou de regroupement familial. Selon une étude de Jacques Bichot, réalisée pour l'Institut Thomas More en 2005, ce coût serait de 24 milliards d'euros, coût qu'il faut naturellement mettre en balance avec les effets escomptés de l'investissement de l'État français en capital humain. Dans la sphère de l'instruction, notamment, on estime qu'en 2004 24 % des immigrés sont diplômés de l'enseignement supérieur, alors qu'il n'étaient que 6 % en 1982.

B L'intégration sociale des immigrés

- La situation sociale de bon nombre d'immigrés n'est pas bonne : si le chômage touche très peu les travailleurs d'origine portugaise, il est deux fois supérieur à la moyenne nationale pour les travailleurs originaires du Maghreb et près de trois fois supérieur pour les Africains du sud du Sahara. Au niveau du logement, la proportion de Maghrébins, d'Africains et de Turcs locataires de HLM (habitations à loyer modéré) est beaucoup plus élevée que la moyenne nationale. Au niveau scolaire, on observe une très forte surreprésentation des enfants d'étrangers dans les filières professionnelles et/ou victimes d'un échec scolaire précoce. Tout cela fait que certains immigrés sont tentés par un repli emblématique sur la culture d'origine qui s'accompagne d'un refus de la laïcité et d'une agressivité contre la culture occidentale considérée comme ennemie, phénomène qui a pu inquiéter certains intellectuels soucieux de mettre en relief les « pièges du multiculturalisme » (*Fiche 87*).
- Les craintes évoquées ci-dessus sont cependant très exagérées : selon les enquêtes de l'Ined (Institut national d'études démographiques), l'intégration progresse dans l'ensemble. Beaucoup d'immigrés font un usage quasi exclusif de la langue française dans la vie quotidienne ; les unions mixtes progressent et le taux de fécondité des femmes immigrées se rapproche de celui des françaises.

La France de 2007 doit donc être regardée pour ce qu'elle est : une société multinationale et en partie multiculturelle. Alors que certains posent la question du « désir d'intégration » des immigrés, il semble plutôt que la véritable question soit celle de la capacité du pays à les intégrer économiquement, scolairement et aussi politiquement.

FICHE 16 LES DÉSÉQUILIBRES DÉMOGRAPHIQUES RÉGIONAUX

Ces déséquilibres sont anciens et trouvent leur origine dans l'exode rural, comme dans tous les pays industrialisés occidentaux. Mais, si l'opposition au Royaume-Uni entre green countries *et* black countries *a été rapide, voire violente dès la fin du XVIII*e *siècle, l'opposition entre la France urbaine et la France rurale (*Fiche 20*) s'est mise progressivement en place au rythme lent de la croissance industrielle. Autre particularisme, trace d'un long passé de centralisation monarchique puis jacobine, le déséquilibre s'est réalisé entre Paris, la capitale, et le reste de la France. Qu'en est-il aujourd'hui ?*

1 Les déséquilibres s'accentuent toujours

A Le poids de la capitale

- Les déséquilibres démographiques régionaux ont des racines anciennes à la lumière des cartes historiques du peuplement. Les axes fluviaux (région bordelaise, région lyonnaise, bordure du Rhin…), plusieurs zones maritimes (le Sud-Bretagne, le pourtour méditerranéen, la bordure septentrionale…) sont demeurés des zones de plus forte densité démographique depuis l'occupation romaine et les grandes invasions, tandis que la vaste région du Massif central, les zones alpines, le centre du Bassin aquitain, la région vosgienne… sont restés moins peuplés.
- Mais le déséquilibre persistant, déjà souligné par Jean-François Gravier dans son ouvrage *Paris et le désert français*, est bien celui de l'Île-de-France et du reste du pays. La centralisation a été accentuée par le pouvoir royal, puis par le pouvoir républicain ; Paris concentrant tous les centres de décision (ministères, grandes sociétés). La conséquence est la structuration progressive en étoile des routes, des voies ferrées, des autoroutes. Cette évolution a entraîné l'établissement d'un tissu industriel dense et d'une majorité de services, concentrés à Paris. L'Île-de-France (avec ses huit départements) compte près de douze millions d'habitants (20 % de la population totale), elle est la première région européenne, représentant 5 % du PIB de l'Union européenne et 3 % de sa population. La France a le particularisme de voir sa capitale historique être aussi sa capitale sur les plans démographique, politique, économique, intellectuel.

B La « France profonde »

- À côté de ce véritable « donjon » que représente Paris, le reste de la France n'est peut-être pas un « désert » mais compte au moins des régions décalées. La présence de ce déséquilibre a imposé la nécessité d'un aménagement du territoire en donnant aux régions des compétences accrues (*Fiche 100*). De nombreuses régions perdent de leur dynamisme et ont un poids de plus en plus faible dans leur contribution au PIB national.
- Ainsi, le Centre de la France se dépeuple ; l'Auvergne, le Limousin enregistrent plus de décès que de naissances et l'apport migratoire est insuffisant pour empêcher le dépeuplement. Dans ces départements, la population est particulièrement âgée. Le déficit naturel s'observe aussi dans près de 38 départements (sur les

96 de la France métropolitaine). D'ailleurs, depuis le début des années 1990, il existe une forte atténuation des flux migratoires internes, sauf de ces régions de la France profonde vers Paris où se retrouvent les cultures régionales : quartiers bretons (Montparnasse), cafetiers auvergnats, les anciens « bougnats » des années 1950...

2 La nécessité de l'aménagement du territoire

A Un moyen de lutter contre les déséquilibres territoriaux

- Les déséquilibres démographiques en engendrent d'autres comme dans un cercle vicieux. Les régions en décroissance traduisent un manque de dynamisme (la répartition de l'impôt de solidarité sur la fortune le montre bien), entraînant un sous-développement régional même pour des régions qui avaient connu, aux XVIIIe et XIXe siècles, la proto-industrialisation et l'industrialisation (Massif central avec ses bassins de Montluçon, de Decazeville...). Dès lors, s'est imposé l'aménagement du territoire : action entreprise par les gouvernements pour réduire et, si possible, supprimer les déséquilibres de développement entre les différentes zones du territoire national.
- Le vieillissement démographique est corrélé au vieillissement des régions d'industries anciennes, aux activités insuffisamment diversifiées (aujourd'hui, aussi, de services), devenues des régions en difficulté (Vosges, Lorraine septentrionale, bassins houillers du Nord), à l'opposé de l'Île-de-France. Pour y remédier, il existe une volonté de « déménagement du territoire » symbolisée un peu par le transfert de l'ENA de Paris à Strasbourg, par la politique de désenclavement du Massif central, de la Bretagne, ou encore par le développement de projets industriels dans le Sud (complexe pétrochimique de Fos-sur-Mer).

B Mais des disparités fondamentales restent accentuées

- La politique d'aménagement du territoire a été mise en place (1984) avec les contrats de plan État-Régions (CPER), mais ceux-ci entrent parfois en contradiction avec les grands axes de la politique régionale européenne que la France se doit de respecter (Arc atlantique, par exemple). Les dispositifs de l'Union européenne ont pour but de favoriser les régions en retard de développement. Cependant, les résultats ne sont pas immédiats et les déséquilibres démographiques demeurent (émigration des jeunes). Malgré les fonds d'aide au rattrapage (fonds structurels européens) pour les régions agricoles en perte de vitesse et les régions affectées par le déclin industriel, les régions dynamiques (Île-de-France, Nord...) confortent toujours leur avance.
- Il reste plus facile, encore aujourd'hui, même avec le TGV (train à grande vitesse), de rejoindre la capitale que de faire un trajet transversal. Les objectifs proposés, à la fin des années 1970, aux villes nouvelles (Le Vaudreuil près de Rouen, l'Isle d'Abeau près de Lyon, Melun-Sénart, Villeneuve d'Ascq près de Lille...), ont été trop ambitieux et ont dû être révisés à la baisse, n'ayant pas d'effets totalement positifs pour un rééquilibrage démographique, sans compter que l'endettement de ces villes a été considérable.

La France, le plus grand pays d'Europe occidentale (550 000 km²), est démographiquement un pays déséquilibré dans une configuration complexe qui n'est ni une opposition Nord/Sud (comme en Italie), ni seulement une opposition région urbaine/région rurale (comme en Allemagne).

FICHE 17 LES COMPORTEMENTS D'ACTIVITÉ

Depuis le début des années 1960, la population a augmenté, avec l'arrivée des générations du baby-boom *en âge de travailler, mais aussi avec le développement de l'activité féminine. Simultanément, l'activité s'est concentrée sur les âges intermédiaires, du fait de l'allongement des études et de l'abaissement de l'âge de la cessation d'activité. Depuis le milieu des années 1990, le maintien de l'emploi des seniors devient un objectif, en même temps que l'activité des jeunes cesse de baisser.*

1 Les comportements d'activité du début des années 1960 au milieu des années 1990

A Une progression forte de l'activité féminine…

- C'est au début des années 1960 que l'activité féminine commence à se développer ; ce développement concerne d'abord les femmes de moins de 25 ans et celles de 35 à 40 ans ayant, au plus, un enfant. Puis, à partir du milieu des années 1960, la hausse du taux d'activité féminin aux âges intermédiaires prend toute son ampleur ; le taux d'activité des femmes âgées de 25 à 54 ans est de 44 % en 1968, 54 % en 1975 et progresse ensuite, toujours plus rapidement, de 1975 à 1996, et plus lentement ensuite. C'est aux âges où elles assument les charges familiales les plus lourdes que le taux d'activité des femmes a le plus augmenté. En même temps, cette évolution montre que le travail féminin n'est plus un « travail d'appoint » mais qu'il devient un travail à part entière, analogue au travail masculin.
- Aujourd'hui, le taux d'activité des femmes est de 63,8 % (chiffres de 2005), alors qu'il était de 51,5 % en 1975. Plus de huit femmes sur dix sont actives entre 30 et 49 ans et la part des femmes dans la population active, qui était de 35 % en 1968, atteint 46 % en 2005. De ce strict point de vue, la parité est donc presque atteinte.

B … et une mise à l'écart progressive des jeunes et des seniors du marché du travail

- La baisse d'activité des seniors remonte au début des années 1970 ; face au ralentissement économique que connaît alors la France, un consensus s'instaure pour abaisser l'âge de cessation d'activité. Dès 1975, le taux d'activité des 60-64 ans était tombé à 54 % et le taux d'activité des 55-59 ans était lui aussi assez faible puisque, à cette époque, près d'un homme sur cinq de ce groupe d'âge n'était pas sur le marché du travail. Évidemment, l'abaissement de l'âge de la retraite de 65 à 60 ans en 1983, ainsi que les mesures de 1984 visant à dispenser, sous certaines conditions, les chômeurs de 55 ans et plus de recherche d'emploi, tout en conservant le bénéfice de leurs indemnités, n'ont pu que renforcer cette tendance. En vingt ans, de 1975 à 1995, le taux d'activité des seniors chute de 57 % à 46 % et cette baisse est particulièrement prononcée de 1980 à 1984.
- Sur la même période, le taux d'activité des jeunes de 15 à 29 ans baisse aussi beaucoup, passant de 66 % à 55 % ; cette baisse est d'abord modérée de 1975 à 1986 et plus rapide à partir de 1986, du fait de l'allongement des études consécu-

tif à la volonté affichée par les pouvoirs publics, à partir de 1985, d'amener 80 % d'une génération au niveau du baccalauréat. Le phénomène joue peu pour les jeunes de 25 à 29 ans car ils sont peu nombreux à poursuivre encore leurs études initiales (en 2002, moins d'1 sur 10 est encore en formation initiale) ; en revanche, il s'applique pleinement pour les 15-19 ans et les 20-24 ans ; chez les filles comme chez les garçons, l'espérance d'activité baisse entre une et une année et demie en vingt ans.

2 Les comportements d'activité du milieu des années 1990 à nos jours

A Une activité des jeunes en légère hausse...

- Le taux d'activité des jeunes de 15 à 29 ans s'établit à 50,3 % en 2005. Depuis 1995, l'activité des 15-24 ans a largement progressé, en rupture avec la tendance antérieure ; toujours en 2005, la moitié des jeunes de 15 à 29 ans sont actifs, 42 % d'entre eux étant en emploi et 9 % au chômage, selon les normes du Bureau international du travail (BIT) ; l'autre moitié des jeunes poursuit ses études sans travailler.
- Cette hausse du taux d'activité des jeunes est due à plusieurs facteurs : le premier d'entre eux est la stabilisation de la durée des études (cette durée cesse d'augmenter à partir de 1996 et elle baisse même de 1997 à 2001) ; un deuxième élément explicatif est l'extension du nombre de jeunes qui sont actifs, tout en poursuivant leur formation initiale ; le troisième facteur explicatif est l'augmentation du nombre de jeunes exerçant un emploi d'appoint pendant leurs études.

B ... et une activité des seniors qui ne peut que progresser

- À partir de 1996, les seniors sont de plus en plus nombreux avec l'arrivée à l'âge de la cinquantaine des générations du *baby-boom*. Comme cette augmentation concerne d'abord les plus jeunes d'entre eux, qui sont aussi les plus actifs, le taux d'activité des 50-64 ans progresse rapidement, passant de 46 % en 1995 à 54 % en 2004. Cette augmentation démographique ne doit pas faire oublier que les comportements d'activité des seniors sont demeurés stables au cours des 10 dernières années ; l'allongement progressif des durées de cotisation retraite à 40 ans dans le privé, en 1993, n'a pas conduit, jusqu'à présent, à élever l'âge de la cessation d'activité.
- À partir de 2010, les choses vont changer et les réformes des retraites de 1993 et de 2003, qui allongent les durées de cotisation et modifient les modalités de calcul des pensions, vont jouer sur les comportements d'activité des seniors ; d'après le scénario tendanciel de l'Insee (*Fiche 18*), l'activité des 60-64 ans, qui diminuait depuis 30 ans, devrait remonter. Pour la France d'ailleurs, cette évolution semble tout à fait nécessaire car le taux d'emploi des 55-64 ans est actuellement faible par rapport aux autres pays de l'OCDE (34,2 % contre 49,4 % en 2003) ; elle pourrait ainsi se rapprocher de la résolution du Conseil européen de Stockholm qui fixe l'objectif d'un taux d'emploi de 50 % des 55-64 ans d'ici 2010.

Un point important de l'évolution actuelle est l'arrêt du mouvement de concentration de l'emploi sur les âges intermédiaires. Depuis 1997, la part des 30-49 ans dans la population active est en légère baisse (elle est de 55 % en 2004) ; cette évolution, qui devrait se prolonger, est importante car le travail demeure une valeur capitale pour l'identité sociale.

FICHE 18 QUELLES PERSPECTIVES POUR LA POPULATION ACTIVE ?

Les projections de population active s'appuient sur des prévisions de population totale et de taux d'activité, qui ont été actualisées pour tenir compte des réformes des retraites. Évidemment, ce scénario tendanciel ne fait que décrire une des évolutions possibles, à condition que les tendances démographiques et d'activité observées dans le passé se poursuivent. Autour de ce scénario, différentes variantes existent en fonction d'hypothèses émises sur la démographie ou les taux d'activité.

1 Le scénario tendanciel élaboré par l'Insee

A Une augmentation légère de la population active entre 2005 et 2050...

- Entre 1995 et 2005, la population active a augmenté de 1,8 million de personnes ; à l'horizon 2015, si les hypothèses évoquées plus bas viennent à se confirmer, elle pourrait gagner encore près de 700 000 personnes pour atteindre alors 28,3 millions ; ensuite, entre 2015 et 2050, elle évoluerait assez peu, entre 28,2 millions et 28,5 millions de personnes. Cette légère augmentation de la population active implique une augmentation du taux d'activité des 15-64 ans qui gagne 1,5 point d'ici 2050 (69 % en 2005, 70,5 % en 2050).
- En même temps que le taux d'activité des 15-64 ans augmente, la composition de la population active va évoluer dans le sens de son vieillissement ; la part des 50 ans ou plus dans la population active devrait augmenter et passer de 24,3 % en 2005 à 27,3 % en 2050 du fait de l'arrivée à ces âges des générations nombreuses du *baby-boom* ; en revanche, la part des 25-49 ans chuterait de trois points et celle des moins de 25 ans resterait stable. Un point capital (pour les retraites, notamment) est que cette augmentation de la population active n'empêche pas le nombre d'actifs de diminuer par rapport au nombre d'inactifs de 60 ans et plus, du fait du poids croissant des personnes âgées dans la population. En 2005, il y avait 2,2 actifs pour un inactif de 60 ans et plus ; en 2050, ce rapport serait égal à 1,4.

B ... qui repose sur certaines hypothèses

- La première hypothèse repose sur l'avenir de la population totale, laquelle détermine bien sûr le niveau et la structure de la population en âge de travailler ; le scénario tendanciel de l'Insee suppose un maintien des tendances observées actuellement sur les trois composantes qui déterminent le volume de la population : un apport migratoire annuel de 100 000 personnes par an, une fécondité de 1,9 enfant par femme, une baisse de la mortalité au même rythme que ces 15 dernières années.
- La seconde hypothèse repose sur les comportements d'activité : globalement, ces comportements ont une tendance à se stabiliser au cours de la dernière décennie et le scénario tendanciel prolonge cette stabilisation ; la progression de l'activité féminine, qui a été très forte au fil des générations de la seconde moitié du XXe siècle, ne se poursuivra que chez les 40-54 ans ; chez les hommes, les taux d'activité sont toujours en légère baisse. En revanche, chez les 55-59 ans, la

remise en cause progressive des dispositifs de retraite anticipée provoquera une augmentation du taux d'activité masculin. C'est cependant pour les 60-64 ans que l'évolution sera la plus prononcée : alors que leur activité diminue depuis 30 ans, elle devrait remonter sous l'effet de la réforme des retraites et de l'allongement des études, et le taux d'activité des 60-64 ans devrait, en 2050, retrouver son niveau du début des années 1980 pour les hommes et du début des années 1970 pour les femmes.

2 Les variantes possibles

A Selon l'état démographique

- S'éloignant du scénario tendanciel, deux hypothèses opposées se dégagent : dans la première, ou variante « basse » de la fécondité, l'indice conjoncturel de fécondité passerait de 1,9 enfant par femme en 2005 à 1,7 en 2010 et se maintiendrait ensuite à ce niveau ; dans la variante « haute », il remonterait à 2,1 en 2010. Évidement, les conséquences de ces deux variantes ne se feraient sentir qu'en 2025, quand les générations nées en 2010 commenceraient à être actives ; en cas de fécondité haute, la population active continuerait ensuite à croître et, inversement, en cas de fécondité basse. Au total, en 2050, l'écart par rapport au score tendanciel est de plus ou moins 1,5 million d'actifs selon l'hypothèse retenue.
- À la différence de la fécondité, les hypothèses sur les migrations ont un impact immédiat : un apport de 150000 personnes par an à partir de 2006 conduit à 700000 actifs de plus en 2030 et à 1,5 million en 2050 ; un apport migratoire limité à 50000 personnes conduit à un résultat rigoureusement inverse. En ajoutant les effets de la fécondité et des migrations, le nombre total d'actifs peut varier dans une amplitude de 3 millions de personnes entre les versions « haute » et « basse » d'évolution de la population.

B Selon l'évolution des taux d'activité

- Les comportements d'activité sont eux aussi soumis à des incertitudes : on peut ainsi opposer une variante d'activité haute et basse qui s'appuient respectivement sur une activité à tous les âges plus forte ou plus faible. Dans la variante haute, par exemple, la France arriverait à la fois à augmenter le taux d'activité des seniors et celui des 20-24 ans, s'approchant ainsi des taux d'activité européens pour ces groupes d'âge. L'écart entre les deux variantes est évalué à environ 1 million d'actifs.
- Un dernier point à considérer est le comportement des seniors par rapport à la date de départ en retraite : si, contrairement à l'hypothèse du scénario tendanciel, les seniors actifs choisissent de partir en retraite avec un niveau de pension plus bas, l'impact de ces retraites anticipées est évalué à un demi-million d'actifs en 2050.

Quelle que soit la variante retenue, il semble cependant que les variations de la population active, même dans les configurations les plus optimistes, ne soient pas très importantes par rapport à la forte augmentation du nombre d'inactifs de 60 ans et plus. Le « ratio de dépendance » ne peut que se détériorer, ce qui augure de redoutables problèmes de société dans un proche avenir (place des personnes âgées dans l'organisation économique et sociale, incertitudes sur les systèmes de santé et de retraite…).

FICHE 19

LA MOBILITÉ GÉOGRAPHIQUE

*La mobilité géographique, tant des travailleurs que des familles, est difficile à appréhender en France, contrairement à d'autres pays comme l'Allemagne imposant des certificats de résidence. De plus, la mobilité est complexe, variant par sa durée (temporaire à définitive), par sa nature (professionnelle, familiale...), par sa distance (mobilité frontalière, intrarégionale, interrégionale...) Il ne s'agit pas de reconsidérer l'immigration (*Fiche 15*), mais de saisir les enjeux d'autant plus que la mobilité géographique est difficile à distinguer de la mobilité professionnelle.*

1 La mobilité géographique est difficile à cerner et mesurer

A L'attachement au local

- À défaut de données précises, Laurence Duboys Fresney, secrétaire du groupe de sociologues Louis Dirn donne des éléments riches d'enseignements : 43 % des Français (en 1999) ont le « sentiment d'appartenir avant tout » à leur ville, localité ou canton ; 12 % sont attachés avant tout à leur région ou à leur province ; 28 % sont attachés avant tout à la France. De plus, 49 % n'ont pas « du tout » le sentiment d'appartenir au monde et 15 % de ne pas appartenir à l'Union européenne. Ces résultats montrent bien un attachement au local qui limite toute mobilité d'envergure ; la quasi totalité des familles françaises reste fidèle à leurs racines rurales profondes.
- Cependant, cette approche est à nuancer car les études de l'Insee depuis 1984 (*Données sociales*) montrent qu'environ 30 % des ménages ont déménagé dans les cinq années qui précèdent les enquêtes, en ce qui concerne les « ménages permanents ». La mobilité concerne beaucoup plus les cadres supérieurs puis les professions intermédiaires plus que toute autre catégorie socioprofessionnelle (CSP).

B Les raisons de la mobilité

- Dans toutes les CSP, la première cause de mobilité géographique invoquée est celle liée au logement (58 % des cadres supérieurs, 55 % pour les ouvriers) ; il s'agit soit de la recherche de plus de confort, soit de l'acquisition d'un logement plus petit après le départ des enfants. De ce fait, la deuxième cause invoquée est familiale (mariage, fixation en union libre, naissance...). Ces déménagements se réalisent sur des distances courtes, sans changement de localité ou de département, encore moins de région. La dernière cause est professionnelle.
- La mobilité géographique professionnelle peut se faire sur de plus longues distances (40 % des cas). La forte mobilité caractérise les cadres supérieurs surtout s'ils sont au service de l'État (cas des fonctionnaires de la catégorie A, des militaires et, notamment, des enseignants du second degré). D'après les sources du ministère de l'Éducation nationale, cette mobilité s'atténue cependant avec les possibilités de rapprochement de conjoints. Malgré la « peur » des délocalisations (*Fiche 37*), la mobilité géographique affecte beaucoup plus les cadres que

les ouvriers et les employés ; pour les cadres, la mobilité est choisie par souci de promotion ; elle est alors la contrepartie de la réussite professionnelle.

2 La nécessité d'un encouragement à la mobilité au niveau européen

A L'encouragement à la mobilité

- Durant la journée de lancement en France, le 22 septembre 2006, de l'« Année européenne de la mobilité des travailleurs », des conférences ont été organisées ainsi que des salons de l'emploi dans plus de 50 villes. L'objectif était de sensibiliser l'opinion à profiter des opportunités offertes par le principe de la libre circulation des personnes. De plus, un « portail » Internet, nommé « Eures » sur la mobilité de l'emploi » a été inauguré avec des possibilités offertes dans plus de 29 pays européens, avec plus d'un million d'offres d'emploi pour des postes permanents et saisonniers, site permettant aussi le dépôt de CV (*curriculum vitæ*).
- L'avantage de cette opération d'envergure est d'inciter à la mobilité sur de longues distances. Elle n'a guère d'effet pour une mobilité domestique (à l'intérieur des frontières nationales), point qui n'est guère abordé par d'autres instances. L'objectif est de développer des perspectives possibles de mobilité mieux choisies et préparées.

B De jeunes cadres plus mobiles

- Selon l'Eurobaromètre (sondages mesurant l'opinion publique) intitulé « Le futur de l'Europe » (mai 2006), 56 % des citoyens européens interrogés reconnaissent que le résultat le plus positif de la construction européenne est « la libre circulation des personnes » ; pourtant, une étude de la Commission européenne (janvier 2006) révèle que moins de 2 % des citoyens européens vivent dans un autre pays de l'Union européenne ».
- Toute mobilité géographique suppose une préparation pour lever les obstacles pratiques (liés au logement, à la pratique des langues, à l'emploi du conjoints...) et psychologiques (question du retour à terme, non reconnaissance par les employeurs des expériences acquises dans le cadre de la mobilité...). Cette préparation existe, notamment dans les grandes écoles, mais elle concerne avant tout les futurs cadres. Les actions de l'OFAJ (Office franco-allemand pour la jeunesse créé en 1963), l'OFQJ (Office franco-québécois pour la jeunesse, créé en 1968) ont un rôle pour sensibiliser les jeunes, mais leurs actions sont peut-être encore insuffisantes pour lever tous les obstacles survenant à l'âge adulte.

La mobilité géographique ne semble donc pas le propre des Français. L'attachement au local, à sa province joue certainement. Les Français auraient donc plutôt un comportement sédentaire toute chose égale par ailleurs car les mobilités demeurent en grande partie mal connues et complexes (comme dans le cas des retraités se dirigeant vers le Sud et qui finissent par retourner dans la région d'origine compte tenu des difficultés d'insertion réelle).

FICHE 20

FRANCE URBAINE, FRANCE RURALE

C'est au recensement de 1931 que la population urbaine a égalé la population rurale, avec près d'un siècle de retard sur le « modèle » du Royaume-Uni. Depuis, le dépeuplement des campagnes se poursuit et les grandes agglomérations se développent de plus en plus, gagnant sur des zones rurales. Mais l'évolution est complexe : rivages maritimes, fleuves et rivières sont source d'un nouvel attrait. Le mode de vie urbain s'impose, mais des citadins cherchent de nouveau à « coloniser » les zones rurales pour retrouver une autre qualité de vie, loin des maux de la ville (c'est le phénomène de « rurbanisation »). De ce fait, l'urbanisation est de plus en plus éclatée ; la dynamique territoriale est dominée par la ville.

1 La dynamique territoriale

A Du dépeuplement des campagnes à la « métropolisation » éclatée

- La France a connu, contrairement aux autres pays industrialisés, un lent mouvement de dépeuplement des zones rurales et l'extension urbaine en nappes concentriques. C'est un *continuum* qui se poursuit depuis le Moyen Âge : la France se dépeuple sur une vaste bande diagonale, du nord-est au sud-ouest, des Ardennes à la Gironde, en passant par une partie de la Champagne, la Lorraine, une zone du Centre, l'Auvergne, le Limousin, la Dordogne. De nouveaux regroupements se réalisent le long des fleuves (la bordure ligérienne) et des rivières menant aux grandes villes (le Rhône vers Lyon ou Marseille, la Garonne vers Bordeaux…). Enfin, Paris continue une extension qui déborde, depuis quelques années l'Île-de-France pour rejoindre la vallée de la Marne, de la Seine, de l'Yonne… La modernisation agricole entraînant l'exode rural en est la cause.
- Observé la première fois lors du recensement de 1975, un mouvement structurel de fond poursuit son évolution : la surface couverte par les grandes agglomérations (Paris, Marseille, Lyon, Bordeaux, Lille-Roubaix-Tourcoing, Nantes, Strasbourg, Toulouse, Nice…) s'étend de plus en plus ; il est difficile d'y voir seulement une extension des banlieues dans la classique distinction géographique du bourg (ou centre)/faubourgs/banlieues, car la frontière avec la zone rurale n'est plus nette et franche mais plutôt insensible ou difficile à observer (même du ciel). Ce sont de vastes nappes de constructions s'étendant comme des tâches sur des distances très grandes s'éloignant des centres historiques des cités.

B Les paradoxes posés par la ville

- L'opposition d'une France urbaine et d'une France rurale est un moyen de percevoir la dynamique sociale, comme le souligne Hervé Le Bras (*Essai de géométrie sociale*, 2000). La ville semble le nouvel objectif de vie, mais avec un paradoxe : vivre collectivement mais dans une solitude relative, un besoin de calme, d'indépendance…, mais à proximité de l'agitation urbaine tout de même (cas des vallées de la Chevreuse, de la Marne, de l'Oise… pour Paris). Les activités se font de plus en plus en réseaux compte tenu des nouvelles technologies, mais les Français optent pour la possibilité de se « déconnecter ».

- Ce nouveau comportement engendre des conséquences, source d'externalités économiques négatives avec l'impact de la circulation automobile (chaque jour, le périphérique parisien comme ceux des grandes villes sont à la limite de la saturation), de la pollution atmosphérique, des heures d'activités perdues dans les embouteillages, de la régulation de plus en plus difficile des transports en commun, notamment des « trains de banlieues » (même si dans nombre de régions, la restructuration des trains express régionaux – TER – améliore les liaisons avec flexibilité).

2 La domination de la ville

A La ville impose le cadre de vie et de travail

- La ville attire aussi par obligation ; les étudiants sont de plus en plus nombreux et la poursuite de leurs études ne peut se faire que dans les (grandes) villes (université, classes préparatoires, grandes écoles…) ; de nombreuses antennes universitaires délocalisées ont été créées dans des villes moyennes, mais ce n'est pas un changement structurel d'importance, sans compter des coûts élevés de fonctionnement. Les villes méditerranéennes attirent les retraités plus nombreux et cet « héliotropisme » des retraités gagne depuis 1998-1999 toute la façade atlantique et, plus récemment, les côtes de la Manche (Normandie) et même de la mer du Nord.
- La ville attire, notamment dans une société de consommation, par ses structures spécifiques et uniques : complexes cinématographiques, équipements culturels, centres commerciaux, centres hospitaliers universitaires (CHU)… sans oublier les stades. La ville présente des avantages économiques mis en lumière, depuis 2005, avec les débats sur la fermeture des hôpitaux des petites villes. Depuis 1990, un certain essoufflement de l'urbanisation s'observe, les grandes agglomérations se développant moins vite que les villes moyennes.

B La ségrégation urbaine accentuée

- Le tissu urbain est néanmoins celui de la ségrégation. Cette ségrégation dépend en partie du passé avec la politique du logement, la création des grands ensembles (des années 1950 et 1960), la délimitation des zones pavillonnaires… Mais cette ségrégation trouve surtout son explication centrale dans la mobilité (sociale, professionnelle puis géographique) : les professions intermédiaires, les ouvriers qualifiés… ont quitté peu à peu les grands ensembles (habitat collectif) pour des zones résidentielles d'habitat individuel. De ce fait, ceux qui restent dans les zones nommées depuis 1996 ZUS (zone urbaine sensible), se sentent mis à l'écart, perdant une partie du lien social.
- Cette ségrégation est à relier directement avec les violences urbaines (*Fiche 85*). Elle fait naître une stigmatisation qui n'est pas sans conséquences sociales et humaines : discrimination à l'embauche, conditions de vie de plus en plus difficiles ou dégradées, accumulation de la délinquance, voire de la criminalité (phénomène des « tournantes »)… ; le passage à la « ghettoïsation » ne serait pas loin pour certains, mais l'assimilation avec la situation américaine ne résiste pas à une analyse sérieuse, car il ne s'agit pas d'appartenance ethnique mais d'appartenance sociale (le chômage, le manque de qualification sont source d'exclusion et de difficultés d'intégration).

La France est assurément un pays urbain où les citadins recherchent les valeurs rurales, ce qui expliquerait le nouveau dynamisme des quartiers, comme autant de petits hameaux dans la ville éclatée.

PARTIE III

L'ÉCONOMIE GÉNÉRALE DE LA FRANCE

FICHE 21 LA CROISSANCE FRANÇAISE MISE EN PERSPECTIVE

En 2005, selon l'Insee, la croissance française a été de 1,4 %, en deçà du chiffre de 2004 (2,4 %) qui avait rallumé l'espoir d'une reprise. Pour 2006 et 2007, les prévisions officielles annoncent une fourchette allant de 2 % à 2,5 % dans l'Hexagone. Pour juger des performances de l'économie française par rapport aux autres économies de l'Organisation de coopération et de développement économique (OCDE), il convient d'apprécier les résultats obtenus sur une dizaine d'années.

1 LA CROISSANCE FRANÇAISE COMPARÉE À CELLE DES AUTRES GRANDS PAYS INDUSTRIELS

A Résultats d'ensemble

- Si on essaie de juger les résultats de croissance en France sur les dix dernières années, les chiffres sont les suivants : en prenant l'indice 100 comme référence pour 1995, on trouve pour 2005 que les États-Unis sont à 140, le Royaume-Uni à 130, la France à 125 tandis que l'Allemagne et le Japon sont à 115. En moyenne annuelle, la croissance française de 1995 à 2005 est proche de 2 % par an, ce qui est exactement le taux de croissance observé pour la zone euro. Hors de la zone euro, la croissance s'est révélée cependant beaucoup plus vigoureuse ; dans ces pays, le taux de croissance du PIB par tête s'échelonne entre 2 % et 3 % par an. Il apparaît donc clairement, sur la base de ces statistiques, que l'écart du PIB par tête se creuse entre la France et les pays les plus avancés de la planète. Il n'y a guère qu'au Japon que la croissance est plus faible.
- En 2006 et 2007, les prévisions de croissance vont dans la même direction : selon le ministère de l'Économie et des Finances (*Perspectives économiques*, mars 2006), la croissance du PIB aux États-Unis devrait être de 3,5 % en 2006 et de 2,6 % en 2007, plus forte que la croissance en Europe qui serait au même niveau que la croissance française (2,5 % en 2006 ; 2 % en 2007).

B La France dans l'Union européenne

- La croissance française, qui peut apparaître assez faible au regard des résultats obtenus pendant les Trente Glorieuses (ce qui fait que certains économistes utilisent l'expression de « croissance molle ») est cependant un peu meilleure quand on la compare à celle de ses principaux partenaires européens et tout particulièrement à l'Allemagne et à l'Italie. Depuis 1998, l'écart en point de PIB par rapport à ces deux pays se situe globalement entre + 0,2 et + 0,4, à l'avantage évidemment de l'économie française.
- Ce dynamisme relatif de l'économie française est dû à une demande intérieure plus forte. Par leurs investissements pour les uns, leurs achats de biens de consommation pour les autres, les entreprises et les ménages ont permis à l'économie française de croître à un rythme supérieur à celui de l'Allemagne et de l'Italie ; le maintien de cette forte consommation résulte du comportement d'épargne des ménages ; le taux d'épargne, en pourcentage du revenu disponible brut, fléchit sur ces dernières années (17,0 % en 2002 ; 16,0 % en 2003 ; 15,2 % en 2004 ; 14,9 % en 2005) alors qu'il progresse simultanément en Allemagne sur la même période.

2 Les raisons de l'atonie relative de la croissance française

A Les facteurs conjoncturels internationaux

- L'augmentation du prix du pétrole, passé de 18 dollars le baril au début de 2002 à 49,50 dollars en octobre 2004, a eu un impact récessif et inflationniste sur l'économie mondiale. D'après l'Insee, pour l'économie française, cet impact est estimé à 0,3 point du PIB en 2005 et 0,1 point en 2006.
- L'appréciation de l'euro (et donc la dépréciation du dollar) qui commence au début de 2002 nuit gravement à la compétitivité de l'économie européenne. L'euro, qui était à son point le plus bas au début de 2002 (0,88 dollar), est passé à 1,26 dollar en 2003 et à 1,34 dollar à la fin de 2004. Là aussi, l'Insee estime qu'il y a un impact négatif de cette appréciation de l'euro sur la croissance française, correspondant à 0,2 point de PIB en 2005 et à 0,1 point en 2006.

B Les facteurs internes conjoncturels et structurels

- La réduction du déficit public (3,7 % du PIB en 2004 ; 3 % en 2005), nécessaire pour contenir la dette publique (qui devrait atteindre 66,6 % du PIB en 2006), exerce un effet dépressif sur la croissance économique. Toujours d'après l'Insee, la politique budgétaire, qui avait exercé un effet neutre en 2004, devrait peser sur l'activité en 2005 et en 2006 (– 0,2 point de PIB en 2005 ; – 0,4 point de PIB en 2006).
- Selon l'OCDE, la croissance française est handicapée par plusieurs éléments structurels : le premier d'entre eux est le coût minimum du travail, plus élevé que le coût médian au sein de l'OCDE, ce qui conduit cette organisation internationale à recommander de limiter, à l'avenir, la hausse du salaire minimum et aussi de baisser les cotisations de Sécurité sociale ; le deuxième élément est la lourdeur de la procédure de licenciement des travailleurs sous contrat à durée indéterminée par rapport à celle appliquée aux travailleurs sous contrat à durée déterminée ; le troisième élément est l'insuffisance de la concurrence, essentiellement dans le commerce de détail et certaines industries, qui ne peut trouver sa solution que dans une politique de la concurrence ayant avant tout pour objectif le bien-être du consommateur.
- D'après l'économiste Daniel Cohen, la leçon de la croissance américaine est que les services peuvent enregistrer des gains de productivité considérables sans nuire à l'emploi. Cinq secteurs expliqueraient ainsi l'écart de croissance entre l'Europe et les États-Unis : le commerce de gros, le commerce de détail, la banque, les services aux entreprises et la réparation automobile. Il faut donc cesser de considérer le secteur tertiaire comme un déversoir pour créer des emplois détruits par l'industrie, ce qui suppose de dynamiser les services. Indiscutablement, la directive Bolkenstein de la Commission européenne, qui consistait à soumettre les services à la concurrence internationale, allait dans cette direction.

Au-delà des facteurs environnementaux, il apparaît bien que la croissance dépend avant tout de l'émulation interne et de la capacité de chaque nation à s'organiser efficacement. La question est de savoir si la France sera capable, à l'image du Danemark, de concevoir un modèle original de développement dans un contexte de mondialisation croissante.

FICHE 22 LA CROISSANCE FRANÇAISE FACE AUX DÉFIS MONDIAUX

*Les facteurs contribuant à la croissance sont nombreux (*Fiche 21*). Aujourd'hui, les objectifs de croissance doivent s'adapter à la donne internationale avec les risques qu'elle comporte : pression des prix des matières premières, chocs exogènes potentiels, risques géopolitiques (quoique le nombre de conflits tend à diminuer dans le monde), signe d'affaiblissement économique relatif aux États-Unis... Il ne s'agit plus, comme durant les Trente Glorieuses, de relancer l'économie dans un cadre interne (les erreurs des premières années de la décennie 1980 ont porté leurs fruits), mais de prendre les moyens de s'adapter aux rééquilibrages mondiaux. Les décisions conjointes de la France et de l'Allemagne, depuis le 81ᵉ sommet franco-allemand à Berlin (18 septembre 2003), sont probablement une réponse face aux défis mondiaux.*

1 Les défis mondiaux imposent de nouvelles orientations

A Les défis posés par la mondialisation de l'économie

- Les défis mondiaux posent des enjeux nouveaux que nombre d'économistes (tel Robert Solow) ont souligné. La libéralisation de la circulation des biens et des capitaux, voire des personnes, favorise l'émergence de marchés mondiaux liés à l'internationalisation des firmes. Cette nouvelle donnée de l'économie pèse sur la croissance avec l'accentuation de la concurrence, la redistribution des lieux de production, le décloisonnement des marchés, une plus grande standardisation des produits, la fixation de règles communes par l'Organisation mondiale du commerce (OMC). Les conséquences sont bien visibles avec la forte croissance en Asie (où les coûts de production sont bas) et la place dominante de la globalisation financière.
- Depuis le début de la décennie 2000, de nouveaux défis sont apparus. La mondialisation entraîne la place et le poids croissants de nouveaux acteurs au détriment des États-nations ; ce sont des acteurs privés (entreprises, groupes de presse, sociétés de chaînes de télévision) mais aussi des acteurs internationaux étatiques (OMC, FMI...) ou non gouvernementaux (Amnesty International, Reporters sans frontières...). De plus, les nouvelles techniques de communication donnent à la circulation des technologies (Internet), des idées et des services, un essor sans précédent. Enfin, un autre défi a été posé à la réunion de l'OMC à Seattle : la reconnaissance et l'espace donnés aux mouvements « anti-mondialisation ».

B La croissance française n'avait pas été préparée à de tels défis

- Par son passé, contrairement à l'Angleterre ou aux Pays-Bas par exemple, la France n'a pas été préparée sur le long terme à relever ces défis. Sans remonter à son passé colbertiste (*Fiche 1*), ou au traité de libre-échange de 1860 (*Fiche 2*), la France a connu une ouverture tardive au commerce international, se méfiant soit des concurrents à bas salaires (d'où les tarifs Méline ; *Fiche 3*), soit des décisions européennes (d'où la politique de la « chaise vide » en 1965). La France apparaît comme un pays frileux craignant l'ouverture (Jacques Marseille), préférant la « sanctuarisation » du territoire français à l'écart du reste du monde (les discours de Charles de Gaulle sont précis sur cet aspect).

- Néanmoins, tardivement, la France a su réagir après 1986 : plus grande ouverture aux capitaux étrangers à la Bourse de Paris ; parmi les 100 premières capitalisations mondiales figurent 10 françaises en 2005 (il n'y avait aucune en 1981) ; les « champions nationaux » (chers à C. de Gaulle) sont devenus internationaux (TotalFinaElf, Vivendi Universal, Alcatel...) ; le rapprochement de Renault et Nissan fait de la France le premier investisseur au Japon en 2000... Pour Michel Aglietta, cette réaction tardive est salutaire : la mondialisation n'apparaît plus comme la source de tous les maux français.

2 L'ADAPTATION DE LA CROISSANCE FRANÇAISE AUX NOUVEAUX DÉFIS MONDIAUX

A Face à ces défis, la France a des atouts précieux

- La France possède des atouts à ne pas négliger. L'un de ses premiers points est le niveau de productivité des actifs français. D'après le Bureau of Labor Statistics (BLS), en 2005, un actif français produit 12 % de plus qu'un Britannique, 18 % de plus qu'un Allemand, 22 % de plus qu'un Japonais. Pourtant, la durée du travail des Français se situe parmi les plus basses de l'Union européenne (UE) (d'après Eurostat, 2006). Les réductions du temps de travail ont probablement permis une meilleure utilisation des équipements et des investissements. Dans la compétition mondiale, il est nécessaire d'utiliser au maximum le capital pour en tirer des économies d'échelle : la durée d'utilisation du capital est passée de près de 50 heures hebdomadaires en 1996 à près de 56 heures en 2006.
- Dans le cadre de l'UE, le coût d'une heure de travail d'un ouvrier de l'industrie française reste très compétitif face à un Britannique (+ 4 % plus cher), à un Allemand (+ 33 %) ou à un Suédois (+ 17 %), malgré des hausses de salaires un peu plus fortes, globalement, en France. Ces résultats ne sont peut-être pas assez mis en valeur compte tenu des performances à l'exportation des résultats de l'Allemagne, mais les produits allemands profitent d'une meilleure image (produits chers mais durables et résistants) et de créneaux plus porteurs (machines-outils).

B Mais la France doit encore s'adapter à des défis à venir

- Des défis mondiaux sont encore à venir. En 2000, une vaste enquête d'Alliances Management Consultants, auprès de chefs d'entreprise, a eu l'intérêt de mettre en lumière les freins au développement des entreprises et de leur adaptation à la mondialisation : lourdeur de la réglementation administrative, flux des ressources humaines mal gérés...
- Par contre, la France a des spécificités propres sur lesquelles elle doit mettre l'accent : son niveau de formation, ses pôles technologiques, son positionnement dans l'UE, son attractivité pour les investissements directs de l'étranger... Exalter l'exception française serait là un moyen de répondre aux nouveaux défis mondiaux.

La croissance française face aux nouveaux défis mondiaux a des atouts certains ; l'amélioration de cette donne passe par une efficacité qui est inséparable de la coordination des décisions de l'UE. L'heure n'est plus au repli national mais à un vaste déploiement des forces pour trouver une place dans le « concert des nations ».

FICHE 23 LES REVENUS DES FRANÇAIS

Le revenu disponible comprend les revenus primaires (revenus d'activité et revenus du patrimoine) auxquels on ajoute les prestations sociales reçues et desquels on soustrait les impôts et les cotisations sociales versées. En France, le revenu disponible par habitant est de 17793 dollars en 2003, ce qui situe le pays dans la moyenne des pays riches. Ce revenu disponible exprimé en monnaie constante a été à peu près multiplié par 4 depuis 1950.

1 ÉVOLUTION DU REVENU PRIMAIRE ET DE SES COMPOSANTES

A Le salaire

- En 2004, le salaire mensuel moyen d'un salarié à temps complet d'une entreprise du privé s'élève à 2440 euros bruts et 1849 euros nets. De 1994 à 2004, les salaires du privé ont augmenté en moyenne de 0,7 % par an, comme durant les dix précédentes années; ils ont crû encore plus sensiblement durant la période 1996-2001 malgré la politique de modération salariale qui a accompagné les 35 heures.
- En ce qui concerne le secteur public, en 2003, le salaire moyen brut d'un salarié à temps complet est de 2460 euros et 2072 euros nets. Pendant la première moitié des années 1990, la situation des salariés du secteur public s'est améliorée relativement à celle du secteur privé, dans un contexte où le marché du travail se dégradait fortement; de 1995 à 2002, les écarts se sont stabilisés et on observe même qu'en 2003 le salaire net moyen baisse de 0,5 % en euros constants pour l'ensemble des agents de la fonction publique. En fait, les mécanismes qui déterminent les évolutions de salaires dans les secteurs public et privé sont différents: les salaires du secteur privé sont davantage sensibles au cycle économique, tandis que dans le secteur public ils font l'objet de négociations centralisées. Au sein des pays de l'Union européenne (UE) à 15, la France occupe une position singulière: en 2002, le salaire annuel brut moyen des salariés des entreprises de 10 salariés ou plus de l'industrie et des services est de 28900 euros; ce salaire est très proche du salaire moyen de l'UE à 25 (27800 euros) mais sensiblement inférieur à celui de l'UE à 15 (31900 euros).

B Les revenus mixtes et les revenus du capital

- Les revenus mixtes sont composés des bénéfices réalisés par les travailleurs indépendants qui rémunèrent à la fois le travail et le capital qu'ils ont investis dans leur entreprise; il s'agit d'un ensemble d'activités très différentes (agriculteurs, artisans, commerçants, professions libérales). En France, en 2006, les travailleurs indépendants (2,3 millions) constituent une population très hétérogène en termes de niveau de qualification, de taille d'entreprise ou de revenu. Ils ont gagné, en moyenne, 20400 euros en 2002, ce qui est plus que ce que gagne la moyenne des salariés; leur revenu, qui peut également être composé de salaires, va de 14000 euros dans l'agriculture à 54000 euros dans les professions libérales et assimilés. Comme pour les salariés du privé, le revenu des indépendants est très sensible à la conjoncture : par exemple, les agriculteurs ont connu d'importantes baisses de revenu dans les années 1970 et les artisans au début des années 1980. Aujourd'hui, la conjoncture leur est plus favorable.

- Les revenus du capital concernent les revenus fonciers (loyers des propriétaires de maisons, immeubles, terrains) et les revenus de capitaux mobiliers (dividendes versés aux actionnaires, porteurs d'obligations, détenteurs de livrets d'épargne). Depuis 1970, ces revenus ont beaucoup varié car ils dépendent du taux d'inflation, du taux d'intérêt et des performances des entreprises. Dans l'ensemble, ils ont cependant progressé beaucoup plus vite que les revenus du travail. Le basculement a eu lieu dans les années 1980 et s'accentue depuis, la croissance des revenus du patrimoine ayant été deux fois plus forte que celle des revenus d'activité dans la décennie 1990, ceci s'expliquant par la conjonction de deux facteurs : la désinflation et l'augmentation de la Bourse. En 2005, les revenus du patrimoine, y compris les loyers, demeurent très dynamiques puisqu'ils contribuent, pour 1,4 point, à l'évolution du revenu disponible des ménages.

2 Du revenu primaire au revenu disponible

A La forte croissance des revenus de transfert

- Les prestations sociales ont progressé rapidement depuis les années 1970 et elles représentent maintenant plus de 30 % du revenu des ménages ; ce sont les impératifs de la redistribution, qu'elle soit verticale (des riches vers les pauvres) ou horizontale (des valides vers les malades, des célibataires vers les familles nombreuses), qui ont entraîné cette évolution. C'est dans les domaines de la vieillesse (44 % des prestations sociales reçues par les ménages en 2006) et des dépenses de santé (34 % des prestations sociales reçues par les ménages en 2000) que la croissance a été plus forte ; en 2005, les prestations sociales versées aux ménages continuent de croître à un rythme élevé (+ 3,9 %), soit une contribution de 1,2 point à la hausse du revenu disponible brut.
- Les inégalités de revenus sont en partie corrigées par les transferts sociaux ; et, bien que notre système socio-fiscal soit moins redistributif que celui d'autres pays européens, on peut dire qu'il a gagné en efficacité redistributive, notamment grâce à des prestations de plus en plus ciblées (famille, logement, minima sociaux). Le couple impôts-redistribution a permis de réduire l'inégalité, bien que cette réduction soit plus modérée sur la période récente (*Fiche 77*).

B Le niveau de vie

- La notion de niveau de vie est plus pertinente que celle de revenu disponible car elle prend en compte la taille des ménages. Le niveau de vie d'un ménage est égal à son revenu disponible divisé par le nombre d'unités de consommation qu'il comprend ; selon ce mode de calcul, le niveau de vie des ménages a progressé de 60 % en francs constants de 1970 à 1990, soit une moyenne de 2,4 % par an.
- De nos jours, cette progression est moins nette, tout en restant toutefois très sensible aux aléas de la conjoncture. De 1997 à 2002, le niveau de vie médian a augmenté en moyenne de 2 % par an, mais, en 2003, le niveau de vie médian a connu une baisse de 0,1 % par rapport à 2002. Il s'élève alors à 17 650 euros.

Si on extrapole les tendances récentes, on peut se demander si la part des revenus du travail n'est pas appelée à perdre encore du terrain au profit des revenus du capital. Le développement de l'actionnariat salarié, encore embryonnaire en France, va également dans ce sens.

FICHE 24 LA CONSOMMATION DES FRANÇAIS

Durant les Trente Glorieuses, la France est devenue une « société de consommation ». L'augmentation des revenus disponibles a permis à l'ensemble des ménages d'accéder à une gamme élargie de biens et de services naguère réservés à une minorité. En même temps, les consommations marchandes (achat sur un marché à un prix couvrant au moins les coûts de production) connaissaient une multiplication sans précédent sans oublier celle des consommations non-marchandes (les consommations collectives). Quelles sont les dimensions économiques et sociales que révèle la consommation des Français ?

1 ÉVOLUTION ET STRUCTURE DE LA CONSOMMATION

A Une augmentation très importante

- De 1960 à nos jours, la dépense des ménages a progressé en volume de 3 % en moyenne annuelle. Cette augmentation s'est faite à un rythme très inégal. Jusqu'au premier choc pétrolier (1973-1974), l'augmentation a été de 5,3 % (toujours en moyenne annuelle). Elle s'est ensuite fortement ralentie pour n'atteindre plus que 2,6 % entre 1973 et 1984, et 2,8 % de 1984 à 1990. La tendance à la décrue s'est poursuivie au début des années 1990, avec une baisse de 0,5 % par rapport à l'année précédente en 1993. Depuis 1997, la consommation repart. L'augmentation annuelle des dépenses de consommation est globalement de l'ordre de 2 % (2,3 % en 2004 ; 2,1 % en 2005).
- Tout cela fait que la dépense totale des ménages a été multipliée par quatre de 1960 à 2005. En tenant compte de l'évolution démographique pour appréhender la hausse de la consommation par habitant (puisque la population a augmenté de 30 % au cours de cette période), la consommation totale, qui inclut la part de la consommation financée par les pouvoirs publics (essentiellement la santé et l'éducation), a été multipliée par trois en volume.

B Une confirmation de la loi d'Engel

- Ernst Engel (1821-1896), statisticien d'origine allemande, avait déjà énoncé en 1857 une loi, qui porte encore son nom, selon laquelle la part du revenu consacré à l'alimentation et à l'habillement (appelée le coefficient budgétaire) baisse lorsque le revenu augmente. En effet, de 1960 à 2005, la part des dépenses dites « traditionnelles » que sont les dépenses d'alimentation et d'habillement est passée de 47 à 22 % du revenu total des ménages. L'alimentation, qui était de loin encore le premier poste budgétaire en 1960 avec 29 % de la consommation totale, ne représente plus que 13 % de cette consommation en 2005.
- Le premier poste de dépenses est aujourd'hui le logement, puisque celui-ci représente à lui seul 24,7 % de la consommation des ménages en 2005. Globalement, les nouveaux postes de dépenses, significatifs d'une transformation profonde des modes de vie, sont relatifs aux loisirs, à la communication et à la santé. Les dépenses en matière de communication ont été multipliées par 3,5 entre 1960 et 2005. Parmi celles-ci, le poste « Biens et services de l'information et de la communication » (téléviseurs, magnétoscopes…) constitue un des segments les plus

dynamiques de la consommation des ménages. Le poste « Santé » a lui aussi doublé (de 1,5 % en 1960 à 3 % en 2005), sachant que plus des trois quarts de la consommation en biens et services de santé sont pris en charge par la Sécurité sociale. La consommation des Français présente quelques spécificités par rapport à celle des principaux partenaires européens. Si les Français sont les plus gros consommateurs en Europe en matière de santé, ils sont un peu moins équipés au niveau des biens et services de l'information et de la communication que la moyenne de l'Union européenne.

2 Consommation et société

A La « culture de consommation »

- L'augmentation de la consommation a fait apparaître progressivement l'idée d'une consommation de masse, qui est définie généralement comme une consommation destinée au plus grand nombre qui a ainsi accès à un volume de biens et services dépassant largement le niveau de subsistance qui était celui des sociétés traditionnelles. Cette consommation de masse, permettant à chacun de parvenir à une certaine aisance matérielle, est devenue peu à peu le symbole des démocraties occidentales, phénomène qui avait été perçu de manière prémonitoire par Charles Alexis de Tocqueville en 1830 lorsqu'il écrivait que la démocratie américaine naissante s'appuyait sur la consommation au caractère matérialiste, mais aussi source de confort, de paix sociale et de tolérance…
- La consommation de masse est susceptible de plusieurs interprétations. Il est possible d'y voir d'abord une « culture du présent », où l'hédonisme prévaut, ce qui signifie que la « consommation boulimique » prend peu à peu le pas sur la « consommation citoyenne ». Dans ce cas, la société de consommation participe alors à la perte des valeurs civiques, à la dégradation de la santé des populations (montée de l'obésité chez les jeunes, surconsommation médicale…), au manque de spiritualité. Mais, d'autre part, il est possible aussi d'y voir une culture de la liberté où les consommateurs ont de plus en plus la possibilité de choisir leur style de vie et d'apprendre le sens des responsabilités.

B La consommation est toujours révélatrice de clivages sociaux

- Dès 1912, le sociologue français Maurice Halbwachs (*La classe ouvrière et les niveaux de vie*) a montré que la consommation dépendait des goûts et des aptitudes valorisées par un groupe social. Selon Pierre Bourdieu (*La distinction, critique sociale du jugement*, 1979), les différenciations se maintiennent, voire s'amplifient, dans la société de consommation de masse. À revenu égal, les consommations ne cessent de diverger, même si les différences sont parfois très subtiles. Ces différenciations correspondent à des clivages sociaux traditionnels. À niveau de vie équivalent, les consommations sont très différentes entre les couples ouvriers, les indépendants, les professions intermédiaires.
- À côté de ces clivages socioprofessionnels, d'autres clivages sociaux se mettent en place. Les effets d'âge jouent. Les jeunes (15-25 ans) constituent depuis la décennie 1960 un groupe de consommateurs déterminant (musique, cinéma, vêtements, alimentation, plus récemment téléphone portable) avec des pratiques de consommations marchandes spécifiques. Les seniors ont une autre distanciation envers les biens (moins de consommation de biens matériels, mais plus de dépenses de loisirs et de santé).

La consommation est donc un acte économique et social qui permet de suivre les évolutions de la société française dans tous ses particularismes.

FICHE 25 L'ÉPARGNE DES FRANÇAIS

*L'épargne, définie comme la part du revenu (*Fiche 23*) d'un agent économique non immédiatement consommée, est un flux qui vient modifier la valeur du patrimoine (*Fiche 26*). L'épargne est assez mal connue car si la partie placée (caisses d'épargne, acquisitions d'actifs financiers, placements…) est déclarée, il existe une part thésaurisée (la thésaurisation est un comportement d'épargne sous formes d'espèces monétaires, le fameux « bas de laine » des siècles passés). Si, pour Franco Modigliani, l'épargne est à relier aux cycles de vie, les déterminants de l'épargne sont complexes. La nature des placements est un moyen privilégié pour découvrir les comportements des Français.*

1 Les « produits » d'épargne en France

A La multiplication des « produits » d'épargne

- Les « produits » d'épargne, de plus en plus nombreux, évoluent sans cesse. Les livrets d'épargne (notamment dans les caisses d'épargne, créées à Paris en 1818) se sont multipliés : Livret A ou Bleu, Livret d'épargne populaire (destiné aux ménages les moins fortunés, ne payant pas l'impôt sur le revenu, et qui a un intérêt plus élevé). Mais, dans la dernière décennie, l'assurance-vie a remporté un succès sans précédent : 96 % de Français en possèdent une (souvent par l'obligation liée à un contrat de prêt) dont 35 % des plus de 60 ans. Les « produits » d'épargne s'adaptent aux diverses catégories de personnes, sous la volonté des institutions de crédit et des banques d'attirer le plus grand nombre de flux pour éviter la thésaurisation surtout en période de faible inflation ; ainsi, les jeunes de 12-25 ans peuvent choisir entre le Livret jeune et le Livret première épargne.
- Les PEL (plans d'épargne-logement) et les CEL (comptes d'épargne-logement) sont plus particulièrement destinés aux ménages désirant acquérir à terme un logement ; leur croissance est moindre compte tenu de l'abaissement des taux d'intérêt réels (taux déflaté). Le PEL est un placement long (5 ans) et le détenteur s'engage, par contrat, à ne pas retirer ses dépôts ; par contre, le CEL permet les retraits de fonds, librement, les intérêts perçus dépendant des mouvements de l'encaisse.

B L'intérêt des Français pour l'épargne

- Si le succès de l'assurance-vie permet d'avancer que les Français ont une forte préoccupation de l'avenir des leurs en cas de décès, leurs motivations révèlent aussi un intérêt réel pour bien placer leur épargne avec des risques mesurés. Jamais les journaux n'ont compté autant d'articles sur les placements et les revues spécialisées sur la gestion de l'argent et du patrimoine n'ont été si nombreuses : *Enjeux. Les Échos*, *Épargner*, *Le Journal des finances*, *Le Revenu français*, *Valeurs actuelles*.
- Les SICAV (société d'investissement à capital variable, gérant des portefeuilles d'actions et d'obligations) attirent les Français intéressés par la Bourse mais ne se sentant pas capables de gérer eux-mêmes le placement de leurs valeurs. Le CODEVI (compte pour le développement industriel), créé en1983, avec des intérêts nets d'impôts, permet de participer à la vie des entreprises industrielles ; son

succès constant a permis, en 2007, d'en relever le plafond (de 4 600 à 6 000 euros) et de modifier son appellation en Compte pour le développement durable. De plus, les Français ont un intérêt de plus en plus grand pour les placements éthiques de la finance solidaire, soucieux justement du développement durable (cas des CIGALES : clubs d'investissement pour une gestion alternative et locale d'épargne solidaire).

2 Les comportements d'épargne des Français

A Le niveau de l'épargne

- Le niveau d'épargne moyen (9 à 13 % du revenu disponible, selon la moyenne des années de 1990 à 2004) évolue très vite. Les Français seraient plutôt de « bons » épargnants après les Japonais et les Italiens. La corrélation entre l'augmentation du niveau de revenu et la plus forte propension marginale à épargner, avancée par John M. Keynes en 1936, se vérifie en France ; mais le taux d'épargne est aussi corrélé à l'âge du chef de famille : 9 % pour les 25-34 ans (toujours en % du revenu disponible, selon la moyenne des années de 1990 à 2004) ; 11 % pour les 35-44 ans ; 13 % pour les 45-54 ans ; 16 % (le maximum) pour les 55-64 ans.
- Les sondages de la SOFRES montrent que les Français connaissent bien les raisons de leurs placements. Deux raisons dominantes sont données par près de 70 % des Français : « se constituer une réserve de précaution » ; faire des économies « en vue d'une grosse dépense prévue » (automobile, équipement, voyage...). Les autres réponses sont en retrait (prévision d'un achat immobilier ; constitution d'un patrimoine ; bénéficier d'avantages fiscaux ; recherche de revenus supplémentaires...), mais une réponse gagne du terrain : « pour préparer la retraite ». Cette dernière motivation explique la montée en nombre de dépôts des PER (plans épargne-retraite).

B De nouvelles orientations

- Si l'augmentation des PER est déjà un signe d'une orientation nouvelle et rationnelle (*Fiches 13, 47*) des comportements des Français en matière d'épargne, des changements sensibles apparaissent. Ainsi, les actions occupent une place croissante dans les placements des Français, ce qui permet à la France de se situer dès lors dans la moyenne européenne, mais encore en retrait par rapport aux pays anglo-saxons. Évidemment, la détention de titres révèle les inégalités bien connues (*Fiches 76 à 79*), notamment de niveau d'éducation, entre classes d'âge et catégories socioprofessionnelles.
- Enfin, même si son poids demeure très faible, l'épargne solidaire connaît une augmentation très nette. Attentifs de plus en plus à la microfinance, à la promotion du microcrédit, du commerce équitable, de plus en plus de Français cherchent à exprimer une solidarité. Ainsi se développent les comptes d'épargne solidaire mis en place par les banques de crédit coopératif.

*La France a longtemps été un pays de thésaurisation. La multiplication des « produits » d'épargne a assurément permis de mieux drainer les encaisses disponibles. Plutôt bien informés globalement sur les placements rentables, les Français sont à la recherche d'un juste milieu entre leurs intérêts personnels et des préoccupations plus éthiques. Néanmoins, les Français ont encore et toujours une préférence pour la « pierre », pour les placements immobiliers (*Fiche 26*).*

FICHE 26 LE PATRIMOINE DES FRANÇAIS

Le patrimoine (du latin patrimonivm*, de pater, le « père ») est l'ensemble des actifs financiers et non financiers détenus par un agent économique à un moment donné ; le patrimoine brut, stock composé de l'ensemble des biens et des créances détenus, se distingue du patrimoine net (patrimoine brut diminué des dettes). Réalité complexe à étudier, le patrimoine se compose ainsi, traditionnellement, d'actifs physiques, d'actifs financiers. Mais de nouveaux éléments s'y insèrent : les droits à la retraite, ceux nés des contrats d'assurance-vie, ce qui a tendance à multiplier disparités et inégalités. De ce fait, la composition des patrimoines se diversifie entraînant une évolution des inégalités de patrimoine.*

1 La composition des patrimoines se diversifie

A La place dominante de l'immobilier

- En 2005, 56 % des ménages français (y compris les accédants à la propriété) sont propriétaires de leur résidence principale (54 % en 1999). Cette augmentation, depuis 1990, se fait au détriment des résidences secondaires (9,5 % des ménages en 1999 contre 6,1 % en 2004) mais la part des immeubles de rapport reste inchangée (11 %). L'évolution est liée à l'augmentation des charges immobilières et des impôts locaux rendant coûteux l'entretien d'une résidence secondaire.
- Cette augmentation s'explique, en grande partie, par un comportement nouveau des jeunes (célibataires ou en couple) préférant l'accession à la propriété par les moyens de l'endettement au détriment des charges de location. Ils profitent aussi des opportunités de l'actuel faible niveau des taux d'intérêt, des prêts à taux zéro accordés aux jeunes ménages primo-accédants et à l'entraide intergénérationnelle (*Fiche 96*).

B Une composition de plus en plus diversifiée

- Malgré cette domination de la « pierre » qui ne se dément pas en France depuis plus d'un siècle, les ménages français diversifient leur portefeuille patrimonial : 80 % détiennent au moins un livret d'épargne ; 45 % préparent leur retraite par une épargne longue ; 40 % ont un livret (épargne bloquée par un contrat à terme) ou un compte (libre de retraits) épargne logement ; 25 % ont des valeurs mobilières ; 15 % détiennent une épargne salariale.
- Dans cette diversification des risques, traduisant tout de même une nette préférence pour les placements liquides et peu risqués (en fait une tradition française ancienne, celle « de l'épargne du bon père de famille »), l'épargne salariale (participation des salariés aux bénéfices de l'entreprise) prend une place nouvelle : 13 % des ménages en 1998 ; 15 % en 2000 ; 18 % en 2005. La loi sur la participation du 12 octobre 2006 devrait faire encore évoluer cette tendance. Il existe trois formes différentes d'épargne salariale : plan d'épargne mis en place par l'entreprise à la disposition des salariés, détention de titres (titres de l'entreprise, de SICAV – société d'investissement à capital variable –, de FCPE – fonds commun de placement en entreprise), versement volontaire sur un plan d'épargne en

entreprise (PEE) ; ces trois formes concernent respectivement, en 2005, environ 65 %, 55 % et 30 % des ménages salariés français.

2 Les évolutions des inégalités de patrimoine

A Le patrimoine des Français augmente globalement

- Une étude de l'Insee de 2005 révèle que, entre 1995 et 2003, le patrimoine des ménages a augmenté de 82 %, bien plus que celui des entreprises et des administrations (73 %). Ce patrimoine détenu par les seuls résidents se monte à plus de 8 244 milliards d'euros (décembre 2003). Les observateurs de l'Insee expliquent cette hausse par la progression des prix du secteur immobilier (la part des actifs immobiliers dans le patrimoine des ménages atteint 58 % en décembre 2003 contre 55 % au Royaume-Uni, 45 % aux Pays-Bas), ensuite par l'importance des plus-values boursières, enfin par les prises de participations dans la part des actifs financiers des entreprises.
- Ces données montrent bien des ménages français de plus en plus riches, globalement, disposant en moyenne de plus de cinq années de revenus disponibles devant eux, alimentés par un taux d'épargne de 15,8 %. L'économiste français Thomas Piketty, spécialiste de « la théorie de la redistribution des richesses » (depuis sa thèse de 1993), souligne que, si la concentration des fortunes n'a jamais retrouvé son haut niveau de la veille de la Première Guerre mondiale, la France est loin d'avoir « quitté le sommet inégalitaire du début du XXe siècle ».

B Un révélateur des inégalités de patrimoine

- La France a mis en place, en 1982, l'impôt sur les grandes fortunes (IGF), abrogé par la loi de finances de1986 et remplacé en 1988 par l'impôt de solidarité sur la fortune (ISF). À travers ses *Notes bleues de Bercy*, le ministère de l'Économie et des Finances publie régulièrement un bilan du rendement de cet impôt. Il révèle bien, depuis une décennie, que les inégalités de patrimoine ne cessent de se creuser et sont bien plus importantes que les inégalités de revenu. Les fortunes se concentrent à Paris puis sur la Côte d'Azur (où nombre de Parisiens détiennent maisons secondaires et biens immobiliers).
- Les 10 % des ménages français les plus fortunés détiennent la moitié du patrimoine (dont 20 % sont détenus par 1 %). 50 % des Français ont un patrimoine de moins de 91 000 euros et 25 % un patrimoine supérieur à 153 000 euros (en 2004). Les petits patrimoines sont essentiellement composés de liquidités mais après la limite de 80 000 euros l'immobilier domine. De ce fait, la hausse des prix de l'immobilier (liée à des pratiques nouvelles comme la « vente à la découpe ») accentue les inégalités patrimoniales. Des paradoxes apparaissent avec cette hausse : à côté des rentiers, des retraités propriétaires redevables de l'ISF n'ont pas de revenu suffisant pour régler l'ISF (cas des Charentes, notamment de l'île de Ré).

Le patrimoine des Français, en augmentation globale, reflète des inégalités croissantes. Pour compléter la notion de patrimoine, il est nécessaire aussi de considérer le « patrimoine de la France », héritage commun, composé de biens publics, parfois privés, un aspect à ne pas oublier et qui explique la richesse touristique de la France (Fiche 29).

FICHE 27 L'INVESTISSEMENT

L'investissement est l'opération par laquelle les entreprises acquièrent des biens de production ; c'est donc un flux permettant de renouveler et/ou d'accroître le stock de capital. L'investissement peut être immatériel (publicité, recherche-développement, logiciels...) ou matériel ; dans ce cas, il convient de départager l'investissement de remplacement de ceux de capacité (permettant d'augmenter les capacités productives) et de productivité (dont l'objectif est la recherche d'une baisse des coûts unitaires). En comptabilité nationale, l'ensemble des investissements constitue un agrégat macroéconomique d'importance, la formation brute du capital fixe (FBCF) et, si en sont déduits les investissements de remplacement, la formation nette du capital fixe (FNCF).

1 LA PLACE DES INVESTISSEMENTS DANS L'ÉCONOMIE FRANÇAISE

A L'évolution chiffrée des investissements

- En valeur, la FBCF a connu, depuis la fin des années 1970, une progression constante sauf de 1993 à 1998 ; elle a plus que doublé de 1980 (101 milliards d'euros) à 1990 (222 milliards d'euros), puis de 1991 (225 milliards d'euros) à 1999 (257 milliards d'euros) pour atteindre 337 milliards d'euros en 2005 (d'après les comptes nationaux de l'Insee). Pour éliminer le biais créé par la hausse des prix, il est plus précis de se référer à la FBCF en volume : 172 milliards d'euros en 1980, 235 milliards d'euros en 1990, 281 milliards d'euros en 2000. Une baisse a eu lieu en 2002 : 282 milliards d'euros en volume contre 287 en 2001. Depuis, la reprise de l'investissement en volume est assez nette : 290 milliards en 2003, 297 en 2004, 308 en 2006 (dernier résultat définitif).
- Comparée au produit intérieur brut (PIB), la part de l'investissement a augmenté, passant de près de 17,4 % en 1997 à plus de 20,3 % en 2006. C'est probablement un retour à la confiance et un assez bon signe après la diminution des années 1993-1998. Il est possible que les orientations conjointes de la France et de l'Allemagne jouent en partie dans cette reprise (*Fiche 22*) alors qu'au cours de l'année 2006 l'économie américaine a montré des signes d'affaiblissement. Cependant, l'investissement est inséparable du financement des entreprises.

B Les transformations du financement des investissements

- De la révolution industrielle à la fin de la Seconde Guerre mondiale, l'autofinancement a été prépondérant, grâce notamment à des taux de profits élevés. Un premier changement apparaît avec l'émergence des banques sous le Second Empire qui permet de dépasser largement les capacités d'autofinancement surtout dans les secteurs moteurs (chemin de fer, métallurgie). Un second changement se met lentement en place (par rapport aux pays voisins et concurrents), avec la libéralisation des sociétés par action, ce qui permet d'assister au développement de la finance directe (émission de titres vendus sur le marché financier).

- À partir des Trente Glorieuses, le financement indirect prend une place prépondérante avec l'intermédiation bancaire. C'est la mise en place d'une « économie d'endettement » (John Hicks) s'expliquant par des taux d'intérêt faibles, une politique monétaire favorisant l'expansion du crédit. Néanmoins, le niveau d'autofinancement élevé (plus de 50 %) distingue la France des autres pays. Après 1986, le financement direct devient prépondérant avec le développement des marchés financiers ; le taux d'intermédiation bancaire passe de 80 % (1981) à 19 % (2000). Compte tenu de l'augmentation des taux d'intérêt réels, les placements financiers sont plus attractifs que l'investissement matériel ; c'est la profitabilité : écart entre le rendement du capital dans l'entreprise et le rendement moyen d'un placement financier.

2 Les investissements dans la dynamique économique

A L'investissement est-il suffisant ?

- L'investissement des entreprises, tant dans sa forme matérielle qu'immatérielle (logiciels, publicité, formation…), est un déterminant de la croissance économique ; il en va donc de la compétitivité dans la compétition internationale. Tout se joue aujourd'hui en grande partie dans les actifs immatériels, représentant une part croissante dans la valeur des entreprises, mais il reste difficile de l'évaluer en France ; la référence est celle du *goodwill* : écart entre la valeur comptable et la valeur totale de l'entreprise. L'analyse des capitalisations montre que, face aux entreprises américaines, les entreprises françaises, comme celles des autres pays européens, sont moins avantagées. Or, dans l'économie actuelle, post-industrielle, tout se joue assurément sur l'immatériel.
- Il manque aussi un soutien réel à l'investissement qui passerait par une fiscalité encore plus avantageuse pour les entreprises. Des réformes ont déjà été introduites depuis 2001 (diminution de l'impôt sur les sociétés), mais elles n'ont pas été assez ambitieuses pour garantir une stabilité décisive et accroître la rentabilité du capital (c'est-à-dire le coût de l'investissement) par une fiscalité plus favorable. De ce fait, l'investissement demeure insuffisant en France.

B Que font les entreprises de leurs profits et les ménages de leur épargne ?

- Depuis le début des années 2000, on considère que les exigences financières des actionnaires empêchent les entreprises françaises d'investir et de se développer. À défaut d'investir leurs profits, les entreprises distribuent des dividendes (rémunération reçue par l'actionnaire d'une entreprise). Pour les 40 plus grandes entreprises, les dividendes représentent, en 2005, 36 % du résultat net, soit une augmentation importante par rapport à 2004 (31 % du résultat net).
- Par contre, globalement, les rachats d'actions diminuent, ce qui distingue la France de ses concurrents (l'Allemagne, notamment). De plus, le financement du développement des entreprises devrait passer par un prélèvement sur l'épargne des ménages pour alimenter les flux financiers d'investissement. Certains parlent d'un « capitalisme français frileux ».

L'évolution quantitative de la FBCF des dernières années masque des orientations qualitatives décisives qui pénalisent les entreprises. Mais n'est ce pas là un comportement assurément français où la prise de risque a toujours été mesurée ?

FICHE 28 LE COMMERCE EXTÉRIEUR DE LA FRANCE

Le commerce extérieur constitue la synthèse des exportations et des importations, c'est-à-dire des ventes et des achats entre la France et le reste du monde. Ces flux sont enregistrés dans la balance des biens et services, document comptable qui compare les exportations et les importations de biens et de services au cours d'une période déterminée pour en dégager un solde positif (excédent) ou négatif (déficit). Après la période faste des années 1990, le commerce extérieur de la France connaît aujourd'hui une dégradation sensible sur laquelle il est bon de s'interroger.

1 Présentation d'ensemble

A Les tendances du commerce extérieur depuis 1978

- À prix constants, en milliards d'euros 2000, le solde des échanges de biens et services a été déficitaire de 1978 à 1982 (avec deux pics, l'un en 1980 de – 9,2 milliards d'euros consécutif au second choc pétrolier, l'autre en 1982 de – 6,7 milliards d'euros consécutif à la relance Mauroy), excédentaire de 1983 à 1985, à nouveau déficitaire de 1986 à 1991 (avec un sommet de – 15 milliards pour l'année 1990). De 1992 à 2003, l'excédent est de retour, se situant parfois à un niveau assez élevé (exemple : 32,1 milliards en 1997). Les deux dernières années sont caractérisées par un déficit assez important (– 7,2 milliards en 2004 ; – 20,8 milliards en 2005). Pour l'année 2006, le déficit prévu est de 27 milliards (euros courants).
- Au-delà du solde, il importe de savoir que, depuis la fin des années 1970, l'économie française s'est de plus en plus ouverte sur l'extérieur, cela se manifestant par une progression importante des exportations et des importations. Toujours en milliards d'euros 2000, les importations étaient de 129,7 milliards en 1978. Elles se situent à 474 milliards en 2005 (soir une multiplication par trois des importations en volume). La progression des exportations est similaire (126,7 milliards en 1978 ; 453,2 milliards en 2005, soit également une multiplication par trois).

B Structure du commerce extérieur

- La France exporte et importe surtout des produits industriels. Pour l'année 2005, elle a exporté 360 milliards de produits industriels, et importé 392,2 milliards de ces mêmes produits. Au sein des produits industriels, elle présente deux points forts qui sont les industries agroalimentaires (exportations de 30,3 milliards en 2005 ; importations de 24,7 milliards) et l'automobile (exportations de 53,4 milliards en 2005 ; importations de 41,3 milliards) ; les points faibles étant les biens de consommation, les biens d'équipement ainsi que les biens intermédiaires.
- Deux autres spécificités du commerce extérieur français sont également à noter. La première est le solde énergétique, toujours négatif, mais qui s'accroît particulièrement en 2005 (39 milliards d'euros d'importations, contre seulement 15,3 milliards d'exportations), ceci étant dû à une hausse du prix du baril de pétrole. La seconde, positive cette fois, est la balance du tourisme, l'excédent dégagé étant de 8,9 milliards en 2005. La France commerce avant tout avec l'Union européenne (UE) avec 65 % de ses exportations et 60 % de ses importa-

tions. Au sein de l'UE, le principal partenaire commercial de la France demeure l'Allemagne (avec lequel un déficit est enregistré de près de 10 milliards d'euros), suivie de l'Espagne et du Royaume-Uni (avec lesquels l'excédent se monte à près de 8 milliards d'euros). Au-delà des limites de l'UE, la position commerciale de la France est souvent légèrement excédentaire vis-à-vis des États-Unis, mais déficitaire par rapport au Japon et, surtout, maintenant, par rapport à la Chine (– 11,3 milliards en 2004).

2 Les causes du déficit

A Du prix des matières premières au positionnement géographique défavorable

- La cause récurrente pour expliquer le déficit est le poids de la facture pétrolière, puisque les cours du baril n'ont pas cessé de grimper ces dernières années (le prix du baril a évolué de 28,90 dollars en 2003 à 38,20 dollars en 2004 et 60,40 dollars en 2005) ; l'appréciation de l'euro n'a pas pu avoir d'effet d'amortisseur réel sur l'impact de l'augmentation du prix du pétrole et des autres matières premières. La prévision pour 2007 est le maintien d'un prix du baril aux alentours de 68 dollars.
- Le positionnement géographique est une variable de plus en plus importante dans le cadre de la mondialisation ; à cet égard, la France n'est pas sur les nouveaux grands axes du flux du commerce international porteurs de dynamismes : Chine, Japon, Russie, pays de l'ASEAN… Le déficit avec la Chine est particulièrement frappant : 3 milliards d'euros en 1997, plus de 11 milliards d'euros en 2004. L'explication habituellement avancée de ce déficit, qui repose sur les bas coûts de production procurant une solide insertion de la Chine dans le commerce international, est ici à relativiser : en fait, il semble plutôt que la France éprouve des difficultés pour se positionner à l'exportation en Asie, malgré une forte demande.

B Un manque probable de compétitivité

- La position excédentaire des années 1990 s'expliquait par la conjonction de plusieurs facteurs : effet de la politique de désinflation compétitive engagée après 1984, fort gain de productivité dans de nombreuses branches industrielles, faiblesse relative du franc puis de l'euro face aux devises étrangères, modération des prix des matières premières et du pétrole… Tous ces facteurs ont amélioré la compétitivité des industries françaises.
- À partir de 2000, ces éléments favorables ne jouent plus, ou jouent en sens inverse : forte appréciation de l'euro, hausse des prix mondiaux des matières premières, retour à une modération des marges bénéficiaires… La compétitivité-coût comme la compétitivité-prix se sont dégradées dans un environnement mondial instable avec une concurrence internationale accrue. En même temps, la spécialisation de l'industrie française est aussi en cause, la France ayant tendance à renforcer ses excédents dans trois branches dominantes (automobile, constructions aéronautique et navale, pharmacie) qui sont des branches très sensibles aux aléas conjoncturels. C'est ainsi que la moindre crise dans le secteur aérien (2003-2004), ou encore les déboires d'Airbus Industries pénalisent toute la balance commerciale française.

La France en renouant récemment avec le déficit a en quelque sorte renoué avec sa tradition. En matière de commerce extérieur, la France vit un étrange dilemme, celui d'être faible avec les pays forts et d'être forte avec les pays faibles.

FICHE 29 LA FRANCE, PREMIER PAYS TOURISTIQUE DU MONDE

La France, talonnée par l'Italie, est le premier pays touristique du monde, recevant un nombre de touristes (en moyenne annuelle de 70 millions sur la dernière décennie) supérieur à celui de sa population totale. L'avantage économique est l'entrée de devises, un soutien de la consommation intérieure et un poste « Voyages » excédentaire dans la balance des paiements. Le tourisme se compose de deux flux : celui des étrangers venant en France ; celui des Français soit allant à l'étranger, soit restant en France. Malgré une évolution sensible, les Français ont toujours tendance à se rendre moins en vacances à l'étranger que leurs homologues européens. La situation touristique de la France renvoie à des atouts constituant autant d'avantages comparatifs.

1 Le poids économique et social du tourisme

A Les formes du tourisme

- Le tourisme existe depuis longtemps (tourisme religieux du Moyen Âge avec les pélerinages) mais il fut longtemps élitiste. Les débuts du tourisme de masse coïncident avec la mise en place des congés payés votés par la loi du 20 juin 1936 grâce aux efforts de Léo Lagrange, sous-secrétaire d'État à la Santé publique, chargé de l'organisation des loisirs et des sports. D'autres facteurs ont joué pour une mobilisation de plus en plus massive (même si environ 40 % des Français ne partent toujours pas en vacances) : élévation du niveau de vie, amélioration des transports, développement de structures d'accueil de plus en plus variées. Les formes de tourisme se sont multipliées et la France en offre toute la gamme : tourisme balnéaire, tourisme d'hiver (ou sports d'hiver), tourisme d'affaires, tourisme vert, tourisme culturel, tourisme d'attraction…
- Le tourisme n'est pas sans effets négatifs. Tous les ans, à la fin de l'année scolaire et des périodes d'examen et de concours, un véritable rush a lieu dans les gares ferroviaires, aéroports, routes et autoroutes. Les départs massifs ont lieu à des dates précises (début juillet, 14 juillet, 31 juillet-1er août, 15 août, fin août), créant des difficultés de gestion des flux, notamment lors des chassés-croisés. Les touristes se concentrent dans certaines zones privilégiés qui demeurent les mêmes depuis plusieurs décennies : Provence-Alpes-Côte d'Azur ; Sud-Bretagne, Côte atlantique, régions où le nombre de résidences secondaires est en forte augmentation.

B Une « industrie d'exportation »

- Le tourisme, lié à l'industrie hôtelière, apporte beaucoup de devises étrangères, jouant un grand rôle sur la balance des paiements (postes « Voyages »). En déduisant les dépenses des touristes français à l'étranger, le solde est très largement positif (13 624 millions d'euros pour la balance des paiements de 2001). Les investissements ont sans cesse augmenté depuis 1990. Une véritable industrie touristique s'est développée en France avec des structures de plus en plus accueillantes et variées : grande gamme de terrains de camping, auberges de jeunesse, hôtels de tourisme d'affaires, hôtels-restaurants de séjour (aux normes de qualité certifiées tel le réseau des Logis de France).

- De ce fait, pour plusieurs départements, le tourisme est devenu l'activité principale : Lot, Gers, Dordogne, Ariège, Aveyron... À coté des grandes villes touristiques (Paris, Strasbourg,), de plus en plus de départements ruraux se tournent vers le tourisme vert, réel « tourisme de nature » attirant les étrangers : randonneurs, passionnés d'ornithologie. Souvent, ils profitent, durant une journée sans nuitée, du tourisme culturel urbain, favorisé par les initiatives d'animation (festivals, espaces ludiques...).

2 Les atouts touristiques de la France

A Un pays attractif

- Après quatre décennies (1950-1990) d'essor du tourisme de masse et de loisirs, les séjours ne connaissent plus le même rythme de croissance, comme le traduisent la diversification de ceux-ci et leur raccourcissement. Les Français, comme les touristes étrangers, ont tendance à « s'évader » plus souvent mais nettement moins longtemps. Le tourisme de « week-end » connaît un développement depuis 1995 avec des séjours de moins de quatre nuitées. Les Français tendent à rejoindre ici les touristes étrangers (Allemands, Britanniques, Néerlandais, Scandinaves...) qui ont toujours eu une préférence pour la campagne (tourisme vert) au détriment des littoraux.
- Les agriculteurs ont parfois trouvé une opportunité de reconversion avec un tourisme qu'il est possible de qualifier de « social » avec le réseau des Gîtes de France, composé d'habitations rurales restaurées et modernisées. Depuis les années 1970, le Commissariat au Tourisme s'est efforcé de multiplier des formules économiques d'hébergement qui permettent aux touristes d'être en contact avec des familles françaises d'accueil. Cela est très apprécié des Britanniques, habitués dans leur pays aux B & B (*Bed and Breakfast*, proposant chambre et petit déjeuner) ; si cette formule n'a pas pris en France, elle est largement compensée par les gîtes ruraux et les chambres d'hôtes. Les auberges de jeunesse participent aussi à ce tourisme social.

B La richesse du patrimoine national français

- Les avantages de la France sont très nombreux, même si sur certains points l'Italie a probablement une richesse culturelle plus grande (musées, architecture...). La diversité culturelle des régions, réaffirmée par le régionalisme (*Fiche 100*), est un facteur favorable. Les richesses viti-vinicoles, gastronomiques, fromagères... renforcent l'attrait de la France qui compte de nombreux monuments civils (palais, haras...), militaires (châteaux) et religieux (l'abbaye du Mont-Saint-Michel, longtemps le monument le plus visité de France avant le succès des parcs d'attractions).
- Les parcs d'attraction se sont multipliés récemment (bien que le premier, le Luna Park, ait été créé dès 1909 par Gaston Akoun à Paris) ; les États-Unis ont choisi, en Europe, la France pour ouvrir en 1992 l'Euro-Disneyland à Marne-la-Vallée. La variété des parcs est impressionnante, des parcs ludiques (Astérix) aux parcs à vocation plus scientifique (le Futuroscope, près de Poitiers, dans la Vienne, créé en 1987).

*La France est le plus grand pays touristique du monde grâce à l'éventail de ses richesses. C'est un point positif alors que la France renoue avec les déficits extérieurs (*Fiche 28*).*

FICHE 30 LA SITUATION DE L'ÉCONOMIE FRANÇAISE DES ANNÉES 2000

Par rapport à la croissance assez exceptionnelle que connaissent les grands pays industrialisés, les performances de l'économie française n'atteignent pas la moyenne de la zone euro, malgré une progression de la demande finale des ménages (+ 2,4 % en 2006). Selon la Note de conjoncture *de décembre 2006 de l'Insee, la France connaît sa plus forte croissance (+ 2,7 %) depuis 2000 ; mais, cette croissance est irrégulière de trimestre en trimestre.*

1 Une conjoncture plutôt favorable mais des résultats discrets

A Les performances chiffrées

- Le produit intérieur brut (PIB) est assurément en hausse : + 1,2 % en 2005, + 2,7 % en 2006. Mais les fluctuations trimestrielles demeurent importantes ; ainsi, le troisième trimestre 2006 a été celui d'une stagnation inattendue de l'activité. Pourtant, le pouvoir d'achat des ménages a augmenté (+ 1,3 % en 2005 ; + 2,4 % en 2006) ; ce résultat global masque cependant toujours de grandes différences entre les catégories socioprofessionnelles sans oublier les chômeurs et les salariés pauvres, notamment ceux qui ont des temps de travail réduits subis et non choisis.
- Le dynamisme relatif s'explique par la conjonction de plusieurs facteurs. La désinflation se poursuit avec des prix de l'énergie plus sages. La masse salariale a progressé plus (+ 3,2 % en 2005 ; + 4 % en 2006), notamment avec les revenus d'activités des entreprises individuelles (et de certaines PME). De plus, en liaison avec la réforme fiscale (modification de l'impôt sur le revenu des personnes physiques – IRPP –, instauration du « bouclier fiscal » – limitant à 60 % des revenus d'un contribuable la somme des trois impôts directs, IRPP, impôt de solidarité sur la fortune, impôts locaux), les anticipations des ménages ont été différentes même si les fameux baromètres de l'opinion publique soulignent souvent une « morosité ». Enfin, la situation du marché du travail s'améliore avec un taux de chômage en baisse (8,1 % de la population active en 2006).

B Les questions de l'emploi et de la précarité restent posées

- Malgré cette baisse du taux de chômage, la question de l'emploi a encore été au centre des préoccupations, source de la crise de la jeunesse de février à avril 2006. Fin janvier, l'annonce d'un contrat spécifique pour les moins de 26 ans, contrat à durée indéterminée (CDI), avec une période d'essai de deux ans, a entraîné près de trois mois de manifestations et d'occupations des locaux scolaires et universitaires. Le gouvernement a dû retirer son projet de contrat première embauche (CPE).
- En fait, cette crise n'a rien réglé ; la majorité des jeunes reste dans une situation de précarité, surtout les 190 000 jeunes sortis du système scolaire sans diplôme. L'emploi demeure en France très instable. « La précarité est liée à l'insécurité de l'emploi » et « à la faiblesse des revenus de nombreuses catégories » souligne le rapport du Conseil de l'emploi, des revenus et de la cohésion sociale (CERC), remis par Jacques Delors, le 17 novembre 2006, au Premier ministre.

2 Les années 2000 devraient régler de grands problèmes économiques

A La Sécurité sociale reste en difficulté

- La Cour des comptes, en septembre 2006, demande toujours l'adoption de solutions financières décisives et durables pour redresser la Sécurité sociale. Depuis son adoption par le Parlement en 2004, la réforme de l'assurance maladie n'a pas produit les effets escomptés. Le déficit demeure autour de 10 milliards d'euros malgré une nette diminution de la progression des dépenses de santé (+ 4 % en 2005; + 2,7 % en 2006); les comportements des praticiens comme des patients ne se sont pas modifiés radicalement, malgré la mise en place, le 1er janvier 2006, du « parcours de soins coordonnés » après de longues négociations entre les trois syndicats des professionnels de la santé et l'Union nationale des caisses d'assurances maladies. En contrepartie, les généralistes ont obtenu une revalorisation d'un euro de leurs honoraires.
- Il manque aussi une réforme décisive des régimes spéciaux de retraite (au nombre de… 124). La crise sociale provoquée, en 1995, par la réforme du régime de la SNCF et, en 2003, par la réforme de la retraite des fonctionnaires, dont la durée de cotisation a été alignée sur les salariés du privé, ont laissé de mauvais souvenirs. Or, pourtant, avec l'ouverture des marchés, pour se conformer aux directives européennes, des modifications auraient dû être introduites.

B D'autres problèmes durables et nouveaux

- Si les investissements des entreprises ont continué de progresser, assez faiblement (+ 4,1 % en 2005; + 4,2 % en 2006), la production industrielle a été très fluctuante d'un mois sur l'autre. Deux causes ont joué surtout: les difficultés dans l'automobile (Renault a dû imposer des semaines limitées à 4 jours d'activités), les retards dans les livraisons d'Airbus. De ce fait, les exportations risquent de poursuivre leur recul. L'Insee souligne que l'environnement international n'est pas très porteur, l'économie américaine, dominante, connaissant un ralentissement.
- Plus préoccupante, enfin, est la situation financière de la France, soulignée par le rapport Pébereau de décembre 2005. La dette publique dépasse 18 000 euros par habitant (soit un total de 1 100 milliards d'euros en 2006). La dette publique ne s'est pas réellement réduite (66,6 % du PIB en 2005; 64,6 % du PIB en 2006). De même, le déficit des dépenses publiques (État, collectivités locales, Sécurité sociale), quoique ramené à 3 % comme le préconise le Pacte de stabilité et de croissance de l'Union européenne, s'élève tout de même à 42,4 milliards d'euros en 2006, et les autorités européennes ont engagé une procédure à l'encontre de la France pour dépassement excessif.

La France semble renouer avec la croissance, bien qu'elle n'ait pas encore résolue bon nombre de ses difficultés structurelles. L'année 2006, année en demi-teinte, est probablement une année tournant dont les modifications attendues peuvent sortir des urnes avec une volonté de changement dans l'efficacité.

PARTIE IV

L'APPAREIL PRODUCTIF

FICHE 31 PANORAMA DES BRANCHES D'ACTIVITÉ

Depuis la fin des grands bastions industriels (sidérurgie, mines, textiles...), les branches d'activité se sont fortement transformées en France. Quoique l'industrie garde une place importante, malgré des rumeurs de désindustrialisation, l'économie française, comme toutes les économies les plus développées de l'Occident, se tourne désormais vers les services.

1 Les branches industrielles

A Une industrie en recul...

- La France, depuis un quart de siècle, est victime d'une flexion de la demande mondiale dans les grandes industries : sidérurgie, charbon, construction navale, machines-outils, textile... La pénétration étrangère a progressé avec des coûts plus bas (comme l'illustre, par exemple, le cas de la « sidérurgie sur l'eau » en Asie) que les coûts français.
- Et, en effet, par rapport à ses concurrents, notamment de l'Union européenne, l'appareil productif français est resté trop longtemps émietté, avec un double retard : retard dans la méthode de gestion propre au « capitalisme à la française » et aussi retard technologique lié à des entreprises de trop petite taille qui génèrent des investissements insuffisants. C'est la raison pour laquelle la concentration industrielle, soutenue aussi bien par des opérations de nationalisation que des privatisations, a permis, peu à peu, de constituer des groupes industriels dynamiques et innovants : Boussois (verre), Péchiney (aluminium), Rhône-Poulenc (chimie), Sacilor-Usinor (sidérurgie), Renault et Peugeot-Citroën (automobile).
- Le recul de l'industrie peut s'illustrer par la situation de l'emploi industriel : de 1990 à 2005, celui-ci a diminué de 20,7 % (et aussi de 31,6 % dans l'agriculture). Quand on examine le détail des branches, on constate que ce sont, dans l'ordre, les industries productrices de biens de consommation qui perdent le plus d'emploi (– 39,1 %) suivies des industries de biens intermédiaires (– 32,6 %) , de l'énergie (– 19,7 %), de l'industrie des biens d'équipement (– 18,5 %) et de l'industrie automobile (– 10 %) . Il n'y a que dans les industries agroalimentaires où la croissance de l'emploi se manifeste (+ 2,7 %, soit 14 700 emplois).

B ... qui conserve cependant des atouts importants

- La France demeure le deuxième exportateur mondial dans l'agroalimentaire derrière les États-Unis. D'une manière plus globale, malgré un recul sensible (*Fiche 33*), l'industrie française demeure, depuis 10 ans, la 4e en termes d'exportations, de valeur ajoutée et d'investissements internationaux. L'avantage industriel français est de compter des branches à très forte croissance (aéronautique, biens d'équipement électrique, électronique grand public, industries pharmaceutique et parapharmaceutique...). De plus, la place accordée à l'énergie nucléaire n'est pas non plus à sous-estimer.
- Par ailleurs, il ne faut pas toujours confondre la diminution de l'emploi avec le déclin industriel : la perte d'emplois s'accompagne parfois d'une forte croissance de la valeur ajoutée des branches d'activité, comme c'est le cas pour les indus-

tries de consommation, de 1999 à 2005 (croissance de la valeur ajoutée de 18 % et perte d'emplois de 20 %) ou pour les industries pharmaceutiques (croissance de la valeur ajoutée de 36 % et perte d'emplois de 3 %). L'explication de ce phénomène tient aux gains de productivité, globalement élevés dans l'industrie. Sur la période récente, on observe que la valeur ajoutée des branches manufacturières progresse assez peu.

2 Les branches de services

A Une croissance indéniable…

- La France a un point fort depuis la fin des années 1970 dans les services marchands, tant pour les entreprises que pour les ménages : cette place des services marchands permet à la France de posséder un très large éventail d'activités dans les domaines du commerce, des télécommunications, des transports ou encore des travaux publics. Les services financiers sont adaptés à la demande nationale et également européenne, avec les sociétés d'assurance. Le tourisme ne peut pas non plus être oublié, puisque la France demeure le premier pays touristique du monde.
- Cette place importante des services se reflète dans l'évolution de l'emploi : de 1990 à 2005, l'emploi a progressé de 19 % dans les services non-marchands et de 26,2 % dans le services marchands. Quand on examine le détail des branches de services, on constate que, si la croissance de l'emploi est modérée dans la branche des activités financières (+ 1,6 %), du commerce (+ 11,1 %) et des transports (+ 17,1 %), elle est très forte dans les services aux entreprises (+ 47,9 %). Dans les services non-marchands, l'emploi dans l'administration progresse de manière limitée (+ 8,3 %) et c'est surtout la branche de l'éducation, de la santé et de l'action sociale qui se développe le plus (+ 25,1 %).
- Du point de vue de la valeur ajoutée, la progression de celle-ci est assez faible dans les services non-marchands, un peu plus forte dans les services marchands. Si, depuis le début des années 2000, les services marchands résistent mieux à la concurrence internationale que l'industrie manufacturière, c'est parce qu'ils sont plus centrés sur le marché intérieur et moins dépendants du cours des matières premières.

B … dont le développement est cependant concomitant de celui de l'industrie

- Les services qui connaissent une croissance rapide sont les services aux entreprises parce que celles-ci opèrent un recentrage sur leur activité principale en externalisant tous les services annexes pour des questions de flexibilité, de coûts, de compétence.
- De nombreuses entreprises de services, en devenant ainsi fournisseurs de services externalisés à des entreprises industrielles, sont source de création d'emplois. On peut, de la sorte, dire que la France a su passer des entreprises de services aux services des entreprises ; de ce fait, loin de toute désindustrialisation réelle et effective, la réalité est plutôt celle de transfert d'activités et d'emploi du secondaire au tertiaire.

Pour certains observateurs, l'évolution que l'on vient de décrire risque de placer l'industrie sous le pouvoir des services, comme le montrent les cas des industries agroalimentaires très dépendantes de la grande distribution.

FICHE 32

L'AGRICULTURE FRANÇAISE

Avec La fin des terroirs, *comme l'écrit Eugen Weber (*Fiche 3*), la France rurale a connu une première modernisation entre 1870 et 1914, réalisant une véritable « révolution rurale », expression qui signifie que l'autonomie culturelle et politique des campagnes s'estompe peu à peu et que celles-ci passent progressivement sous le contrôle des pouvoirs publics qui les représentent. À partir de 1945, la révolution agricole, qui met l'agriculture au service de la croissance et l'agriculteur sous la dépendance des marchés, prolonge et achève à la fois cette révolution rurale.*

1 Le paysage agricole français

A Les caractéristiques structurelles de l'agriculture française

- Avec 61 milliards d'euros en 2005, la France contribue pour 22,5 % à la production de l'Union européenne (UE). Le poids de l'activité agricole représente 3,9 % du produit intérieur brut français, alors qu'il s'élevait encore à 7 % en 1980. L'agriculture française emploie par ailleurs 3,5 % de la population active totale. La surface agricole utile (SAU) s'étend sur 33 millions d'hectares (60 % du territoire), dont 62 % sont occupés par des terres arables ; de ce fait, la SAU est importante en France (0,5 hectare par habitant).
- La France compte 347 000 exploitations agricoles (45 000 de moins qu'en 2000) et emploie près de 800 000 actifs permanents ; il y a 3 employés pour 100 hectares, contre 4,7 en 1988 ; cette évolution montre l'ampleur des gains de productivité réalisés dans le secteur agricole sur la courte période. Les deux tiers des entreprises agricoles sont des entreprises traditionnelles unipersonnelles. Le tiers restant a adopté la forme de société, principalement celles de l'exploitation agricole à responsabilité limitée (EARL) et du groupement agricole d'exploitation en commun (GAEC).

B Les principales productions agricoles

- La France occupe le premier rang de l'Union européenne pour la production de céréales avec 63,7 millions de tonnes, en baisse cependant de 10 % par rapport à 2004. La principale récolte est celle du blé tendre (environ 30 millions de tonnes) ; ces céréales sont principalement cultivées dans les grands bassins (Beauce, Bassin parisien, Champagne) et sur de grandes exploitations. Les cultures maraîchères et fruitières sont localisées dans des espaces restreints comme les vallées du Rhône, de la Garonne et de la Loire. La production de légumes frais s'est élevée à 6,2 millions de tonnes en 2005, ce qui fait de la France le 3e producteur de l'UE, loin cependant derrière l'Italie et l'Espagne. La production de fruits atteint, en 2005, 3,4 millions de tonnes, encore loin derrière l'Italie et l'Espagne. La viticulture est un autre atout de l'agriculture française puisqu'elle a rapporté à elle seule un peu moins de 10 milliards d'euros en 2005.
- Quant aux productions animales, elles dominent dans l'Ouest et dans les zones de montagne. La moitié de l'élevage bovin se trouve en Normandie et en Bretagne (à cet égard, la France est le 7e producteur mondial de viande bovine et le 5e producteur de lait). Les élevages de porc (7e producteur mondial) et de

volailles (1er producteur européen de poulets) sont développés hors-sol et sur des espaces limités (Bretagne, Pays de la Loire, Nord).

2 Agriculture française et politique agricole commune (PAC)

A Les orientations successives de la PAC

- Les objectifs de la PAC fixés par le traité de Rome (mars 1957) étaient de moderniser une agriculture non rentable, n'atteignant pas 85 % du taux d'approvisionnement alimentaire. Grâce à la mise en place d'organisations communes de marchés, de mécanismes d'incitation et de stabilisation, la PAC a effectivement permis une modernisation importante de l'agriculture française. La quasi totalité des exploitations agricoles non rentables a disparu et l'accroissement des rendements agricoles a été indéniable. En France, la population active agricole est passée de 20 % en 1960 à 3,5 % en 2005.
- En dépit de ces résultats positifs, la première PAC s'est tout de même caractérisée par des prix élevés financés par les consommateurs et par des productions excédentaires. C'est pourquoi la deuxième PAC, issue de la réforme « Mc Sharry » de 1992, amorce une diminution des prix garantis destinée à résoudre les excédents de production. Quant à la troisième PAC, prolongement de la réforme de 1992, décidée au moment des accords de Luxembourg (26 juin 2003), elle marque un tournant encore plus marqué par rapport à la première PAC, puisqu'en consacrant le « découplage » des aides et de la production (c'est-à-dire en faisant en sorte que l'aide attribuée à l'agriculture soit indépendante de toute production), elle vise surtout à produire le résultat que l'UE subventionne moins son agriculture (la part de l'agriculture dans le budget de l'UE avoisine toujours les 50 %). Cette évolution, se traduisant par la fin des quotas betteraviers et, bientôt, des quotas laitiers (2013/2014), risque d'être particulièrement douloureuse pour la France qui demeure un grand pays agricole et qui était, jusque-là, le plus gros consommateur des crédits de la PAC, absorbant à elle seule 20 % du Fonds européen d'orientation et de garantie agricole (FEOGA).

B Des changements importants à venir

- La fin des subventions à l'agriculture (2013) menace d'entraîner la disparition de plus de la moitié des exploitations. Ne serait-ce que pour la production de lait, on estime que sur 120000 producteurs en 2000, seulement 70000 subsisteront en 2010.
- Dans ces conditions, la solution pour bon nombre d'agriculteurs est de s'éloigner de la production de masse pour développer une agriculture de proximité, attentive à la qualité des produits; pour ceux qui vont demeurer dans les circuits soumis à la concurrence internationale, il convient de trouver de nouveaux débouchés pour leur production (filière agroalimentaire, biocarburants), ce qui fait que l'avenir de l'agriculture productive passe plus que jamais par l'industrie.

La France, pays de tradition agricole, a su jusqu'ici moderniser son agriculture, tout en ne perdant pas sa vocation. Elle doit maintenant faire face à un défi majeur, celui de construire une « agriculture durable », plus respectueuse des équilibres environnementaux.

FICHE 33 L'INDUSTRIE FRANÇAISE

L'industrie française pèse d'un poids très important dans l'économie nationale. En effet, pour l'année 2004, elle totalise un chiffre d'affaires de 870 milliards d'euros, réalise 86 % des exportations et assure 3,8 millions d'emplois directs et 2 millions d'emplois indirects (services et activités technico-commerciales). Néanmoins, depuis maintenant 30 ans, la France a connu une mutation de longue durée qui a donné un nouveau visage à l'industrie française.

1 L'ÉVOLUTION DE L'INDUSTRIE FRANÇAISE DES ANNÉES 1970 À NOS JOURS

A Les principales évolutions structurelles

- À partir de 1973, la France a connu une crise de grande ampleur qui a modifié en profondeur son système productif. Des secteurs entiers de l'industrie, ne pouvant s'aligner sur les prix des pays à bas coûts de production, vont disparaître, notamment dans les secteurs de la sidérurgie ou du textile, ou connaître des restructurations profondes, dans l'automobile par exemple.
- Entre 1978 et 2004, la part de la valeur ajoutée de l'industrie (y compris la construction) dans le revenu national français a diminué de 5,2 points, passant de 27,8 % du produit intérieur brut à 22,6 %. Dans le même temps, l'industrie a détruit plus de 2,3 millions d'emplois. La part de l'emploi industriel dans l'emploi total est passée de 33,8 % en 1978 à 21,1 % en 2004. Les pertes d'emploi sont, bien sûr, liées aux gains de productivité (la production a doublé sur la période et la productivité a triplé) et aux délocalisations (*Fiche 37*), mais aussi à une externalisation croissante des activités de l'industrie vers le secteur des services. Cette externalisation profite au secteur tertiaire marchand et tout particulièrement au secteur des services aux entreprises (+ 4,6 points de PIB entre 1978 et 2004). Les services externalisés relèvent du conseil et de l'assistance (activités juridiques, comptables, financières et de gestion, informatique et publicité) et des services opérationnels (location de matériel, nettoyage, sécurité).

B Comparaisons internationales

- Le poids de l'industrie en France dans la valeur ajoutée globale est inférieur à celui de ses trois grands voisins européens : pour l'année 2005, la part de la valeur ajoutée industrielle en pourcentage du PIB est de 19,1 % en moyenne dans la zone euro ; cette part s'élève à 13,8 % du PIB pour la France alors qu'elle est de 23,3 % en Allemagne, 18 % au Royaume-Uni, 16,1 % en Espagne et 20 % en Italie. L'industrie française ne représente ainsi qu'un peu plus de la moitié de celle de l'Allemagne.
- L'examen des dynamiques industrielles permet de nuancer un peu ce jugement pessimiste car l'évolution du poids de l'industrie dans la valeur ajoutée globale, l'emploi ou même l'investissement est comparable à la moyenne des autres pays européens. L'industrie française recule un peu plus que ce que l'on peut observer en Allemagne et en Italie, mais elle se maintient mieux qu'au Royaume-Uni où la tertiarisation semble plus prononcée.

- Un autre point positif est que les groupes industriels français restent bien placés sur le marché mondial : parmi les 1 000 premiers groupes industriels mondiaux, les groupes français ont réalisé un peu plus de 780 milliards de dollars de chiffre d'affaires en 2004. S'ils se situent loin derrière les grands groupes américains, japonais ou allemands, ils sont tout de même devant leurs homologues britanniques. Dans leurs spécialités, ils se placent souvent parmi les leaders mondiaux, à l'instar de Peugeot, Renault, Saint-Gobain, Michelin, l'Oréal, Air Liquide…

2 L'INDUSTRIE FRANÇAISE DANS LE CONTEXTE DES ANNÉES 2000

A Une conjoncture difficile…

- Malgré une forte demande mondiale liée à un niveau élevé de croissance en Chine et aux États-Unis, la croissance industrielle française a ralenti dans les années 2004 et 2005. Ce ralentissement s'explique par la faiblesse du dollar qui nuit à la compétitivité de l'économie française et la montée des exportations en provenance de la Chine.
- Dans ce contexte, les exportations françaises de produits manufacturés ont à peine augmenté depuis 2001 ; par ailleurs, la facture énergétique s'accroît et la demande intérieure se porte sur des produits importés, ce qui fait que le solde commercial devient déficitaire pour les produits industriels non alimentaires. Le repli des parts de marché de la France, s'il est limité en valeur, est tout de même important en volume, même si cette perte de compétitivité de l'économie française se retrouve dans bon nombre de pays de la zone euro, à l'exception de l'Allemagne.
- La production industrielle française marque une pause depuis l'été 2004 et la situation conjoncturelle reste difficile de nos jours, du fait de l'instabilité des cours du pétrole, de la remontée progressive des taux d'intérêt et des risques financiers liés à l'ampleur des déficits commerciaux et budgétaires des États-Unis. À l'intérieur de l'industrie, on notera que les secteurs de la pharmacie et de l'automobile restent relativement dynamiques ; à l'inverse, la croissance s'infléchit pour les secteurs des biens intermédiaires et de consommation courante.

B … et quelques signes positifs

- La France demeure un pays d'accueil important pour l'investissement direct à l'étranger (*Fiche 35*) et même le premier pays d'accueil pour les investissements créant de nouvelles capacités de production. Cette attractivité est due à sa position centrale en Europe, à la qualité de sa main-d'œuvre et de ses infrastructures, même si elle pâtit un peu du fait que la concurrence fiscale est très vive en Europe.
- Un autre point de satisfaction est l'amélioration de la situation financière des entreprises ; le taux de marge (excédent brut d'exploitation rapporté à la valeur ajoutée), qui avait reculé de 2000 à 2003, passant de 29 % à 25 %, a gagné plus d'un demi-point en 2004.

Si la thèse de la désindustrialisation est assurément trop pessimiste pour un pays qui demeure la 5e puissance industrielle dans le monde, les constats ci-dessus sont assez alarmants pour que l'on pense maintenant à un renouveau de la politique industrielle. Les pôles de compétitivité, qui ont été créés en 2005, sont un des leviers les plus importants de cette politique. Ils redessinent en effet la carte industrielle de la France, à travers une dynamique qui fait travailler ensemble élus, chercheurs et entrepreneurs.

FICHE 34 LA RECHERCHE-DÉVELOPPEMENT

La recherche-développement (R-D) est l'ensemble du processus permettant la découverte, l'invention puis l'innovation par ses applications économiques. La R-D est un ensemble hiérarchisé de trois éléments successifs : la recherche fondamentale ouvrant la voie aux connaissances scientifiques, aux découvertes ; la recherche appliquée à l'origine d'une invention devant être brevetée pour éviter les utilisations illégales ; enfin, le développement devant assurer la faisabilité technique et économique. Le but est de raccourcir la durée du processus, de découvrir des gains ou des économies d'échelle, en somme avoir le souci d'une meilleure allocation possible des ressources comme l'impose les buts de l'économie. L'innovation est l'un des facteurs de la croissance.

1 La faiblesse de la R-D en France

A Le bilan chiffré

- En 2005, la France a consacré 2,13 % de son produit intérieur brut (PIB) aux dépenses de R-D. Cette part consacrée à la R-D ne fait que s'amenuiser : en 1991, 2,4 % du PIB ; en 2001, 2,2 % du PIB. Selon Eurostat, l'organisme statistique de l'Union européenne (UE) et les « tableaux de bord » de l'OCDE, la France se situe au-dessus de la moyenne de l'Union européenne (1,9 % du PIB), mais en dessous de ses principaux partenaires et des grands pays industrialisés : en 2002, l'Allemagne consacre à la R-D 2,5 % de son PIB, la Suède 4,3 %, les États-Unis 2,6 %
- Les États-Unis ont une position dominante compte tenu de leur poids économique et de l'importance de leur recherche militaire. Mais, en rapport à leur taille, au niveau de leur PIB par habitant, de nombreux pays font mieux que la France et se rapprochent des efforts des États-Unis, comme la Suède, la Corée du Sud, la Norvège. Parmi les principales entreprises mondiales pour leurs dépenses en R-D, la France ne figure qu'en 22e position avec l'entreprise Aventis du secteur de la pharmacie, qui consacre plus de 16 % de son chiffre d'affaires à la R-D pour un total de 3029 millions d'euros en 2004. La France fait figure d'un grand pays assez peu dynamique en matière de recherche.

B Des engagements non tenus

- Lors du sommet européen de Lisbonne (23-24 mars 2000), la France avait pris l'engagement, comme tous ses autres partenaires de l'UE, de dresser une stratégie pour moderniser la recherche ; l'objectif posé était d'atteindre, en dix ans, pour 2010, au moins 3 % du PIB consacré à la recherche. L'objectif paraissait solide puisqu'une politique européenne commence à prendre forme avec des réseaux de chercheurs et des échanges. Cet engagement de Lisbonne a été pris au sérieux et respecté par de nombreux États membres (Allemagne, Danemark, Suède… voire Espagne). Depuis, les écarts se creusent entre le niveau de R-D de ces pays et la France. La France prend du retard.
- Malgré ces efforts, en comparaison avec les États-Unis, les Européens ont trop longtemps conservé une recherche dans un cadre strictement national ; or, les

enjeux technologiques imposent des politiques dans un cadre plus large. Ainsi, les quinze principales entreprises françaises pour leurs dépenses de R-D ont souvent une recherche aux buts plus commerciaux à court terme qu'une recherche plus fondamentale. C'est le cas dans le secteur de l'automobile (PSA, Renault), l'équipement automobile (Valeo), les télécommunications (Alcatel).

2 À LA RECHERCHE D'EXPLICATIONS CAUSALES

A Le manque de recherche privée

- La recherche privée diminue en France ; elle n'est le fait que de quelques entreprises de haute technologie. Elle ne représente en 2003 que 1,10 % du PIB, en diminution régulière (1,2 % en 2001). Il existe sur ce point une longue tradition française puisque la recherche est organisée de façon publique autour du Centre national de la recherche scientifique (CNRS) qui compte 11 622 chercheurs en 2006. L'avantage du CNRS est de posséder toutes les sections possibles de recherches tant en sciences « dures » que « molles ».
- Après la Finlande, la France est le deuxième pays européen à consacrer les sommes les plus importantes pour la recherche publique (0,89 % du PIB en 2001, contre 0,93 % pour la Finlande). Cependant, le nombre de chercheurs est très élevé par rapport à la population totale : 3,21 % ; seule la Suède (5,34 %) et l'Allemagne (3,26 %) font mieux. Près de la moitié de ces chercheurs sont des salariés du service public alors que dans les autres pays européens ce taux ne dépasse pas 40 %. La question qui se pose est celle de la rentabilité de la recherche, le service public pouvant être affecté de lourdeurs bureaucratiques.

B Un nombre réduit de brevets

- Le problème n'est certes pas au fond le nombre de chercheurs et la bonne gestion de la recherche ; la R-D s'évalue aux résultats, c'est-à-dire au nombre de dépôts de brevets : réservation d'un procédé de fabrication qui, pendant un certain temps (15 à 20 ans), ne peut être exploité que par le propriétaire et déposant de ce brevet (mais tout brevet peut être racheté). Joue peut-être aussi la « fuite des cerveaux » à l'image des chercheurs préférant la Silicon Valley aux centres de recherches parisiens.
- Même les branches de haute technologie consacrent moins de dépenses de R-D que les partenaires européens ; c'est le cas de l'industrie pharmaceutique : 9 % de sa valeur ajoutée en France en 2003 contre près de 23 % au Royaume-Uni. Depuis la fin des années 1980, dans presque tous les secteurs de pointe (électronique, parachimie, électronique…), le nombre de brevets a diminué ; la France est le pays qui a vu ses brevets déposés aux États-Unis diminuer le plus (– 16 % de 2000 à 2006) alors qu'Allemagne, Royaume-Uni, Suède ont vu les leurs augmenter. Le nombre de publications de recherche diminue aussi en France ; la décision de publier en anglais (revue de l'Institut Pasteur) n'a pas donné une meilleure visibilité à la recherche en France.

La R-D en France semble assez dynamique par rapport aux autres pays partenaires de l'UE. Il existe un malaise et les chercheurs ont manifesté leur mécontentement en 2005 et 2006. La réévaluation de leur salaire et la révision de leur possibilité de carrière ont mis un terme à ce mouvement de grogne. L'organisation de la recherche, clé de la croissance et de la performance dans la compétition internationale, est à revoir.

FICHE 35 COMPÉTITIVITÉ ET ATTRACTIVITÉ DE L'ÉCONOMIE NATIONALE

Les notions de compétitivité et d'attractivité, qui se confondent souvent dans les débats publics, ne sont pourtant pas substituables. La compétitivité est la capacité du secteur productif à répondre à la demande intérieure et extérieure de produits nationaux. L'attractivité se définit comme la capacité à attirer les activités nouvelles et les facteurs de production mobiles sur un territoire donné.

1 La compétitivité de l'économie française

A Les principales évolutions

- Au cours des 25 dernières années, l'économie française s'est fortement ouverte sur l'extérieur. La part respective des exportations et des importations dans le produit intérieur brut a quasiment doublé depuis 1978, passant de 15 % à près de 30 % en 2004. Cette insertion de la France dans l'économie mondiale n'a pas joué contre l'économie française, comme le montre le fait que le solde extérieur a été positif de 1992 à 2001, après avoir été longtemps négatif.
- Par ailleurs, depuis plus de vingt ans, la France se situe au 2e rang européen et au 4e rang mondial pour les exportations de produits manufacturés. Sa part de marché (qui consiste à rapporter les exportations de produits manufacturés de la France aux exportations totales de la zone OCDE) en volume est stable, autour d'un niveau moyen de 8 %. La période récente voit cependant naître quelques inquiétudes puisqu'à partir de 2004 le solde commercial français est négatif. Dans le même temps, la part de marché fléchit un peu pour s'établir dès 2003 à 7,6 %, ce qui est en dessous du niveau moyen des dix dernières années.

B Les facteurs explicatifs

- La compétitivité regroupe la compétitivité-prix et la compétitivité hors-prix (ou compétitivité structurelle). La compétitivité-prix est l'aptitude d'une économie ou d'une entreprise à pratiquer des prix plus bas que ceux des concurrents ; cette compétitivité-prix dépend de la compétitivité-coût, qui fait référence à la capacité de réduire les coûts de production unitaires et, aussi, de la variation des taux de change. La compétitivité structurelle désigne la capacité de l'économie à mobiliser d'autres facteurs que les prix (performances techniques des produits, délais de livraison, efficience du service après-vente, offre de facilités de paiement) pour vendre des marchandises, même quand elles sont plus chères que la concurrence. Globalement, la compétitivité structurelle de l'économie française n'est pas excellente ; la structure industrielle française révèle une trop grande spécialisation dans des secteurs de faible technologie soumis à la concurrence internationale et, aussi, l'insuffisance de l'effort de recherche et de développement.
- À partir du milieu des années 1980, et jusqu'en 2001, la France a pu améliorer sa compétitivité-prix malgré une évolution du change légèrement défavorable parce qu'elle s'est montrée capable de réduire ses coûts salariaux unitaires. Durant cette période, elle a amélioré ses parts de marché dans le commerce mondial en maîtrisant mieux ses coûts que des pays comme l'Allemagne, les États-Unis ou le Royaume-Uni. Depuis 2001, la forte appréciation de l'euro a entraîné un repli

sensible de la compétitivité-prix de la France bien que le taux de change ne soit pas le seul facteur explicatif de cette dégradation puisque, par exemple, l'Allemagne s'est montrée capable, depuis cette date, d'accroître ses parts de marché avec les mêmes contraintes de change.

2 L'attractivité de l'économie française

A Un flux d'investissement direct à l'étranger (IDE) important...

- Le flux d'IDE, qui correspond aux opérations réalisées par les investisseurs résidents ou non-résidents dans le but d'acquérir ou d'accroître des intérêts durables dans les entreprises (par convention, le seuil de participation est fixé à 10 % du capital social), est un indicateur objectif de l'attractivité du territoire.
- De ce point de vue, dans un contexte de globalisation financière croissante, la France a amélioré sa position depuis le début des années 1990. Alors qu'elle figurait en 5e position en tant que pays d'accueil des IDE en 1990, elle apparaît en 3e position dès 1995 et en 2e position dès 2002. Si les flux d'IDE entrants fléchissent ensuite en 2003 et 2004 (avec 37,7 milliards d'euros en 2003 et 25,3 milliards d'euros en 2004), ils repartent dès 2005 (51,1 milliards d'euros).

B ... mais aussi des éléments plus nuancés

- En essayant d'appréhender de manière globale les forces et les faiblesses de l'économie française en matière d'attractivité, il apparaît que la France dispose d'un certain nombre d'atouts (taille et dynamisme du marché, situation géographique au cœur de l'Europe atlantique, qualité de ses infrastructures et de sa main-d'œuvre, productivité élevée et évolution favorable des coûts salariaux), mais aussi d'indiscutables points faibles (environnement administratif lourd, contraintes réglementaires importantes, fiscalité globalement défavorable).
- Pour rester sur ces faiblesses, l'exemple de l'attractivité fiscale montre que la position de la France est défavorable en termes d'impôt sur les sociétés. En effet, une multinationale, dès lors qu'une de ses filiales est bénéficiaire, a intérêt à faire imposer le profit réalisé dans le pays où le taux d'impôt sur les sociétés est le plus faible ; ce taux est relativement élevé en France (33,3 %) par rapport à l'Allemagne (25 %), au Royaume-Uni (30 %) ou encore à la moyenne de l'OCDE (28 %). En ce qui concerne l'impôt sur le revenu des personnes physiques (IRPP), la fiscalité française est relativement compétitive pour les salariés avec enfants en raison du système de quotient familial, mais moins favorable pour les célibataires sans enfant ou les hauts revenus (cadres dirigeants).

La montée de la concurrence internationale fait maintenant peser des inquiétudes sur la compétitivité du territoire français. Quant à son attractivité, elle est controversée, ne serait-ce que parce que la France continue d'investir plus à l'étranger (64 milliards d'euros en 2005) que ne le font les non-résidents sur le territoire français (51,1 milliards d'euros en 2005).

FICHE 36 NATIONALISATIONS ET PRIVATISATIONS

La nationalisation est une opération juridique, politique, économique et financière de transfert du capital d'une entreprise à l'État pour en modifier la logique de fonctionnement. À l'inverse, la privatisation est l'opération de transfert de la propriété d'une partie ou de la totalité du capital d'une entreprise du secteur public au secteur privé. L'idée de nationalisation avait été lancée en France en 1919 par la Confédération générale du travail (CGT). Le gouvernement du Front populaire se contenta de nationaliser une dizaine d'usines de guerre (1936), les chemins de fer en créant la SNCF, et d'imposer une participation majoritaire de l'État dans des entreprises d'aviation.

1 Les principales nationalisations et privatisations en France

A Les vagues de nationalisations en France

- À l'exception des premières et peu nombreuses nationalisations de 1936, la France a connu essentiellement deux vagues de nationalisations. La première, en 1945, avait pour objectif de transférer à la nation des secteurs clés (création d'EDF, de GDF, des Charbonnages de France…), en créant de grandes entreprises publiques ou placées sous le contrôle des pouvoirs publics. Pour maîtriser le crédit et les pouvoirs financiers, des banques ont été aussi nationalisées (dont la Banque de France). Quelques nationalisations ont été des sanctions pour fait de collaboration (cas de l'entreprise Renault).
- En 1982, avec l'arrivée d'un président socialiste et d'un gouvernement de la gauche unie, une seconde vague de nationalisations a eu lieu, en application du Programme commun de la gauche fixé en 1972. Sont nationalisés cinq groupes industriels (Compagnie générale d'électricité, Pechiney-Ugine Kuhlmann, Rhône-Poulenc, Saint-Gobain-Pont-à-Mousson, Thomson), deux groupes sidérurgiques (Sacilor, Usinor), deux sociétés financières (Paribas, Suez), trois groupes bancaires (Crédit commercial de France, Crédit du Nord, Crédit industriel et commercial) et 33 banques petites ou moyennes (dont La Hénin, Rothschild, Worms…). L'indemnisation se monte à près de 40 milliards de francs.

B Les privatisations en France

- En 1986, après la victoire de la droite aux législatives, le gouvernement Chirac procède à 29 privatisations : Crédit commercial de France, Havas, Matra, Paribas, Saint-Gobain, Société générale… Cette opération fut limitée car interrompue par la crise boursière de 1987, qui s'est propagée à l'ensemble des bourses occidentales après le krach boursier de Wall Street avec l'éclatement de la « bulle financière » constituée par l'augmentation de comportements spéculatifs (*hot money*) profitant des opportunités offertes par les changes flottants (avec la déconnexion des flux financiers par rapport aux flux commerciaux).
- Pendant la deuxième cohabitation, de 1993 à 1995, la privatisation fut relancée par la loi du 19 juillet 1993 pour 21 sociétés industrielles ou bancaires, comptant

plus d'un million de salariés, notamment : Aérospatiale, Air France, Banque Hervet, Banque nationale de Paris (BNP), Bull, Caisse centrale de réassurance, Crédit lyonnais, Elf Aquitaine, Pechiney, Renault, Rhône-Poulenc, Seita (société d'exploitation industrielle des tabacs et des allumettes), Société marseillaise de crédit, TF1 (télévision), Thomson, Usinor-Sacilor…

2 Les objectifs des nationalisations et des privatisations dans l'économie française

A Les objectifs des nationalisations

- En 1945, c'était l'application du Programme du Conseil national de la résistance (1944) pour « le retour à la nation de tous les grands moyens de production monopolistique, fruits du travail commun, des sources d'énergie, des richesses du sous-sol, des compagnies d'assurances et des grandes banques ». En fait, l'objectif est de nature plus politique qu'économique, même si la France, pays des petites et moyennes entreprises, manquait assurément d'un secteur dominant de très grandes entreprises comme il en existait dans d'autres pays.
- En mai 1981, l'élection du candidat socialiste (François Mitterrand) et le succès de la gauche aux législatives ont permis l'application du Programme commun avec une extension des nationalisations. Après un très long débat parlementaire, le principe des nationalisations fut voté le 26 octobre 1981 même si la loi n'est devenue effective que le 13 février 1982, après des modifications demandées par le Conseil d'État. L'objectif a été plus économique que politique, en fait, puisqu'en 1974, le secteur public contrôlait déjà 75 % des banques, 50 % de la construction aéronautique… Les craintes manifestées par les opposants aux nationalisations se sont révélées sans fondements puisque les groupes nationalisés retrouvèrent une compétitivité accrue avec moins de déficits. Cependant, l'emprise de l'État a été limitée par l'ouverture de la Bourse aux sociétés nationalisées (loi de 1983) et l'introduction sur le marché des capitaux privés de plusieurs filiales d'entreprises publiques.

B Les objectifs des privatisations

- L'un des objectifs des privatisations est de rapporter à l'État des moyens financiers ; les recettes se sont montées à 110 milliards de francs en 1987. Le choix des entreprises n'a pas été laissé au hasard ; là encore, l'économique a eu plus d'importance que le politique. Le choix des entreprises à privatiser s'est porté, par ordre d'importance décroissante, sur l'intérêt stratégique des entreprises, sur leur rentabilité et, enfin, sur l'attractivité des titres sur les marchés boursiers.
- En réalité, la privatisation n'a pas été totale, l'ouverture du capital s'est réalisée en faisant appel aux investisseurs institutionnels (les fameux « Zin-zin » : fonds de pension, compagnies d'assurances…). L'État tient à garder un regard sur les capitaux afin d'éviter la mainmise de groupes étrangers sur des entreprises françaises. Ce sont les « noyaux durs » ou « noyaux stables » : petits groupes de gros actionnaires détenant une fraction du capital pour mieux en assurer le contrôle.

La France semble avoir joué entre nationalisation et privatisation au gré des changements politiques. En fait, ces opérations ont été menées pour mieux adapter l'économie française aussi bien pour les nationalisations que les privatisations successives. La logique économique l'emporte sur la politique.

FICHE 37 LES DÉLOCALISATIONS D'ENTREPRISES

La délocalisation d'entreprise, nommée aussi délocalisation de la production, est le transfert de la production, totale ou en partie, d'un pays (pays d'origine) dans un autre pays (pays d'accueil). Ce transfert, profitant de la mondialisation, se développe avec la recherche d'avantages (coûts plus bas de production, facilité d'établissement, fiscalité plus faible...). Mais les délocalisations sont mal perçues par nombre de travailleurs, qui y voient une menace pour l'emploi.

1 Les délocalisations, une réalité complexe en évolution

A Une réalité ancienne

- Les délocalisations d'entreprises existent depuis l'industrialisation. Souvent utilisées par les firmes multinationales (FMN), les délocalisations modifient la division internationale du travail (DIT) en recherchant une main-d'œuvre plus adaptée (plus qualifiée ou plus disciplinée, moins coûteuse...). Les stratégies de délocalisation s'expliquent aussi par la recherche de sources d'énergie, de matières premières, de débouchés proches. Les délocalisations peuvent ne concerner que certains segments d'une production (montage, réseaux de distribution, centres de recherche... voire siège social). Le choix du segment dépend de l'arbitrage entre l'importance de sa valeur ajoutée (VA) et de ce qu'il en restera dans le pays d'accueil comme contrepartie en revenus (salaires, profits, intérêts).
- Ce phénomène ancien s'est développé de nouveau en 1974 (date de l'apparition du terme même de « délocalisation » à la place de « transfert de production ») pour désigner les manifestations de mobilité géographique du capital à la recherche du plus fort taux de profit. Avec la crise des années 1970, après les deux chocs pétroliers (1973, 1979), des entreprises ferment des unités de production nationales pour s'implanter dans des pays étrangers où les conditions de production sont plus avantageuses. Le développement de la grande distribution a accentué aussi ce phénomène en cessant parfois d'acheter des produits nationaux pour s'approvisionner à moindre coût auprès de producteurs et grossistes étrangers.

B Les autres raisons des délocalisations actuelles

- Plus récemment, surtout depuis le milieu des années 1990, la recherche d'un environnement juridique favorable explique l'importance des délocalisations. Les entreprises sont attirées par des conditions avantageuses, soit fiscales (certains sièges sociaux n'hésitent pas à se fixer dans des paradis fiscaux), soit liées à une réglementation du travail peu contraignante... D'autres facteurs jouent : la recherche de zones où les réglementations en matières d'activités polluantes sont quasi inexistantes ; l'implantation dans des zones franches (territoires où les charges fiscales et sociales sont faibles pour attirer des entreprises et créer des emplois) de plus en plus nombreuses dans les pays en développement (notamment en Afrique).
- Avec la mondialisation, les types de délocalisation se multiplient avec la recherche de nouveaux gains de productivité ; ils recouvrent des processus de

plus en plus différents. Ainsi, la délocalisation offensive a pour but de recentrer les unités de production d'une entreprise sur son activité principale. La délocalisation défensive a pour objectif de résister à la concurrence. Dans ces deux cas, la délocalisation s'accompagne d'investissements directs à l'étranger (IDE). De plus en plus, apparaît une délocalisation dite « d'accompagnement » où le fournisseur suit son donneur d'ordre ; c'est un moyen de profiter de la sous-traitance internationale tout en externalisant des activités ; l'activité est alors confiée à une entreprise étrangère (il n'y a pas d'IDE dans ce cas).

2 Les effets des délocalisations sont difficiles à évaluer

A Les effets directs sur l'emploi à relativiser

- Les effets des délocalisations occupent une place importante dans le débat public depuis le début de la décennie 2000, notamment après le déménagement (nocturne) d'une unité de Moulinex. Elles sont pour certains le symbole des effets néfastes de la mondialisation sur l'économie nationale, notamment en détruisant des emplois. Pour d'autres, la délocalisation est synonyme de désindustrialisation. Or, cette dernière est un phénomène bien plus large lié au recul de l'emploi industriel dans les économies développées comme celle de la France.
- En effet, la délocalisation des entreprises françaises de textile a entraîné des effets négatifs sur l'emploi et, en conséquence, sur toute région spécialisée. Le nombre d'emplois du secteur textile français est passé de 451 000 en 1990 à 213 400 en 2004. Mais la France ne pouvait plus produire de façon rentable face à la concurrence des pays d'Asie et des pays d'Europe centrale et orientale (PECO). Cependant, grâce à des localisations (notamment en Roumanie), la baisse des prix du textile a profité à l'ensemble des consommateurs.

B Les avantages ne sont pas à sous-estimer

- Les études de l'Insee, depuis 1990, montrent que les délocalisations ont une ampleur modérée en France : entre 1995 et 2001, en moyenne annuelle, 13 500 emplois ont été délocalisés. La création d'emplois nationaux dans les branches de services compense cette destruction d'emplois, essentiellement industriels et peu qualifiés (et dans des branches peu innovantes).
- À partir d'une étude portant sur 500 grandes entreprises, Suzanne Berger a montré en 2006, dans son ouvrage *Made in France*, que les délocalisations ne sont ni inefficaces, ni totalement inutiles ; tout dépend du secteur d'activité et, surtout, de la stratégie adoptée par chaque entreprise. C'est une question de choix industriel, dépendant des pays. L'avantage pour la France est de permettre des importations à des prix plus compétitifs à partir des unités délocalisées. Par exemple, avec les PECO, l'effet attendu existe : sur 1 000 heures de travail exporté français, les importations des productions délocalisées ont nécessité au moins 4 000 heures de travail sans aucun déséquilibre de la balance commerciale.

Les effets des délocalisations sont donc complexes ; il est difficile objectivement de les relier à la seule destruction des emplois nationaux. La mondialisation rend le jeu économique et concurrentiel de plus en plus difficile ; ce n'est pas un jeu à somme nulle mais un jeu stratégique où s'impose de reconsidérer les rouages des équilibres économiques.

Fiche 38 LA GOUVERNANCE DES ENTREPRISES FRANÇAISES

Le terme assez récent (2001) de « gouvernance », se substituant à celui de « gouvernement d'entreprise », est la traduction très approximative de l'expression anglaise et américaine de Corporate governance*: dispositifs de direction, de contrôle, d'incitation, voire de gestion des entreprises, plus particulièrement des grandes ayant un poids économique significatif et, notamment, dans les sociétés de capital (société anonymes). Ce sujet correspond aux préoccupations posées par la relation entre les actionnaires (propriétaires du capital) et la direction de l'entreprise.*

1 Le modèle de gouvernance à la française face aux autres modèles

A La présence de nombreux modèles

- Il existe de nombreux modèles. Le modèle réticulaire, le plus ancien, toujours le plus répandu dans le monde, repose sur une famille élargie, propriétaire du capital et jouant un rôle important dans toute décision stratégique. Le modèle le plus classique est le modèle boursier: la firme appartient à ses actionnaires et les comportements des dirigeants s'exercent à leur profit exclusif, le marché financier étant le régulateur, le juge (et non l'État) ayant le pouvoir de sanctionner toute défaillance. Le modèle partenarial repose sur la coopération de tous les partenaires impliqués dans l'entreprise, avec un conseil de surveillance, les salariés ayant aussi une place par l'intermédiaire de leurs représentants.
- Dans l'ensemble de ces modèles, un modèle particulier est celui dit administré. Il est fondé sur le principe que l'État, garant de l'intérêt général, doit prendre une part à la régulation de l'entreprise (une part totale et exclusive dans les économies collectivistes et centralisées). La gouvernance d'entreprise n'échappe pas à l'omniprésence de l'État aussi bien au niveau des régulations quotidiennes qu'à celui des institutions de fonctionnement.

B Le particularisme français

- En France, jusqu'à la fin du XXe siècle, pour les grandes entreprises, le modèle administré est dominant. L'origine des questions de gouvernance est ancienne; Fernand Braudel souligne que la France précapitaliste a été le premier pays à connaître ce mode de gouvernance par le biais de la commandite, fixée par l'ordonnance royale de 1673, instituant l'obligation d'enregistrer les commandites par acte notarié prévoyant la dérogation que « les commanditaires, qui n'exercent pas de profession mercantile, auront le droit de ne pas figurer sur l'acte ». Les commanditaires sont les bailleurs de fonds, en opposition aux commandités se réservant la seule gestion.
- Malgré cette précocité de grandes entreprises, la France prend du retard dans le choix de la gouvernance la plus adaptée à l'évolution du capitalisme puisque le législateur n'accepte qu'en juillet 1867 la création, sans autorisation préalable étatique, des sociétés anonymes, moyen de créer de grandes entreprises privées par actions. De ce fait, en France, au moins jusqu'à la Première Guerre mondiale,

pour les grandes entreprises, le mode administré est le modèle dominant; ce primat du pouvoir de l'État sur l'économie nationale est une trace durable du « colbertisme », emblème du capitalisme à la française (*Fiche 40*).

2 L'ÉVOLUTION RÉCENTE DU MODE DE GOUVERNANCE À LA FRANÇAISE

A La propagation du modèle boursier

- Malgré son particularisme, la France, dans le cadre de la mondialisation doublée par la globalisation, ne peut rester à l'abri des tendances fortes du monde des entreprises où firmes multinationales, globales, managériales dominent. Une « culture boursière » s'instaure avec la large diffusion de portefeuilles d'actions.
- Ce modèle n'est pas sans risque. La crise financière de mars 2000, avec un retournement de tendance, a permis de parler de « dégonflement de la bulle financière », crise prolongée par la tragédie du 11 septembre 2001 frappant « le » symbole, les Twin Towers du World Trade Center de New York. Cette crise est « entretenue » ensuite par de nombreuses affaires, affaires de manipulation comptable, pour donner une « bonne image » (fausse, *de facto* puis *de jure*) aux actionnaires, du type de la société américaine Enron, liée à l'un des cabinets d'expertise et d'audit les plus célèbres. La France est, pour l'instant, l'un des rares pays à l'abri de ces affaires, qui ont frappé l'Italie (société Parmalat en 2006).

B La France est protégée par une régulation surveillée du système boursier de gouvernance

- Le législateur français a promulgué, en juillet 2003, la loi sur la sécurité financière (LSF) pour renforcer le dispositif de surveillance et de contrôle financier. Parmi les nombreux points de cette loi, très détaillée, trois aspects sont dominants: la mise en place d'un Haut Conseil du commissariat aux comptes, l'encadrement de toutes les activités de démarchage des produits financiers, la création d'une autorité des marchés financiers (AMF) par fusion des organismes précédents. La France a répondu de façon originale, bien différente de la régulation choisie ailleurs, qui est soit de contrôler directement les grandes entreprises (Espagne, Italie...), soit de réguler essentiellement les marchés financiers (Allemagne, Royaume-Uni...).
- Mais les pays européens réagissent ou s'adaptent de manière dispersée face aux risques de la gouvernance boursière d'entreprise; la coordination de politiques communes à l'échelle européenne permettrait d'éviter que le modèle américain de gouvernance se pose en arbitre national face à des systèmes hétérogènes. Cela est d'autant plus important que l'Union européenne (UE) a dû remplacer (depuis 2005), pour la bonne information des actionnaires, son Plan comptable européen (PCE) par les normes internationales (américaines en fait) IFRS (International Financial Recording Standards) de l'IAS (International Accounting System).

Une coordination plus précise des politiques publiques à l'échelle de l'UE permettrait d'éviter que le système de gouvernance américain se pose en arbitre national face aux systèmes hétérogènes de l'UE; le système américain s'appuie sur des éléments spécifiques (importance du marché financier, puissance de l'économie, domination des plus grandes entreprises mondiales...) qui ne sont pas ceux de l'Europe. La France a réagi avec originalité.

FICHE 39 LES PETITES ET MOYENNES ENTREPRISES

En référence à la France, bien des auteurs se plaisent à reprendre le fameux mot du sociologue allemand Joseph Schumacher: Small is beautiful. *En effet, la France se distingue, par rapport à nombre de pays occidentaux, par la place toujours centrale, dominante en nombre, des petites et moyennes entreprises (PME). La législation tardive (juillet 1867) sur la création sans autorisation des sociétés de capitaux est une explication plausible du maintien de petites structures productives, d'origine familiale ; mais, certainement, d'autres facteurs jouent sur le plan économique comme sur le plan sociologique.*

1 Le paysage des PME françaises

A Un paysage varié

- L'Institut national de la statistique et des études économiques (Insee) publie régulièrement des tableaux du « répertoire des entreprises et des établissements » (ou répertoire SIRENE : système informatisé du répertoire national des entreprises et des établissements). Une taxinomie de quatre groupes y est présentée selon le critère de la taille par le nombre de salariés : les micro-entreprises (0 salarié) ; les très petites entreprises – TPE – (de 1 à 9 salariés) ; les petites entreprises (de 10 à 49 salariés) ; les moyennes entreprises (de 50 à 499 salariés). Au-delà de 500, pour la France (mais c'est une limite basse par rapport aux autres grands pays industrialisés), ce sont les grandes entreprises (GE), voire les très grandes entreprises (TGE) au-delà de 2 000 salariés.
- D'après le répertoire SIRENE, au 1er janvier 2005, sur un total de 2 617 870 entreprises – hors entreprises agricoles et financières – (en France métropolitaine et départements d'outre-mer), 58,45 % sont des micro-entreprises, 34,69 % des TPE et 5,77 % des petites entreprises. De ce fait, outre les grandes entreprises (4 910 soit moins de 0,2 %), les PME représentent 6,67 % de l'ensemble, se subdivisant en petites entreprises (151 011 soit 5,77 %) et moyennes entreprises (ici, de 50 à 249 salariés, d'après les renseignements reçus ; 23 650 soit 0,90 %). Plus que le pays des PME, la France serait plutôt le pays des très petites entreprises.

B Un paysage éclaté

- Toujours pour 2005, en se limitant strictement aux PME (et PMI : petites et moyennes entreprises industrielles), leurs activités les plus nombreuses sont par ordre décroissant d'importance : le commerce (40,20 % des PME), les industries (hors agroalimentaire) (33,50 %), les services aux entreprises (27,18 %), la construction (25,50 %), les services aux particuliers (18,65 %), les transports (10,91 %), les industries agroalimentaires (7,27 %), l'action sociale, la santé et l'éducation (6,02 %), les activités immobilières (2,44 %).
- Ce sont les services aux particuliers qui tendent à augmenter compte tenu, d'une part, du vieillissement de la population et, d'autre part, de la diminution du nombre de femmes inactives, mères de famille au foyer. De plus, pour les gros travaux d'entretien, les ménages, à l'image des entreprises qui externalisent des

activités annexes, tendent à faire appel de plus en plus à des sociétés extérieures (travaux de peinture, de rénovation…) et ce sont les PME les plus flexibles qui s'orientent vers ce type d'activités. Néanmoins, la concentration de l'appareil productif joue et le nombre de PME-PMI diminue mais à un rythme beaucoup plus lent que dans la majorité des autres pays développés.

2 Le dynamisme des PME françaises

A Un poids économique réel

- Les constats précédents permettent de parler de « galaxie » des PME-PMI. Beaucoup sont positionnées sur des créneaux spécifiques d'activités imposant un savoir-faire, une maîtrise plus proche de l'artisanat que de l'industrie : confection, ébénisterie, imprimerie, modiste, production de prothèses, travail des métaux…
- Le chiffre d'affaires hors taxes (CA HT) des PME-PMI représente (sur la moyenne annuelle de la dernière décennie) près de 30 % du CA HT de l'ensemble des entreprises. Leur poids dans l'investissement est moins élevé, 30 % de l'investissement total, ce qui est un bon chiffre compte tenu de leurs possibilités limitées sans aucune comparaison avec les grandes entreprises qui ont accès à tous les types de financement. Les PME utilisent l'autofinancement et ont plus de difficultés pour avoir recours aux financements extérieurs. Enfin, à l'exportation, les PME participent à hauteur de 27 % du total des exportations des entreprises.

B Une source d'emploi

- En nombre d'emplois, les PME-PMI ont un poids réel, possédant la moitié des emplois face aux grandes entreprises et la situation s'améliore : en 1981, 47 % des emplois (1 740 000) étaient fournis par les PME contre 53 % (1 962 000) pour les grandes entreprises de 500 salariés en plus ; en 1990, les PME fournissent 49 % des emplois (1 646 000) contre 51 % pour les grandes entreprises. Les PMI fournissent la moitié des emplois industriels. Pourtant, l'influence des groupes sur les PMI s'est accrue considérablement durant la dernière décennie, soit après des restructurations de groupes, soit après des prises de contrôle (plus de 35 % des PME appartiennent à un groupe français ou, surtout étranger : 20 %. Les chefs d'entreprises des PME sont de plus en plus jeunes ; beaucoup de diplômés préfèrent créer leur propre emploi tant pour éviter des périodes de chômage que pour prendre des risques dans un statut de liberté et d'indépendance affirmées.
- Les PME sont appréciées, souvent des actifs qui y découvrent une « dimension humaine » où règne la confiance et l'absence d'anonymat, mais aussi des firmes qui ont besoin de plus en plus de sous-traitants flexibles, les PME présentant ces capacités de flexibilité réelle. Nonobstant, elles souffrent de handicaps : effet de ciseaux dans les délais de paiement, insuffisance des fonds propres, petite taille ne leur permettant pas une position affirmée lors des négociations soit avec les clients, soit avec les fournisseurs, très difficile accès au crédit.

La France a donc le particularisme d'être le pays des PME, paradoxe d'autant plus surprenant dans le capitalisme à la française que c'est le pays du colbertisme, l'un des premiers à avoir compté de grandes unités manufacturières.

FICHE 40 LE CAPITALISME À LA FRANÇAISE

Le système capitaliste présente des différences, voire des divergences, selon les pays. En effet, des dates du take-off *aux adaptations juridiques, économiques sociales, démographiques..., les systèmes se sont modelés pour trouver un équilibre qui leur est propre. Après les années de crise (décennies 1970, 1980), quatre types de capitalisme étaient assez bien repérés (R. Boyer) : le capitalisme rhénan, le capitalisme anglo-saxon, le capitalisme japonais et le capitalisme à la française, nommé aussi « capitalisme colbertiste ». Aujourd'hui, la place de la finance dans la globalisation tend à effacer ces distinctions. Pourtant, les spécificités de l'économie française sont présentes surtout lorsque le patriotisme français s'affiche encore à l'heure de la mondialisation.*

1 LES COMPOSANTES DU CAPITALISME À LA FRANÇAISE

A Le capitalisme à la française et les autres

- Le capitalisme rhénan (présent en France, en Alsace, comme en Allemagne, Autriche, Italie du Nord, Pays-Bas, Suisse...) se caractérise par la prédominance accordée au secteur productif, au long terme, aux relations sociales particulières (cogestion allemande). Le capitalisme japonais (présent aussi dans les nouvelles économies industrialisées d'Asie) affiche une étroite collaboration entre l'État et les grandes entreprises, véritables conglomérats. Le capitalisme anglo-saxon (dominant de plus en plus sous la puissance américaine) privilégie le court terme, les activités financières et le libéralisme dans les relations sociales.
- Le modèle français de capitalisme se distingue de toutes ces variantes. La présence de l'État, son impulsion, notamment avec la planification indicative, donne aux pouvoirs publics un rôle d'organisateur très fort. Les firmes, les marchés, les organisations professionnelles tiennent compte de la logique étatique. Les outils de cette dernière constituent une longue panoplie. Outre la planification indicative, quasiment abandonnée sous l'effet des chocs extérieurs des années 1970, elle compte les nationalisations, les privatisations avec les « noyaux durs » (*Fiche 36*), la politique industrielle, la production des firmes publiques, le service public...

B Le colbertisme renforcé par le jacobinisme

- L'origine de la spécificité du capitalisme à la française est liée au ministre de Louis XIV, Jean-Baptiste Colbert ; l'aspect le plus positif de son activité a été de donner un puissant encouragement à l'industrie, pour susciter, avec la présence de l'État, des manufactures pour accroître les exportations et enrichir le pays. Cette impulsion a été suivie par les gouvernements successifs qui ont fait du rôle de l'État centralisateur, notamment, avec les jacobins, le vecteur du développement ; les « politiques économiques » du Second Empire comme celles de la République n'ont fait qu'accentuer cette orientation fondamentale et spécifique.

- Depuis le milieu de la décennie 1980, le colbertisme perd de son importance ; l'impact dominant du capitalisme financier est réel, le capitalisme anglo-saxon apparaissant le plus adapté aux conditions économiques actuelles. Mais d'autres facteurs jouent : les politiques budgétaires, monétaires, agricoles, industrielles sont de plus en plus soumises à la contrainte européenne. La France ne pouvait plus se positionner dans un isolement relatif, avec un faible degré d'ouverture commerciale et une protection de ses marchés domestiques. Pourtant, bien des comportements soulignent un « patriotisme » qui est proche des canons du colbertisme.

2 Le patriotisme économique français actuel

A La sauvegarde des intérêts industriels français

- En 2006, le terme de « patriotisme » est réapparu dans les discours politiques pour dissuader les investisseurs étrangers, lors des tentatives de rachat d'entreprises françaises (cas des menaces d'offre publique d'achat de la firme indienne Mittal Steel sur Arcelor, du groupe italien Enel sur Suez). Le Parlement a voté une « loi anti-OPA » obligeant le « prédateur » à avertir l'Autorité des marchés financiers (AMF), l'entreprise visée pouvant se protéger en émettant des bons de souscription d'actions rendant très coûteuse l'OPA.
- Le but est proche des objectifs de J.-B. Colbert : améliorer les activités nationales, exporter les meilleurs produits, favoriser des rentrées de capitaux… C'était aussi le but de Charles de Gaulle pour « favoriser des champions nationaux » pour faire face aux défis de la construction européenne et de la mondialisation. La France est l'un des rares pays occidentaux à avoir publié, en 2005, une liste d'activités stratégiques à protéger contre tout *raider* : appareils de détection, casinos, productions d'armes chimiques, sécurité privée… ; cette liste augmente considérablement les productions habituellement classées « secret défense » dans toute économie.

B Les éléments probants du maintien du colbertisme

- Les pays étrangers sont étonnés des comportements patriotiques français. Le slogan de 1988, « Je suis Français, j'achète français », est resté dans les mémoires, alors qu'il devient de plus en plus difficile d'attribuer une nationalité à la majorité des produits courants. La sauvegarde des intérêts français passe aussi par une multiplication de formations sur l'« intelligence économique » qui ne se rencontre guère ailleurs (sauf dans les écoles supérieures de guerre) ; le mastère du groupe HEC (hautes études commerciales) sur le management des risques internationaux illustre bien cette position. Est-ce alors tout simplement pour défendre l'emploi en France, pour respecter un repli identitaire ?
- Le capitalisme français se caractérise aussi par une domination des participations croisées franco-françaises, avec des entreprises nationales détenant des titres d'autres sociétés. C'est une attitude défensive pour contrecarrer les tentatives d'OPA étrangère (donc hostiles, par nature…). Si de grands réseaux se sont affaiblis (Suez), d'autres continuent de prospérer (Alcatel-Videndi-Société générale). Les grands investisseurs institutionnels possèdent plus de 40 % de la capitalisation boursière en France. Si les chefs d'entreprise participent de plus en plus à l'ouverture de l'économie, les actionnaires ont pris le relais pour éviter toute dilution du capitalisme français.

Le capitalisme à la française est original et spécifique. Pourtant, l'économie française est très ouverte ; les grandes entreprises nationales développent des stratégies internationales.

PARTIE V

BUDGET ET DÉPENSES DE LA PUISSANCE PUBLIQUE

FICHE 41

LE BUDGET DE L'ÉTAT

Le budget de l'État est défini comme l'ensemble des documents qui prévoient et autorisent les ressources et les charges de l'État. C'est un acte de prévision et d'autorisation de perception des impôts et aussi de dépense des deniers publics. Selon le principe d'annualité, le Parlement doit donner chaque année au gouvernement le droit de percevoir l'impôt, ce qui lui permet de contrôler l'usage des fonds publics.

1 PRÉSENTATION GÉNÉRALE

A Quelques points de repère

- L'élaboration du budget se fait tout au long de l'année civile. Dès janvier, le gouvernement détermine sa stratégie budgétaire et répartit les crédits entre les politiques ministérielles et interministérielles ; à partir de janvier et jusqu'en septembre, le Parlement questionne le gouvernement sur les mesures déclinées en programmes et actions. Le Conseil des ministres adopte ensuite le projet de loi de finances et le dépose devant le Parlement qui le discute dans le cadre du débat budgétaire, jusqu'en décembre (le Parlement a 70 jours pour discuter le budget). Le Sénat et l'Assemblée peuvent proposer des amendements, mais doivent rester dans le cadre financier fixé par le gouvernement.
- L'action de la puissance publique ne se réduit pas à la sphère étatique : lorsqu'on évoque les finances publiques, on fait certes référence aux administrations publiques centrales (l'État) mais aussi aux administrations publiques locales (collectivités locales) ainsi qu'à la Sécurité sociale. Par exemple, pour l'année 2005, si l'État a dépensé 388,1 milliards d'euros, il convient d'y ajouter 187,5 milliards d'euros de dépenses des administrations publiques locales, ainsi que 421,7 milliards d'euros de dépenses de sécurité sociale pour mesurer le poids des dépenses publiques dans l'économie.
- En France, le poids du secteur public est relativement important dans l'économie puisque les dépenses totales des administrations publiques représentent 53,9 % du produit intérieur brut en 2005 ; pour relativiser ce phénomène, on fera toutefois observer que les dépenses françaises des administrations publiques sont inférieures à celles d'autres pays d'Europe.

B Le solde budgétaire

- Le solde budgétaire est la différence entre les recettes et les dépenses de l'État ; lorsque, au cours d'une année, le montant des dépenses est égal au montant des recettes, on parle d'équilibre budgétaire ; lorsque le montant des recettes est supérieur au montant des dépenses, on dit que le budget est excédentaire ; lorsque le montant des recettes est inférieur au montant des dépenses, le budget est alors déficitaire.
- Le solde budgétaire de la France est déficitaire depuis de nombreuses années ; en 1983, il était de 19760 millions d'euros ; en 1993, il se situait à 48120 millions d'euros et, en 2003, il atteignait le chiffre record de 56946 millions d'euros ; il n'y a guère que sur ces dernières années que le déficit est en baisse et, en 2005, pour la première fois depuis 2001, il est repassé en dessous de la barre des 3 % fixée par le traité de Maastricht.

- Plutôt que de considérer le solde budgétaire global, les économistes préfèrent mettre en avant la notion de solde structurel, corrigé des effets de la conjoncture. Le solde conjoncturel est l'impact de la situation de l'économie sur le solde des administrations publiques. Lorsque le produit intérieur brut est inférieur à son niveau potentiel, on enregistre un déficit de recettes fiscales ; inversement, si le produit intérieur brut est supérieur à son niveau potentiel, on enregistre un excédent de recettes fiscales.

2 Les orientations budgétaires actuelles

A Vers un déficit en baisse

- Le projet de loi de finances 2007 a été présenté le mercredi 27 septembre 2006 en Conseil des ministres. Le déficit du budget de l'État est fixé à 41,6 milliards d'euros, ce qui représente 1,1 milliard de moins qu'en 2006 ; le déficit de 2006 (42,7 milliards d'euros) est lui-même en baisse par rapport à ce qui était prévu dans la loi de finances (46,9 milliards d'euros), grâce à de bonnes rentrées fiscales. La réduction des dépenses de l'État s'explique aussi par les économies réalisées et, notamment, celles liées à la suppression de 15 019 postes de fonctionnaires, dont près de la moitié dans l'Éducation nationale, 3 000 à la Défense et presque autant au ministère de l'Économie.
- Ce budget qui, rappelons-le, est un document prévisionnel, repose sur quelques hypothèses stratégiques : une première hypothèse est le prix du pétrole anticipé à 70 dollars le baril (un pétrole cher freine la croissance, ce qui diminue les rentrées fiscales) ; une deuxième hypothèse est la parité euro-dollar fixée à 1,28 ; une troisième hypothèse est le rythme de croissance du produit intérieur brut, évalué entre 2 % et 2,5 % l'an prochain, ce qui est conforme aux attentes du Fonds monétaire international (2,3 % en 2007). La croissance française devrait être soutenue par la création d'emplois : 250 000 sont attendus en 2007, après 260 000 en 2006.

B La priorité affichée à l'emploi

- Si l'on s'en tient au document comptable, les crédits de la mission « Travail et emploi », qui regroupait l'accompagnement des chômeurs, les contrats aidés ou encore la formation professionnelle, sont en baisse de 4 % (12,64 milliards d'euros en 2007) ; mais si on inclut les exonérations de charges et les dépenses fiscales, qui n'apparaissent plus dans la mission « Travail et emploi » depuis la loi organique relative à la loi des finances, les sommes consacrées par l'État à l'emploi totalisent 41,8 milliards d'euros, soit une augmentation de 6 % par rapport à 2006.
- Les allègements de cotisations sociales accordés aux entreprises sont, en effet, en forte hausse, représentant à eux seuls la moitié des sommes consacrées à l'emploi.
- Par ailleurs, si les sommes consacrées à l'accès et au retour à l'emploi (financement du service public de l'emploi, contrats aidés, orientation et accompagnement des jeunes et des seniors) apparaissent en repli, la revalorisation de la prime pour l'emploi, qui bénéficie à 8,8 milliards de foyers fiscaux, coûtera 3,2 milliards d'euros en 2007.

La volonté du gouvernement de réduire le déficit public a pour finalité de ramener le niveau d'endettement public à 60 % du produit intérieur brut, conformément aux critères européens. Évidemment, cette politique ne va pas dans le sens d'un soutien à l'investissement public, qui demeure, pour les keynésiens, le moteur d'une croissance durable créatrice d'emplois.

FICHE 42 IMPÔTS ET COTISATIONS SOCIALES

Le thème du poids excessif des prélèvements obligatoires s'est affirmé au début des années 1970, inspiré des thèses libérales d'Arthur Laffer (« Trop d'impôt tue l'impôt »). Depuis trente ans, l'évolution des prélèvements obligatoires a été orientée à la hausse, en quatre étapes: de 1973 à 1984, le taux de prélèvements obligatoires mesuré par rapport au PIB est passé de 34 % à 43,6 %; il s'est réduit momentanément de 1984 à 1993 pour atteindre, à cette date, 43,3 %; les six années suivantes sont marquées par une nouvelle hausse de la pression fiscale (45,5 % en 1999); depuis, ils ont été réduits jusqu'en 2002 (43,8 %) pour se stabiliser ensuite (44 % en 2005).

1 La situation de la France comparée aux autres pays occidentaux

A Définition et niveau des prélèvements

- La notion de prélèvements obligatoires a été à l'origine définie par l'OCDE comme l'ensemble des versements effectifs opérés par tous les agents économiques au secteur des administrations publiques. En pratique, les prélèvements obligatoires recouvrent les impôts (incluant les taxes) et les cotisations sociales effectives obligatoires reçues par les administrations publiques.
- Les cotisations sociales sont des prélèvements effectués sur les salaires et affectés aux dépenses de sécurité sociale. En revanche, les impôts directs et indirects sont prélevés sur des bases très diverses (revenus, patrimoine, biens et services, sociétés) et leur produit n'est, en principe, pas affecté à une dépense déterminée. Cette distinction n'est toutefois pas toujours pleinement respectée puisque les deux nouveaux impôts que sont la contribution sociale généralisée (CSG) et la contribution au remboursement de la dette sociale (CRDS) (qui sont perçus à la fois sur les revenus du travail et du patrimoine) sont affectés au financement de la protection sociale.
- En 2005, le total des prélèvements obligatoires représente 752,2 milliards d'euros, dont 279,7 milliards de cotisations sociales et 472,5 milliards d'impôts. Parmi ces 472,5 milliards, la taxe à la valeur ajoutée (TVA) est l'impôt qui rapporte le plus (125,8 milliards), suivie de la CSG (72 milliards), de l'impôt sur le revenu des personnes physiques (49,4 milliards), de l'impôt sur les sociétés (40,6 milliards), de la taxe intérieure sur les produits pétroliers (24,3 milliards), de la taxe professionnelle (20,7 milliards), de la taxe foncière (20,1 milliards) et de la taxe d'habitation (11,3 milliards).

B Comparaisons internationales

- Le taux des prélèvements obligatoires apparaît relativement élevé en France par rapport aux autres pays développés: en 2003, si l'on s'en tient aux critères de l'OCDE, il s'élevait à 44,2 % en France, 35,3 % au Royaume-Uni, 36,2 % en Allemagne, 26,5 % aux États-Unis et 36,3 % en moyenne.
- Du point de vue de la structure de la fiscalité, on constate que la France, comme l'ensemble de l'Union européenne à 15, impose beaucoup plus les biens (impôts

indirects) et les salaires (cotisations sociales) que les États-Unis ; à l'inverse, les taux d'imposition sur les revenus et les patrimoines des ménages sont légèrement supérieurs aux États-Unis. Au sein de l'ensemble européen, la France se caractérise par un niveau de cotisations sociales (16,7 % du PIB en 2003) et de taxation du patrimoine des ménages nettement supérieur à la moyenne de l'Union européenne.

2 ÉVOLUTION DES PRÉLÈVEMENTS OBLIGATOIRES DEPUIS TRENTE ANS

A Les cotisations sociales

- Dans les années 1970 et la première moitié des années 1980, les taux de cotisations sociales ont considérablement augmenté. À partir du début des années 1990, les divers gouvernements ont multiplié les exonérations de cotisations sociales patronales dans le but de stimuler l'emploi des salariés peu qualifiés. En 2004, ces exonérations représentent 17 milliards d'euros, soit 1,1 % du PIB.
- Simultanément, l'État a dû compenser à la Sécurité sociale le coût de ces exonérations ; il a surtout créé la contribution sociale généralisée (CSG) en 1991, dont la substitution partielle aux cotisations sociales, en 1998, a permis d'élargir l'assiette de financement de la Sécurité sociale.

B Les impôts

- En 1970, les impôts sur les revenus des ménages étaient très faibles (3,7 % du PIB, contre 10,1 % aux États-Unis) ; de nos jours, ils ont considérablement augmenté (de 11,6 % en 1980 à 17,3 % en 2002). Ce résultat est le fruit de deux tendances contradictoires : d'une part, l'importance relative de l'impôt sur le revenu des personnes physiques a nettement décru, d'autre part, la création de la CSG a permis de dégager rapidement des revenus considérables, puisque celle-ci rapporte maintenant 50 % de plus que l'impôt sur le revenu.
- Au cours des vingt dernières années, l'impôt sur les bénéfices des sociétés a beaucoup évolué : le taux normal de l'impôt sur les sociétés, qui était de 50 % entre 1965 et 1985, a progressivement été réduit pour atteindre 33,3 % entre 1993 et 1994 ; il a ensuite augmenté jusqu'à 41,67 % en 1997-1998, avant de baisser à nouveau. Depuis 2001, il se situe à 34,33 % et a été ramené à 33,3 % en 2006.
- Les impôts indirects sont constitués de la taxe à la valeur ajoutée et des accises (droits de consommation sur les tabacs, les alcools, taxe intérieure sur les produits pétroliers). La TVA est l'impôt qui rapporte le plus de recettes à l'État. Les taux appliqués ont varié plusieurs fois : en 1992, il y avait trois taux : un taux de 2,1 % sur les journaux, un taux réduit de 5,5 % et un taux dit normal de 18,6 % ; en 1995, le gouvernement Juppé a relevé le taux normal à 20,6 % ; en 2000, ce taux a été rabaissé à 19,6 % par le gouvernement Jospin et le taux réduit s'applique désormais aux travaux dans le logement et aux services d'aide à la personne.

Malgré les transformations accomplies, la fiscalité française n'a toujours pas surmonté deux problèmes majeurs : le premier problème est la faible progressivité des prélèvements obligatoires versés par les ménages, puisque cette progressivité repose essentiellement sur l'impôt sur le revenu dont le rendement est faible dans notre pays ; le second problème est que le travail demeure fortement taxé en France.

FICHE 43

LES DÉPENSES PUBLIQUES

Les dépenses publiques sont les dépenses effectuées par l'État, les administrations de sécurité sociale et les collectivités locales. En 2005, les dépenses publiques de la France atteignent 53,8 % du PIB, après 53,2 % en 2004. Ce niveau de dépenses publiques est assez important, situant la France à près de 6 points au-dessus de la moyenne de la zone euro.

1 LES DÉPENSES PUBLIQUES

A Panorama global des dépenses publiques

- En 2005, les dépenses des administrations publiques atteignent 919,7 milliards d'euros ; ces dépenses peuvent être classées en trois catégories. La première est celle des dépenses de fonctionnement qui servent à la bonne marche des services publics sans y apporter d'amélioration (dépenses courantes de personnel et d'entretien) ; elles représentent 324 milliards d'euros, dont 227 milliards pour la seule rémunération des salariés. La deuxième est celle des dépenses de transfert, principalement la fourniture de services publics comme l'hospitalisation ou l'enseignement à titre gratuit, ou en numéraire (subventions aux entreprises, pensions de retraite, allocations familiales, minima sociaux...) ; elles représentent 491,8 milliards d'euros dont 402 milliards de prestations sociales. La troisième est celle des dépenses d'investissement qui visent à renouveler ou à accroître le capital public (ex. : achats de matériels, construction de bâtiments et d'infrastructures) ; elles représentent 57,8 milliards d'euros.
- Si on examine la structure des dépenses par postes, on constate que le premier poste de dépenses (42,2 %, soit 387,7 milliards d'euros) est consacré à la protection sociale : risques retraite, chômage, famille, exclusion, dépendance. Le deuxième poste de dépenses est les dépenses de santé des administrations publiques (125,6 milliards) et, si on les agrège aux dépenses de protection sociale, on constate que 55,8 % des dépenses sont consacrées à la couverture des risques sociaux. Le troisième poste de dépenses est constitué par les services généraux (13,4 % des dépenses). Le quatrième poste de dépenses est l'enseignement (11,5 % des dépenses totales) ; un peu plus des deux tiers (69,4 %) sont à la charge de l'État qui rémunère les enseignants ; la partie restante se partage entre les administrations locales chargées de l'entretien des écoles, collèges et lycées (28,7 %) et les universités et grandes écoles (6,9 %). Le reliquat des dépenses publiques est composé des dépenses d'affaires économiques (5,4 %), de défense (3,6 %), de logement et d'équipements collectifs (3,4 %), de loisirs, culture et culte (2,8 %), d'ordre et de sécurité publics (2,6 %) et de protection de l'environnement (1,5 %).

B Les dépenses de l'État et des collectivités locales

- Les principales dépenses de l'État sont consacrées aux services publics généraux (82,3 milliards, dont l'essentiel est les charges des intérêts de la dette d'État), à l'enseignement (73,3 milliards, dont 81,4 % pour les salaires des enseignants), à la protection sociale (61,7 milliards qui couvrent surtout le versement de prestations : retraites des fonctionnaires, pensions d'anciens combattants, allocations diverses), aux missions d'intervention et de régulation de la vie économique (12,2 % des dépenses) et à la défense nationale (8,5 % des dépenses).

- Les collectivités locales sont les principales contributrices à l'investissement public ; parmi ces investissements, on trouve des dépenses de logement et d'équipements collectifs, de construction et de rénovation d'établissements scolaires, de construction d'équipements de loisirs ainsi que de protection de l'environnement. La fonction principale des collectivités locales est donc de contribuer à l'aménagement du territoire.

2 Les dépenses publiques mises en perspectives

A Évolution des dépenses publiques

- Le premier point marquant est l'accroissement séculaire des dépenses publiques qui n'est pas un phénomène propre à la France mais qui touche l'ensemble des pays de l'OCDE. Trois vagues d'augmentation peuvent être identifiées à cet égard : la première lors de la Première Guerre mondiale (de 12,6 % du PIB en 1912 à 32,8 % en 1920) ; la deuxième pendant la Seconde Guerre mondiale et à la Libération, pour atteindre un sommet à 40,8 % du PIB en 1947 ; la troisième est une progression quasi continue entre 1960 et 1985, avant une diminution légère dans la plupart des pays de l'OCDE, mais pas en France où elle fluctue depuis lors autour d'un peu plus de 50 % au gré de la conjoncture.
- Le deuxième point marquant est la déformation de la structure des dépenses de l'État : les dépenses régulières traditionnelles (diplomatie, défense, police, justice) ne représentent plus qu'un dixième de la dépense publique, contre plus de la moitié au début du XXe siècle ; en revanche, les missions nouvelles (enseignement, santé, interventions dans l'économie) se sont considérablement accrues.
- Le troisième point marquant, toujours sur la période récente, est la forte augmentation des dépenses des administrations publiques locales (2,6 points de PIB entre 1980 et 2003), ceci en partie dû aux transferts de compétence de l'État vers les collectivités locales dans les années 1980.

B Comparaisons internationales

- En 2003, la France se situe au 4e rang du point de vue de la part des dépenses publiques dans le PIB (53,4 %) après la Suède (58,2 %), le Danemark (54,9 %) et la République tchèque (53,5 %).
- Dans tous les pays, le poids des dépenses de santé et de protection sociale est prépondérant ; dans le domaine de l'enseignement, la France occupe la 6e position (6,4 % du PIB) ; en revanche, et il y a là une spécificité sur laquelle il faut insister, les dépenses publiques françaises d'ordre et de sécurité publics sont parmi les plus faibles d'Europe (1,3 %).

La politique de maîtrise des dépenses publiques est une nécessité d'autant plus que les engagements européens contraignent l'évolution des finances publiques. Toutefois, en pratique, la maîtrise est difficile d'autant plus que les efforts portent sur les dépenses les plus faciles à réduire, c'est-à-dire les investissements publics, l'aide au développement, les budgets de fonctionnement des administrations, qui ne sont certainement pas les dépenses les moins importantes pour la nation.

FICHE 44 LA FISCALITÉ LOCALE FRANÇAISE

Ouvert au quatrième trimestre 2002 par une loi constitutionnelle adoptée en mars 2003 et complétée par la loi du 13 août 2004 relative aux libertés et aux responsabilités locales, le grand chantier législatif de la décentralisation implique un certain nombre de transferts de compétences aux collectivités territoriales. Si les communes sont peu concernées, il n'en est pas de même pour le département et la Région qui se sont vus confier de nouvelles responsabilités.

1 Les ressources des collectivités locales

A La fiscalité directe locale

La fiscalité directe locale comporte quatre impôts principaux qui constituent à peu près la moitié des recettes des collectivités (62,26 milliards d'euros en 2004). En premier lieu, on trouve la taxe d'habitation, qui est due par l'occupant d'un immeuble affecté à l'habitation, calculée d'après la valeur locative des immeubles ; cette taxe d'habitation a rapporté 12,51 milliards d'euros en 2004. En deuxième lieu figure la taxe foncière sur les propriétés bâties, due par les propriétaires ou usufruitiers des immeubles, dont le produit a rapporté 16,47 milliards d'euros en 2004. La taxe foncière sur les propriétés non bâties est le troisième impôt local qui procure un revenu plus modeste (0,92 milliard d'euros en 2004). Enfin, le quatrième impôt local est la taxe professionnelle acquittée par les personnes physiques ou morales exerçant une activité professionnelle non salariée (produit : 23,62 milliards d'euros en 2004). Promise depuis trois ans par le président Chirac, la réforme de cet impôt entrera en vigueur au 1er janvier 2007 ; à partir de cette date, la cotisation de taxe professionnelle sera plafonnée à 3,5 % de la valeur ajoutée pour toutes les entreprises (alors que, jusque là, trois plafonds cohabitaient en fonction du chiffre d'affaires, à savoir : 3,5 % 3,8 % et 4,0 %) et les nouveaux investissements seront exonérés de taxe professionnelle pendant les trois premières années d'amortissement (à 100 % la première année, 66 % la deuxième et 33 % la troisième). On estime que le produit de cet impôt local, du fait des mesures mentionnées, devrait baisser de 2,7 milliards d'euros.

B Les autres ressources

- Elles sont constituées d'abord de la fiscalité indirecte qui revient prioritairement aux départements et aux régions (9,65 milliards en 2004) ; il s'agit essentiellement des droits de mutation et des taxes sur les véhicules à moteur (vignette automobile, taxes sur les cartes grises et permis de conduire).
- Mais elles proviennent surtout des concours financiers de l'État aux collectivités locales, qui représentent 58 milliards d'euros en 2003, 61 milliards en 2004 et 64 milliards en 2005 ; ces concours sont essentiellement constitués par des subventions dans le cadre d'un système de financement qui demeure assez opaque.
- Quoiqu'il en soit, on constate que l'État occupe une grande place dans le financement des collectivités locales ; depuis une dizaine d'années l'autonomie fiscale des collectivités locales régresse, comme l'atteste le fait que la part des recettes autonomes dans le budget de ces collectivités diminue sans cesse. Pour ne

prendre que l'exemple de la région Île-de-France, on observe que les ressources fiscales autonomes représentent 29 % de son budget, contre 56 % avant 1999.

2 La nécessaire réforme du financement des collectivités locales

A Des difficultés financières indéniables

- Pour que la décentralisation ne s'accompagne pas de vives tensions, il est indispensable que les transferts de compétences de l'État vers les collectivités locales soient accompagnés d'un transfert de ressources équivalent.
- À première vue, le compte n'y est pas pour la gestion du revenu minimum d'insertion (RMI) confiée désormais aux conseils généraux, puisque le Premier ministre a dû accorder une rallonge de 400 millions d'euros jusqu'en 2008 pour faire face à l'augmentation du nombre d'allocataires (+ 6,2 % en 2005). Le compte n'y est pas non plus pour ce qui revient au régions, que ce soit le schéma des transports (dans la région Île-de-France, le président estime que sur 100 euros d'impôts supplémentaires, 26 iront aux transports) ou pour la gestion des personnels techniciens de service des lycées et les services de l'inventaire du patrimoine (déficit estimé à 31 millions d'euros pour la région Bourgogne)
- Au total, il est patent que la hausse de la fiscalité locale est bien réelle dans la plupart des régions (les impôts régionaux ont augmenté en moyenne de 21 % en 2005 et de 7,5 % en 2006).

B Les réformes envisagées

- Au-delà des difficultés que l'on vient d'évoquer, cela fait longtemps que la réforme de la fiscalité locale est envisagée. Tous les experts dénoncent en effet l'archaïsme des bases d'imposition, les inégalités qui concernent aussi bien les territoires que les contribuables, le manque de lisibilité de la gestion locale ou encore le coût de gestion excessif pour l'État.
- Jusqu'à présent, seuls des aménagements locaux (exonérations, dégrèvements) du type de celui que l'on a présenté pour la taxe professionnelle ont été réalisés.
- Trois voies de réforme sont désormais envisagées : la première voie est celle de la suppression de la fiscalité locale pour ne conserver que les dotations d'État (peu réaliste dans un climat de décentralisation) ; la deuxième voie est celle du maintien de l'architecture de la fiscalité locale, avec une modernisation nécessaire (par exemple : le revenu pourrait être pris en compte dans l'assiette de la taxe d'habitation) ; la troisième voie est celle de la refonte de l'architecture de la fiscalité locale, soit en spécialisant les impôts par niveau de collectivité, soit en remplaçant les impôts locaux actuels par de nouveaux impôts locaux.

La refonte des impôts locaux est nécessaire dans le contexte de l'augmentation des dépenses publiques locales (10,8 % du produit intérieur brut aujourd'hui, 8,3 % il y a 20 ans). Elle est d'autant plus indispensable que la France est en situation atypique par rapport au reste de l'Europe. En effet, alors qu'en France, le poids financier des collectivités locales est assez faible et l'autonomie fiscale réelle, l'Europe se caractérise par une faible autonomie des collectivités locales et un poids financier élevé des administrations publiques locales (13,9 % du PIB en moyenne).

FICHE 45 LE MODÈLE DE L'ÉTAT-PROVIDENCE FRANÇAIS

La conception de l'État-providence français, construite progressivement au cours du XXe siècle, a été exposée à de fortes secousses au cours de ces deux dernières décennies. Alors que l'État était omniprésent dans la vie des Français, sa capacité d'action s'est désormais affaiblie. On voit émerger un nouvel État qui présente un certain nombre de points communs avec celui des autres pays occidentaux.

1 La France face aux différents modèles d'État-providence

A Les trois régimes d'État-providence

- Le premier régime est l'État-providence libéral qui accorde un rôle principal aux mécanismes du marché en limitant sa protection aux individus les plus faibles. Dans ce modèle, la politique sociale intervient quand les solidarités primaires (familiales et professionnelles) ou le marché se sont révélés incapables de répondre aux besoins. Dans tous les cas, l'intervention publique ne saurait être que temporaire et palliative. On trouve ce modèle en Australie, au Canada, au Japon, en Suisse et, à un moindre degré, au Royaume-Uni.
- Le deuxième régime est le régime conservateur-corporatiste, ou modèle industriel méritocratique, ou encore régime bismarckien. C'est un modèle d'assurance sociale obligatoire généralisée, adossé au travail salarié, visant au maintien des revenus lorsque les circonstances de la vie mettent le travailleur en dehors de la sphère de production. On le trouve en Autriche, en Belgique, en Allemagne, en Italie et en France (on reviendra plus bas sur la complexité du cas français).
- Le troisième régime est le régime de l'État social universaliste, souvent associé au modèle nordique de société. Il se caractérise par un niveau élevé de protection sociale pour tous et une offre importante de services sociaux ; il vise aussi à assurer une sécurité sociale minimale à chaque citoyen par le biais d'une contribution forfaitaire. Ce modèle est parfois qualifié de beveridgien ou encore de variante institutionnelle redistributive.

B Le système français de protection sociale

- De 1945 à la fin des années 1970, le développement des institutions de sécurité sociale en France obéit surtout à une inspiration bismarckienne. Le système vise en premier lieu à protéger les travailleurs. Les droits sociaux sont des droits acquis par le biais du versement de cotisations sociales prélevées sur les salaires et les prestations sont proportionnelles aux salaires ; en même temps, la gestion du système est confiée aux représentants des salariés et des employeurs, afin de ne pas la confier directement à l'État.
- Quand on y regarde de plus près, il semble cependant que le plan français de sécurité sociale, s'il repose avant tout sur une logique bismarckienne (assurance sociale), intègre aussi des principes beveridgiens puisqu'il vise aussi à l'universalité du système de protection sociale, en même temps qu'il ne néglige pas pour autant des objectifs purement démographiques (redressement démographique du pays par exemple dans le contexte de l'après-guerre).

- À la fin des années 1970, ce modèle est ébranlé par les changements de l'environnement économique et social. Alors que la logique sociale tend à vouloir préserver avant tout les « acquis », la logique économique, centrée sur l'offre, impose la réduction des déficits. Dans une telle configuration, plutôt que de réduire les prestations les gouvernements successifs préfèrent augmenter les cotisations sociales. S'il est en effet difficile de réduire des prestations généreuses qui couvrent l'ensemble de la population, il est relativement aisé d'augmenter les cotisations.

2 Évolution de l'État-providence français

A Recul de l'assurance au profit de l'assistance sociale

- Au début des années 1990, il apparaît clairement qu'il n'est plus possible de financer la croissance des dépenses sociales par une augmentation des prélèvements sociaux. Cependant, alors que dans les pays anglo-saxons on tente de réduire les dépenses sociales avec un discours critique envers l'État-providence, le discours français se donne pour objectif de sauver la Sécurité sociale pour « sauvegarder le meilleur système de santé du monde ». Cette exigence explique que les négociations conduites avec les partenaires sociaux sont toujours construites sur le même modèle : tandis qu'on garantit aux patrons qu'il n'y aura pas d'augmentation de leurs cotisations sociales, les salariés acceptent une diminution des prestations d'assurance sociale en échange de la prise en charge par l'État des prestations dites non contributives.
- Du point de vue financier, cette nouvelle logique implique une fiscalisation croissante, à travers les dispositifs d'exonération des charges sociales et la place grandissante donnée à la contribution sociale généralisée (CSG). Du point de vue des dépenses, les prestations sont de plus en plus sélectives et les actions de plus en plus ciblées sur les plus démunis : l'accent mis sur la lutte contre l'exclusion justifie la création de la couverture maladie universelle (CMU) par la loi du 27 juillet 1999 et on assiste aussi à un développement des actions en direction des catégories particulièrement vulnérables.

B Une nouvelle philosophie de la protection sociale

- Toutes les nouvelles prestations dont on vient de parler relèvent d'une autre conception de la protection sociale fondée sur des principes étrangers au répertoire traditionnel français et proche du modèle libéral dont l'essence est de s'appuyer sur une protection sociale privée, pour ceux qui le peuvent, et sur des prestations ciblées pour les démunis, financées par l'impôt.
- Simultanément, on assiste à une inversion des valeurs associées à la sécurité sociale : alors que celle-ci s'intégrait parfaitement au compromis des Trente Glorieuses qui articulait la croissance économique avec la croissance de l'État social, sa contribution est maintenant parfois perçue comme étant négative. C'est ainsi qu'elle peut être accusée de détériorer la croissance française par son mode de financement qui grève la compétitivité des entreprises en pesant sur le coût du travail.

Les évolutions récentes du système de protection sociale tendent donc à fragmenter celui-ci, ses bénéficiaires ainsi que ses acteurs. Toutefois, la mutation de l'État-providence ne signifie pas que celui-ci soit frappé d'obsolescence. Dans un monde où les risques se multiplient, l'État reste plus que jamais une institution majeure d'intégration sociale.

FICHE 46

LA SANTÉ EN FRANCE

D'après l'Organisation mondiale de la santé (OMS), la France dispose du meilleur système de soins au monde. Ceci dit, de nombreuses questions se posent sur ce système, comme celles relatives à la maîtrise des dépenses, à la place des caisses d'assurance maladie, au « droit à la santé », ou encore aux attentes des usagers.

1 Les dépenses de santé

A Les comptes de la santé

- Le premier agrégat pour mesurer la place que la nation consacre à la santé est la consommation médicale totale qui regroupe la consommation de soins et de biens médicaux (114,8 milliards d'euros en 2004), c'est-à-dire les soins hospitaliers (64,3 milliards d'euros), les soins ambulatoires (médecins, dentistes, auxiliaires médicaux, laboratoires d'analyse et cures thermales pour une valeur de 39,6 milliards d'euros), les transports des malades (2,6 milliards d'euros), les biens médicaux (médicaments, optique, prothèses, petits matériels et pansements pour une valeur de 38,3 milliards d'euros) auxquels vient s'ajouter la médecine préventive (2,8 milliards d'euros).
- Le deuxième agrégat est la dépense courante de santé, qui est l'ensemble des sommes effectivement engagées pour le financement du système de santé, et qui couvre un domaine plus large que la consommation médicale totale puisqu'elle intègre les indemnités journalières, les subventions reçues par le système de santé, les dépenses de prévention collective, de recherche et de formation médicales, ainsi que celles de la gestion de l'administration sanitaire. La dépense courante de santé est de 183,5 milliards d'euros en 2004, soit en moyenne 2951 euros par habitant.
- Le troisième agrégat est la dépense nationale de santé, concept utilisé par l'OCDE pour permettre des comparaisons internationales. Pour l'année 2004, la dépense nationale de santé de la France représente 10,5 % du PIB.

B Évolution des dépenses de santé et de leur financement

- Depuis l'année 2000, le taux de croissance annuel de la dépense totale de santé est toujours supérieur à 5 % en France ; cette croissance est un phénomène structurel, comme le montre l'exemple des pays étrangers. En 2000, les dépenses de santé ont augmenté de plus de 7 % au Royaume-Uni, en Italie, en Espagne et au Canada, et de 6,5 % aux États-Unis.
- De 1960 à nos jours, on peut dire que la tendance générale de l'évolution du financement de la dépense courante de santé a été celle d'une socialisation croissante. En effet, en 1960, 53 % de cette dépense était financée par la Sécurité sociale et la part laissée aux ménages était un peu supérieure à 30 % ; en 2004, la part de la Sécurité sociale dans le financement de la dépense courante de santé est de 77 % et la part du financement laissé à la charge des ménages n'est plus que de 9,1 %.
- D'autres tendances apparaissent également du fait des changements intervenus dans la règle de la couverture des soins. Puisque la couverture assurée par l'assurance maladie a progressivement décru en raison de la mise en place d'outils des-

tinés à maîtriser les dépenses de sécurité sociale et que les dépenses qui augmentent le plus sont celles qui sont les moins bien remboursées (dentiste, optique, médicaments), on observe une augmentation du financement par les ménages, surtout de manière indirecte par le versement de cotisations à des organismes de protection complémentaire (mutuelles, sociétés d'assurance, institutions de prévoyance). Un autre point à mettre en relief est l'augmentation de la part de l'État dans le financement de la dépense courante de santé (1,1 % en 2000, 1,3 % en 2001, 1,4 % en 2004) sous l'influence de l'effet de l'instauration de la couverture maladie universelle (CMU) créée le 1er janvier 2000 pour les plus démunis.

2 Quelques interrogations persistantes

A L'objectif de maîtrise des dépenses

- Depuis 1996, le niveau annuel des dépenses de santé est fixé par le Parlement. Mais comme aucune mesure concrète ne vient contraindre les acteurs du système de soins, l'objectif est régulièrement dépassé. Faute de ces mesures contraignantes, on peut craindre que cet outil perde assez vite sa crédibilité pour devenir un indicateur d'échec de la maîtrise des coûts plutôt qu'un instrument de pilotage effectif.
- La réforme de 2004 de l'assurance maladie illustre la même volonté de rationaliser. Cette mesure instaure un dossier médical personnel qui devrait être un dossier médical unique et informatisé appartenant au patient ; le rôle du médecin traitant se trouve alors réaffirmé puisque celui-ci aura pour tâche de coordonner le dossier médical personnel et d'adresser le patient vers le professionnel le plus apte à traiter sa situation spécifique ; les patients qui ne souhaitent pas intégrer ce dispositif appelé « parcours de soin » se verront appliquer une majoration de la part restant à leur charge.

B Les inégalités qui subsistent

- Même si l'état de santé moyen de la population française a été considérablement amélioré depuis 1945, comme le montre la progression de l'espérance de vie à la naissance, des inégalités importantes subsistent ; elles sont d'abord liées au sexe, puisque les femmes vivent plus longtemps que les hommes ; elles tiennent aussi aux conditions socio-économiques. Les facteurs de risque sont beaucoup plus importants dans les catégories sociales moins favorisées et ils s'aggravent lorsque les ménages connaissent une situation de précarité.
- Les inégalités sont aussi liées à des écarts importants d'offre de soins selon les régions. En 2001, alors que le nombre moyen de lits de court séjour est de 4 pour 1 000 pour la France entière, il est de 3,5 en Poitou-Charentes, 4,9 en Limousin et 9 à Paris. La densité des médecins pour 1 000 habitants suit le même mouvement : elle est de 2,5 en Picardie contre 4,1 en Provence-Alpes-Côte d'Azur et cet écart se creuse encore pour les spécialistes.

Si aucune réforme d'ampleur ne vient restructurer le système de santé français, on peut craindre que celui-ci ne résiste pas à l'explosion prévisible des dépenses. Selon l'OCDE, les dépenses publiques de santé devraient doubler d'ici 2050 dans tous les pays développés, si les tendances actuelles se poursuivent. Dans ces conditions, le système où l'offre de soins est privée et la demande publique (puisque les dépenses de santé sont remboursées dans les grandes lignes) ne semble guère viable à long terme.

FICHE 47 LES RETRAITES EN FRANCE

Le Parlement a adopté, le 24 juillet 2003, le projet de loi sur la réforme des retraites. Pourquoi cette réforme ? Quelles étaient les différentes solutions envisagées à la crise de financement ? En quoi consiste exactement le projet de loi ?

1 Le système français de retraite

A Les principales caractéristiques

- En 1945, l'un des objectifs du plan français de sécurité sociale était de construire un régime d'assurance vieillesse généralisé et unique. Cette unification s'est révélée difficile car il n'était pas possible d'aligner purement et simplement les salariés du secteur privé sur le niveau de retraite garanti par les autres régimes. De ce fait, les régimes furent organisés sur une base socioprofessionnelle et il existe donc une juxtaposition de régimes différents. Le régime général couvre la plupart des salariés du secteur privé. Les salariés de la fonction publique, des collectivités territoriales, des chemins de fer, des mines, de l'agriculture et des autres entreprises publiques relèvent de régimes spéciaux. Quant aux non-salariés, ils disposent de trois organisations autonomes d'assurance vieillesse (artisans, industriels et commerçants, professions libérales) depuis la loi du 1er janvier 1948. De leur côté, les professions agricoles sont gérées de manière spécifique avec la Mutualité sociale agricole.
- Le système français de retraite est un système par répartition reposant sur la solidarité entre les générations. Ce sont les cotisations sur les salaires payées conjointement par les salariés et les employeurs qui servent à alimenter les pensions des retraités. Les régimes par capitalisation, qui existent pour différentes catégories de travailleurs (professions libérales, artisans et commerçants, régime complémentaire de certaines entreprises, régime supplémentaire des fonctionnaires), sont facultatifs et d'une importance limitée.
- Jusqu'à la réforme de 2003, les salariés devaient avoir 60 ans et justifier de 40 ans de cotisations pour bénéficier d'une retraite dans le régime général (les mêmes règles s'appliquent aussi aux artisans et aux commerçants). Dans le secteur public, la durée de cotisation était de 37 ans et demi et ceux-ci pouvaient, pour certaines catégories (militaires, policiers…), cesser leur activité avant 60 ans.

B Les difficultés du régime de retraite

- Les difficultés sont d'abord démographiques : depuis 2005, les générations du *baby-boom* sont arrivées à l'âge de la retraite ; cela signifie que, chaque année, le flux potentiel des nouveaux retraités est d'environ 800 000 personnes alors qu'il était d'environ 600 000 il y a encore quelques années. À cela s'ajoute le fait que l'allongement de l'espérance de vie entraîne un allongement de la durée de retraite. Le phénomène devrait se poursuivre puisqu'on estime qu'en 2040 l'espérance de vie à la naissance pourrait atteindre 81 ans pour les hommes et 89 ans pour les femmes.
- Mais les difficultés sont aussi économiques : à cause de l'entrée plus tardive des jeunes sur le marché du travail (allongement de la durée des études, chômage), et aussi du retrait d'activité précoce des plus âgés, la durée d'activité tend à se réduire.

- Tout cela a pour conséquence que la hausse du nombre des retraités ne peut pas être compensée par une augmentation de la population active. Même dans une conjoncture économique favorable, la part des dépenses de retraite dans le PIB passerait de 12,6 % en 2000 à 14,3 % en 2020 et à 16,7 % en 2040.

2 Les réformes engagées

A Les premières réformes

- Après le Livre blanc sur les retraites de 1991, la loi du 22 juillet 1993 a engagé une première réforme importante du régime général (secteur privé). Elle instaure que le nombre d'années nécessaire pour disposer d'une pension à taux plein passe à 40 annuités, que le salaire moyen de référence servant de base au calcul à la retraite est désormais fixé à partir des 25 meilleures années d'activité (et non pas à partir des 10 meilleures années) et que la pension est revalorisée annuellement selon l'indice des prix à la consommation et non plus selon l'évolution générale des salaires.
- En mai 1998, le Premier ministre a demandé au Commissariat au Plan un rapport sur l'état des régimes de retraite qui propose plusieurs pistes de réflexion en mettant notamment en valeur la proposition d'un allongement de la durée de cotisation à 42,5 ans. Dans la droite ligne de ce rapport, un fonds de réserve pour les retraites a été instauré dès 1999 dans l'objectif d'accumuler les réserves collectives capitalisées pour assurer la pérennité du système français de retraite par répartition.

B La réforme Fillon de 2003

- L'axe majeur de cette réforme est le choix de l'allongement de la durée de cotisation, considéré comme préférable au recul de l'âge minimal de départ en retraite. La loi prévoit une augmentation progressive de la durée de cotisation qui passera de 41 ans en 2012 à 42 ans en 2020 pour stabiliser le *ratio* entre durée moyenne de retraite et durée moyenne de cotisation. La loi organise aussi une convergence entre le secteur privé et le secteur public ; la durée de cotisation requise pour les fonctionnaires s'élèvera à 40 ans d'ici 2008 puis va progresser comme celle du privé.
- La loi rend également plus flexibles les conditions de départ à la retraite : jusqu'alors, l'incitation était forte pour prendre sa retraite après 40 ans de cotisations ; désormais, une surcote de 3 % est instaurée par année cotisée au-delà de 60 ans et de 42 ans de cotisation. Inversement, une décote de 5 % est aussi instaurée par année manquante.
- Si la loi facilite les compléments de retraite, elle a écarté la capitalisation comme solution au problème des retraites. Cette solution aurait obligé les actifs d'aujourd'hui à cotiser deux fois, la première pour payer les retraites de la génération précédente et la seconde pour constituer le capital destiné à financer sa propre retraite.

La réforme de 2003 n'est pas spécifique à la France : dans les pays d'Europe, les réformes en cours reculent l'âge de départ à la retraite, supprimant les possibilités de départ précoce, réduisant le niveau des retraites, demandant aux actifs d'épargner dans des retraites par capitalisation. L'âge d'or des retraites est révolu.

Fiche 48

LA DETTE PUBLIQUE FRANÇAISE

Depuis la sortie du rapport Pébereau en janvier 2006, la question de la dette publique est revenue au centre des préoccupations en France. La France a-t-elle fait preuve de laxisme dans son passé récent? Le niveau d'endettement actuel est-il un frein pour la croissance économique?

1 Un endettement important, mais dont la gravité est à nuancer

A Le poids de l'héritage...

- D'après le rapport Pébereau, la charge de la dette (correspondant au remboursement des intérêts et du capital) est de 2,5 % du PIB en 2005. C'est désormais le deuxième poste de dépenses de l'État qui absorbe déjà l'équivalent de la quasi totalité des recettes de l'impôt sur le revenu. D'après ce rapport, une telle situation est tout à fait inquiétante : la France vit à crédit et les générations actuelles reportent sur les générations futures la charge de la dette publique. Dès maintenant, on peu considérer que chaque enfant hérite à sa naissance d'une dette de l'ordre de 17 500 euros.
- L'indicateur retenu du poids de l'endettement public est la dette au sens du traité de Maastricht, qui est la dette brute consolidée de l'ensemble des administrations publiques (État, collectivités locales, Sécurité sociale ; la consolidation désigne le fait que l'on ne tient pas compte des avoirs dont ces administrations disposent par ailleurs). Si on retient cet indicateur, l'évolution observée depuis vingt ans est en effet inquiétante au premier abord : le niveau d'endettement était de 16 % du PIB en 1974 et de 20 % en 1980 ; il est monté à 34 % en 1987, stabilisé ensuite jusqu'en 1991, puis il reprend son ascension pour atteindre 59 % en 2002 et 66 % en 2005.

B ... qu'il faut cependant relativiser

- Il n'y a pas de singularité française en matière d'endettement. L'augmentation de celui-ci sur la longue période se retrouve dans la quasi-totalité des pays de l'OCDE, même s'il est vrai qu'il est un peu plus accentué en France que dans les autres nations. En 2005, la France demeure en dessous du niveau moyen de la zone euro (72 %) ; elle est au niveau de l'Europe des 15 et des États-Unis (65 %) et bien en dessous du Japon (169 %). Par ailleurs, si on prend en compte la dette nette (dette brute moins les actifs financiers détenus par les administrations), la France est à 44 % du PIB, bien en dessous de la moyenne de la zone euro (58 %).
- L'examen de l'endettement isolé n'a pas de sens et doit être mis en rapport avec le niveau de richesse accumulée ainsi qu'avec celui de l'épargne. Du point de vue de la richesse accumulée, il importe de souligner que les actifs physiques des administrations (routes, écoles, maternités, équipements sportifs...) sont loin d'être négligeables, représentant 20 % du PIB en 2003. La richesse nationale est aussi importante puisque les actifs physiques détenus par l'ensemble des agents publics et privés représentaient 4 fois le PIB de la France en 1993 et 5,2 fois en 2003. Du point de vue de l'épargne, celle-ci se situe à 20 % du PIB en 2004, au

même niveau que l'Europe des 15 et nettement au-dessus du Royaume-Uni et des États-Unis (14 %). La France consomme donc moins que ce qu'elle produit : elle ne vit pas « à crédit ».

2 Les deux grandes explications de l'endettement public

A L'explication du rapport Pébereau

- Pour le rapport Pébereau, la croissance de la dette publique est la conséquence directe du laxisme des gouvernements successifs. Pour satisfaire leur électorat, ceux-ci ont fait trop de dépenses publiques sans augmenter les impôts en contrepartie. De plus, les administrations publiques se donnent comme objectif d'augmenter leurs effectifs et leurs moyens, sans réel souci d'efficacité et de productivité. Enfin, la politique budgétaire a été utilisée à mauvais escient, à des fins électoralistes et non à des fins de régulation, ce qui fait que les efforts nécessaires n'ont pas été accomplis en période de bonne conjoncture.
- Le déficit public est donc une cause majeure des déséquilibres économiques. Il provoque un effet d'éviction : la hausse des taux d'intérêt qu'il induit nuit à l'accumulation du capital et, par là-même, à la croissance future. Ce mécanisme n'a toutefois pas été observé sur la période récente, aussi bien aux États-Unis qu'au Japon, puisqu'on a pu constater que les déficits élevés et la dette publique s'accompagnent de bas taux d'intérêt.

B Le déficit comme conséquence de la situation macro-économique

- Dans cette seconde explication, la causalité est inversée : en période d'incertitude économique, la demande privée peut s'avérer insuffisante pour maintenir le plein-emploi ; la politique de bas taux d'intérêt n'est pas toujours efficace dans un contexte de dépression car les agents (ménages et entreprises) hésitent à s'endetter. Dans ces conditions, le déficit budgétaire a pour fonction de soutenir l'activité ; il ne provoque pas de hausse du taux d'intérêt car celui-ci est de toutes façons peu élevé lorsque la croissance est faible.
- Le gonflement de la dette publique peut avoir deux causes majeures : les taux d'intérêt réels trop élevés ou, comme on vient de le voir, la demande privée insuffisante. Si la faiblesse de la demande est due à un refus des entreprises de s'endetter et à un désir des ménages de détenir plus d'actifs financiers, le rôle de l'État est de stabiliser l'économie en gonflant la dette. Dans cette hypothèse, la dette sert à augmenter la consommation et à rendre l'économie plus liquide ; elle ne péserait pas sur les générations futures, puisqu'elle aurait pour contrepartie une épargne élevée des ménages.

En fonction ce qui vient d'être dit, on peut penser que l'application des préconisations du rapport Pébereau, qui consistent à réduire le déficit budgétaire de 0,6 point par an jusqu'au retour à l'équilibre, si elle est conforme aux engagements européens de la France, risque tout de même d'exercer un effet dépressif sur la croissance, tendant à creuser le déficit conjoncturel et menaçant d'entraîner l'économie dans un cercle vicieux déflationniste.

FICHE 49

L'AVENIR DES SERVICES PUBLICS EN FRANCE

Pendant longtemps, les services publics ont fait figure d'institution intouchable en France, garants de l'équité par excellence. Or, aujourd'hui, cet édifice est menacé sous la pression de trois éléments: les mutations économiques qui exposent certains services à la concurrence, l'influence de l'Union européenne qui s'exerce dans le sens d'une réduction de la spécificité du régime public, et la pression nouvelle des usagers qui se comportent de plus en plus en consommateurs exigeants et revendicatifs.

1 La notion de service public

A Le service public « à la française »

- La notion de service public a d'abord une signification économique: cela signifie que les fins poursuivies par les organisations publiques diffèrent de celles des organisations privées. Alors que l'organisation privée recherche le profit, l'organisation publique vise à satisfaire des besoins qui la dépassent. Cette notion a ensuite une signification juridique: pour atteindre la finalité qui est la sienne, l'organisation publique dispose d'un régime de droit particulier qui est le « régime de service public », octroyant à l'usager un ensemble de garanties et de protections résumées par les principes d'égalité (les services publics fonctionnent dans des conditions égales pour tous), de continuité (les services publics sont tenus de fonctionner de manière régulière), de mutabilité (ils doivent pouvoir être adaptés à tout moment). Elle a enfin une signification institutionnelle: le service public est l'ensemble des activités et des structures placées sous l'autorité des collectivités publiques.
- En France, la promotion du service public au cours du XXe siècle (succédant à l'État libéral) a tracé une ligne de démarcation nette entre le public et le privé. Les services publics ont pris en charge les grandes fonctions collectives par la constitution de services monopolistiques en matière d'énergie, de transports, de communication, d'éducation et de protection sociale. Ils se sont développés d'autant plus qu'ils étaient confortés par l'idéologie largement partagée selon laquelle ils forment la trame de la vie collective en étant des instruments privilégiés d'intégration et de cohésion sociale.

B La réinterprétation de la notion de service public par l'Union européenne

- En premier lieu, il convient de souligner que l'UE reconnaît parfaitement le rôle joué par les services publics sur le plan de la cohésion sociale; c'est ainsi que le traité établissant une Constitution pour l'Europe, signé le 29 octobre 2004, établit que l'UE reconnaît et respecte l'accès aux services d'intérêt économique général (article II - 96). Dans cette logique, l'UE met en avant la notion de « service universel » qui implique la fourniture d'un service de qualité couvrant l'ensemble du territoire, accessible à tous et à un prix abordable (applicable tout particulièrement pour les télécommunications, la poste et la fourniture d'électricité).
- Pour l'UE, les frontières du service public ne sont pas pour autant intangibles; la délimitation de ceux-ci passe par une évaluation rigoureuse de ce qui relève de

l'impératif de cohésion sociale et de ce qui peut être abandonné au marché. Dans un pays comme la France, où l'État est traditionnellement très interventionniste, y compris dans la sphère de la production (que l'on pense aux vagues de « nationalisations »), la conception de l'UE est lourde de conséquences ; elle signifie la remise en cause de bon nombre de services publics nationaux dotés d'une position monopolistique.

2 De nouveaux modes de gestion des services publics

A La recherche d'une efficacité accrue

- Les nouveaux modes de gestion reposent d'abord sur le principe de proximité selon lequel les services publics sont réalisés au plus près des usagers par les services déconcentrés de l'État ou par les autorités locales élues. C'est dans ce cadre que les autorités locales se sont vu transférer des compétences élargies au terme de deux actes de décentralisation (1982-1983, 2003-2004).
- Ils reposent également sur un mouvement d'autonomisation des structures étatiques. À tous les niveaux, les services locaux de l'État ont maintenant une capacité d'agir sans demander l'autorisation préalable à l'autorité de tutelle, à condition bien sûr de pouvoir rendre compte à un moment ou à un autre de la qualité des actions engagées (*Fiche 50*).

B L'appel aux ressources du secteur privé

- De plus en plus, on assiste au phénomène selon lequel des personnes privées se voient confier la gestion d'un service public, phénomène permis en France par l'introduction dans le droit de la « délégation de service public » (lois du 6 juin 1992 et du 29 janvier 1993) qui se définit comme « un contrat par lequel une personne morale de droit public confie la gestion d'un service public dont elle a la responsabilité à un délégataire public ou privé dont la rémunération est substantiellement liée aux résultats de l'exploitation » (article 3 de la loi du 11 décembre 2001). La délégation de service public est maintenant le procédé normal d'externalisation de la gestion, procédé qui s'applique aussi bien aux services publics industriels et commerciaux qu'aux services administratifs.
- Une autre manière de mobiliser les ressources du secteur privé est de développer des formules de partenariat public/privé. L'objectif est plus limité que précédemment puisqu'il ne s'agit plus de produire directement le service, mais de remédier à la crise des finances publiques par un appel plus large au financement privé. L'ordonnance du 17 juin 2004 permet d'établir des contrats de longue durée par lesquels les personnes publiques confient à des tiers « une mission globale allant du financement d'investissements immatériels, d'ouvrages ou d'équipements nécessaires au service public, à la construction ou transformation des ouvrages ou équipements ainsi qu'à leur entretien, leur maintenance, leur exploitation ou leur gestion ».

L'évolution en cours du service public implique une redéfinition en profondeur de celui-ci. Le secteur public rénové est un secteur dont la sphère d'intervention est variable et qui est géré de manière bien plus souple et pragmatique qu'autrefois.

FICHE 50 LA LOI ORGANIQUE RELATIVE À LA LOI DE FINANCES

La vocation de la loi organique relative à la loi de finances (LOLF), votée par le Parlement en 2001 et entrée en vigueur progressivement jusqu'au 1er janvier 2006, est d'appliquer le management par objectif aux dépenses de l'État et à la gestion de ses services. La question qui se pose est de savoir si la démarche du management par objectif est bien adaptée à la gestion du service public.

1 QU'EST-CE QUE LA LOLF ?

A Son contexte

- La LOLF s'inscrit d'abord dans un contexte de maîtrise des dépenses publiques. Depuis trente ans, la progression des dépenses publiques par rapport au produit intérieur brut n'a pas cessé de s'accentuer. Dans ce contexte, il est légitime de s'interroger sur le rapport entre le niveau de la dépense et la qualité des prestations fournies.
- La LOLF obéit aussi à des exigences de fonctionnement interne de l'administration. Depuis plus de 20 ans, la déconcentration des crédits d'État a été accélérée et on peut considérer qu'aujourd'hui le contrôle financier sur ces crédits délocalisés est faible. Il s'agit maintenant de rapprocher le fonctionnement de l'administration centrale et de l'administration déconcentrée, en considérant pour les deux niveaux que le contrôle *a posteriori* (contrôle qui survient après l'action, s'opposant en cela au contrôle *a priori*) est plus réaliste et plus opérationnel puisqu'il autorise une autonomie réelle dans la gestion des moyens, signe indiscutable d'un fonctionnement administratif renouvelé.

B Son contenu

- La LOLF correspond à une nouvelle architecture du budget de l'État et à une évolution du suivi de la dépense publique. À partir d'octobre 2005, les crédits budgétaires ne sont plus regroupés par nature de dépenses mais par finalités opérationnelles.
- Concrètement, la nouvelle présentation budgétaire se compose de trois niveaux : les missions, les programmes, les actions. Les grandes politiques publiques sont identifiées par des missions pouvant relever d'un ou de plusieurs ministères. Une mission comporte plusieurs programmes et chaque programme est détaillé en actions.
- Cette nouvelle présentation du budget offre une vision stratégique des politiques publiques et permet d'évaluer la qualité de la gestion de l'État. Pour chaque programme, un projet annuel de performance (PAP) détaille les actions, les coûts associés, les objectifs poursuivis, les résultats obtenus au moyen d'indicateurs précis dont le choix est justifié.

2 Les enjeux de la LOLF

A Ses présupposés

- La LOLF et le discours politique qui l'accompagne reposent sur trois axiomes : le premier est que le management par objectif appliqué aux opérateurs de l'État (ensemble des services chargés de mettre en œuvre les actions et bénéficiant de financement étatique) va permettre d'améliorer l'efficacité de la dépense publique ; le deuxième est que ce management et cette culture de résultats sont applicables à l'ensemble des actions de l'État ; le troisième est que le management en question représente une progression par rapport à la gestion publique qui prévalait jusqu'alors, incapable de diffuser une culture de résultats et de s'assurer de l'efficacité de l'utilisation des deniers publics.
- Ces principes de gestion bénéficient jusqu'à présent d'un large consensus, comme le montre le fait que la loi a été votée à l'unanimité à l'Assemblée ou encore que la presse, dans son ensemble, a salué cette loi avec un réel enthousiasme. De tous les côtés, on présente comme une avancée le fait que « le budget des fonctionnaires soit géré comme une entreprise ». La convocation de références externes à la France s'inscrit dans la même direction. Les exemples du Canada, de l'Australie, du Royaume-Uni semblent établir que la France est en retard par rapport aux pratiques budgétaires en vigueur dans ces pays. En France, l'accent reste surtout mis sur les « intrants », qui sont les éléments dont dispose une organisation pour produire un résultat, ou sur les « produits », qui sont les biens et les services que l'État procure à la collectivité alors que, dans les pays précités, on met en exergue les incidences sur la collectivité, à savoir les « résultats ».

B Une logique trop quantitative

- Si on prend l'exemple de la police et de la mission « Sécurité », il est à peu près évident que l'on ne peut pas déduire mécaniquement que l'action de la force publique et sa réponse aux attentes du corps social sont efficaces, du fait que l'ensemble des indicateurs LOLF soit au vert. En effet, il y a une part d'indicible dans la réussite d'une opération de police ; peut-on mesurer l'efficacité d'une action de prévention des incidents qui, par définition, est un non événement ? De plus, l'action de la police nationale suppose, comme bon nombre de travaux de recherche l'ont montré, la régulation du corps par le respect d'un code de déontologie, d'autant plus nécessaire que les fonctionnaires disposent du « monopole de la violence physique légitime ». Ce code lui-même n'étant que l'expression de valeurs fortes et partagées, on voit mal comment on pourrait le traduire en indicateurs.
- L'exemple de l'éducation aboutit à la même conclusion : comme chacun sait, dans l'enseignement, les résultats les plus simples à obtenir ne sont pas les plus significatifs car ils sont en partie déterminés par le système et non par l'efficacité des agents qui interviennent. Les résultats d'un lycée au baccalauréat, par exemple, dépendent plus de la sélection de la population à l'entrée et de variables d'environnement que de la qualité du travail des enseignants et des équipes administratives. En outre, les résultats scolaires d'un individu dépendent certes de l'école, mais aussi de ses efforts et de ses capacités. Comment départager ces différents éléments ?

Si le nouveau pilotage imposé par la LOLF, consistant à privilégier le résultat à atteindre sur les moyens utilisés, va dans le sens d'une administration modernisée qui ne peut guère être remis en cause, il semble cependant nécessaire de limiter les effets pervers potentiels de cette loi en intégrant une évaluation qualitative mieux adaptée aux exigences et aux finalités des entreprises de service public.

PARTIE VI

LES POLITIQUES ÉCONOMIQUES ET SOCIALES

FICHE 51

LA POLITIQUE CONJONCTURELLE (1970-2000)

La politique conjoncturelle peut être une politique de relance visant à stimuler l'expansion économique pour faire reculer le chômage, ou une politique de rigueur destinée à freiner la croissance de la demande pour réduire la hausse des prix. Depuis le premier choc pétrolier, la politique économique conjoncturelle en France accorde, à quelques exceptions près, une priorité à la lutte contre l'inflation.

1 Du début des années 1970 aux années 1980

A Le contexte de la fin des Trente Glorieuses

- La fin des Trente Glorieuses (1974) voit apparaître une situation où la stagflation domine (présence simultanée d'inflation et de chômage) ; en même temps, la croissance économique et la productivité du travail sont fortement ralenties.
- Le plan de relance Chirac de 1975 fait suite au plan de « refroidissement » Fourcade, présenté en juin 1974, qui s'était fixé comme objectif prioritaire la lutte contre l'inflation et le retour du franc dans le Serpent monétaire européen, que celui-ci avait dû quitter au début de l'année 1974. Le plan Chirac repose surtout sur un déficit public volontaire, d'environ 2,5 % du produit intérieur brut, destiné à soutenir à la fois l'investissement des entreprises et la consommation des ménages. Si cette relance parvient bien à assurer les conditions d'une reprise économique, elle se solde aussi par une dégradation des grands équilibres extérieurs.
- Ce sont ces conditions qui amènent le gouvernement Barre, en 1976, à rompre avec la politique de relance ; anticipant une future politique de désinflation compétitive, R. Barre accorde la priorité à la lutte contre l'inflation et à la recherche des grands équilibres. Le résultat est une augmentation du chômage en France, plus forte que dans les autres pays européens, avec une performance médiocre en matière d'inflation mais tout de même un meilleur contrôle des déficits publics.

B La politique socialiste de 1981-1982

- La politique du gouvernement Mauroy n'est pas simplement une politique conjoncturelle. C'est aussi une politique structurelle dont les principaux aspects sont la refonte de la planification, la nationalisation des grands groupes industriels et du crédit, la réduction du temps de travail. Sur le plan conjoncturel, elle comporte indiscutablement une volonté de relance dans une optique keynésienne, à savoir un déficit public volontaire par une augmentation très rapide des dépenses publiques et une augmentation du pouvoir d'achat pour relancer la consommation intérieure.
- L'échec de cette politique est assez rapide : les comptes publics se dégradent et le solde extérieur atteint un déficit record de 100 milliards de francs en 1982 ; de plus, les comptes des entreprises se dégradent assez vite, avec une chute prononcée du taux de profit et une montée inquiétante de l'endettement.
- Les raisons de l'échec tiennent pour l'essentiel à des facteurs internationaux : d'une part, il y a un décalage conjoncturel entre la relance française et les politiques restrictives des autres pays de l'OCDE (les effets bénéfiques de la relance

profitent notamment aux pays partenaires en raison de la consommation de produits étrangers…), d'autre part, la politique nationale américaine de hausse des taux d'intérêt à partir de 1979 exerce indiscutablement des effets récessifs très importants en Europe. La sanction de la politique française se manifeste par deux dévaluations successives, en juin 1982 et en mars 1983.

2 Des années 1980 à nos jours

A La désinflation compétitive

- La désinflation compétitive prend naissance à partir de 1983 ; l'objectif est de réduire l'inflation de façon à améliorer la compétitivité de l'économie française. Cette politique consiste à rompre avec l'indexation des salaires sur les prix (d'où une chute du taux de progression du salaire réel, celui-ci devenant inférieur au rythme de progression de la productivité du travail), à ancrer le franc sur le deutsche mark et à libéraliser l'économie par la privatisation et la déréglementation.
- Cette politique sera menée avec constance, malgré deux alternances politiques et quatre ministres des Finances différents. Ses résultats sont indéniables : le taux de croissance de l'indice des prix tombe de 13,5 % en 1981 à environ 3 % à partir de 1986 ; l'assainissement des finances publiques, condition nécessaire de la désinflation, est aussi poursuivi au cours de cette période et les comptes des entreprises sont restaurés.
- De 1986 à 1991, date de la réunification allemande, la politique de désinflation compétitive se transforme en politique du « franc fort » ; la recherche de la crédibilité de la Banque centrale devient un objectif prioritaire et on procède même à la libération complète des mouvements de capitaux par anticipation, en janvier 1990. Le ralentissement de la progression des dépenses publiques est un autre axe de cette politique et les privatisations sont un élément fort dans le processus du désendettement de l'État.

B La recherche de la crédibilité budgétaire

- La récession de 1993 crée un contexte différent, avec la dégradation brutale des comptes publics et l'augmentation du chômage de masse. Alors que certains secteurs de l'opinion réclament une autre politique, le gouvernement se donne pour objectif principal la monnaie unique et le respect des critères de convergence prévus par le traité de Maastricht.
- C'est alors la volonté de rassurer les marchés et les partenaires européens qui guide les concepteurs de la politique économique et, dans la recherche de cet objectif, la crédibilité budgétaire, jusque-là considérée comme un moyen de politique économique, devient la finalité ultime.
- Lors de la signature du Pacte de stabilité et de croissance, en décembre 1996, la France a certes réussi à contenir l'inflation et les déficits publics, en maintenant contre vents et marées l'ancrage sur le deutsche mark, mais cela débouche sur un écart grandissant entre le chômage en France et le reste de l'Europe ; le chômage est alors supérieur d'un point en France à celui de la moyenne de la future zone euro (12 % contre 11 %), alors que l'inflation est inférieure d'un point (2 % contre 3 %).

La signature du Pacte de stabilité et de croissance sonne, pour l'Europe, le glas des politiques de régulation conjoncturelle menées dans un seul pays. La France intègre alors la policy mix *européenne : la politique monétaire est conduite par la Banque centrale européenne et les déficits sont contenus dans les limites fixées par le traité de Maastricht.*

Fiche 52

La politique conjoncturelle des années 2000

Avant l'euro, la politique économique conjoncturelle pouvait utiliser soit l'instrument budgétaire, soit l'instrument monétaire, soit encore une combinaison des deux (policy-mix) pour réguler la croissance économique. À partir de la signature du Pacte de stabilité et de croissance (décembre 1996), les gouvernements disposent d'une marge de manœuvre beaucoup plus étroite puisque la zone euro possède une Banque centrale européenne chargée de conduire la politique monétaire en toute indépendance et que les déficits publics doivent être contenus dans la limite de 3 % du PIB.

1 Le gouvernement Jospin

A Un contexte favorable

- Dès le premier semestre 1998, les principales économies de l'OCDE semblent engagées sur un sentier de croissance durable ; la croissance nouvelle est en effet basée sur des éléments structurels solides, à savoir les nouvelles technologies, la restauration de la profitabilité des entreprises et la libéralisation des marchés. En Europe, et plus particulièrement en France, la mise en place sans heurts de l'euro fait espérer de grands bénéfices liés à la disparition des tensions produites par les évolutions divergentes des taux de change.
- En effet, la croissance est au rendez-vous : le PIB de la France augmente de 2,9 % en 1999 et de 4,2 % en 2000. Dans ce contexte très favorable, le gouvernement Jospin, installé en juin 1997, ne remet pas en cause le choix de l'Union monétaire et parvient à réduire le déficit de l'ensemble des administrations publiques (en 2000, ce déficit s'établit à 1,3 % du PIB). Maintenant la pression sur les dépenses, il annonce en 2000 un plan de baisse des impôts sur trois ans concernant l'impôt sur les sociétés et l'impôt sur le revenu, la suppression de la vignette automobile ainsi qu'un allègement de la taxe intérieure sur les produits pétroliers (TIPP).

B Le retournement de 2001

- Le retournement de conjoncture est perceptible à partir de la fin du premier semestre 2001, avec un ralentissement accentué par les suites des attentats du 11 septembre ; les prévisions de croissance sont alors révisées à la baisse par le ministre de l'Économie et des Finances, L. Fabius. Effectivement, la croissance de l'année 2001 ne sera que de 1,8 %.
- Tout cela ne remet pas en cause la politique de réduction des prélèvements obligatoires que le gouvernement considère comme un élément central de son action. Dans ces conditions, le déficit des administrations publiques atteint 1,8 % du PIB en 2002 et 1,7 % en 2003. Ces éléments confortent « la voie moyenne » choisie par les autorités françaises qui, tout en acceptant à contre cœur les critères européens de stabilité budgétaire, font le choix de maintenir le déficit dans les limites du raisonnable.

2 De 2002 à 2007

A La politique économique du gouvernement Raffarin

- Le gouvernement Raffarin, dès son arrivée au pouvoir à l'issue de l'élection présidentielle en 2002, est chargé de mettre en place la stratégie économique du candidat Chirac fondée sur trois volets : la réduction de l'impôt sur le revenu (qui aurait dû baisser de 30 %), le renforcement des diminutions des cotisations patronales et la remise en cause du temps de travail à 35 heures, la réforme des retraites.

  Dès 2002, ce gouvernement s'engage à réduire de 5 % l'impôt sur le revenu des personnes physiques (IRPP) grâce à une loi de finances rectificative, et cette action sera poursuivie en 2003 et 2004 (diminution de 1 % de l'impôt sur le revenu des personnes physiques en 2003 et de 3 % en 2004), malgré la dégradation du solde des finances publiques qui font sortir la France des critères de Maastricht (besoin de financement des administrations publiques égal à 4,1 % du PIB en 2003 et dette publique évaluée à 63 % du PIB).
- Si, de 2002 à 2005, le gouvernement Raffarin ne prend pas la responsabilité de remettre en cause la législation des 35 heures, son contournement est organisé par des dispositions facilitant le recours aux heures supplémentaires, tandis que les allègements des cotisations sociales employeurs sont amplifiés. Par ailleurs, en 2003, conformément aux engagements du président de la République, le ministre des Affaires sociales, F. Fillon, conduit une difficile réforme des retraites qui allonge les durées d'activité pour bénéficier d'une retraite à taux plein et encourage l'épargne individuelle.

B La politique économique du gouvernement Villepin

- Arrivé au pouvoir en juin 2005, D. de Villepin doit faire face à un certain nombre de défis : si la croissance économique s'est redressée en 2004 (2,5 %), le taux de chômage reste à un niveau très élevé (de l'ordre de 10 %). Parallèlement, l'ampleur persistante du déficit public entraîne un gonflement de la dette française.
- Le gouvernement s'attache à restaurer les finances publiques en mettant en place un contrôle strict des dépenses de l'État et en poursuivant la réforme des retraites et de l'assurance maladie. En même temps, il affiche une priorité affirmée à la lutte contre le chômage qui se traduit par la simplification des contrats aidés, la relance de l'apprentissage, la création du contrat nouvelle embauche (CNE qui aurait permis de créer, depuis, 500 000 emplois) et la réorganisation du service public de l'emploi.

  Au seuil de l'année 2007, si la position budgétaire de la France s'est améliorée, le chômage reste tout à fait préoccupant et l'économie française est en position difficile pour faire face aux défis que pose, à long terme, le vieillissement de la population. Et cela d'autant plus que le gouvernement Villepin n'a guère la confiance de la population puisque, selon un sondage BVA réalisé en mai 2006, 72 % des Français jugent la politique économique de ce gouvernement mauvaise.

En mai 2005, la victoire des partisans du « non » au projet de Traité constitutionnel européen (TCE) pose la question de l'inflexion de la politique économique menée en France dans un sens moins libéral et plus social, voire aussi la question de l'appartenance de la France à la zone euro, même si peu de responsables politiques osent encore aborder franchement ce problème.

FICHE 53 DÉFICIT PUBLIC ET PACTE DE STABILITÉ ET DE CROISSANCE

*La France, qui se singularise depuis longtemps par un niveau élevé de dépenses publiques et de prélèvements obligatoires, doit maintenant s'engager fermement sur la voie de la baisse des dépenses et de la charge fiscale en réduisant le coût de son administration et en accroissant sa productivité (*Fiche 50*). Cet engagement provient de l'adhésion de la France au Pacte de stabilité et de croissance (PSC) en vigueur dans la zone euro.*

1 De l'accroissement des dépenses publiques à leur régulation

A Un déficit public croissant

- Depuis la fin de la Seconde Guerre mondiale, des tendances de fond se sont exercées, en France comme dans les autres démocraties occidentales, en direction d'un alourdissement des dépenses publiques. Ces dépenses, qui représentaient 39 % du PIB en France en 1970, dépassent aujourd'hui 54 % du PIB, ce qui constitue le record absolu de la zone euro.
- Aujourd'hui, cette tendance à la hausse des dépenses publiques est considérée comme dangereuse pour deux raisons : elle conduit à un niveau élevé de prélèvements publics, qui finit par décourager l'initiative privée et favoriser la délocalisation des activités vers des pays à moindre pression fiscale ; par ailleurs, la dépense publique excède les recettes fiscales et engendre un accroissement du déficit public. Alors que ce déficit représentait à peine 1 % du PIB de 1974 à 1981, il a augmenté sans arrêt depuis ; la moyenne actuelle du déficit public français depuis 1980 s'élève à 3,5 % du PIB et ce phénomène a eu pour conséquence une progression importante de l'endettement public. Aujourd'hui, la dette publique française représente 66 % du PIB, et le seul paiement de ses intérêts avoisine les 3 % du PIB.

B Pacte de stabilité et encadrement de la politique budgétaire

- Le traité de Maastricht du 7 février 1992 correspond aux exigences d'un ensemble monétaire unifié. À partir du moment où la politique monétaire est commune, la politique budgétaire des États membres doit être contenue dans des limites étroites pour éviter que des pays puissent afficher des déficits élevés dont les conséquences monétaires seront supportées par l'ensemble de la zone. Dans le traité, le déficit annuel et l'endettement public total ne doivent pas dépasser respectivement 3 % et 60 % du PIB. Ces dispositions sont prolongées par la signature du Pacte de stabilité et de croissance, le 17 juin 1997 (entré en vigueur le 1er janvier 1999, après la qualification de 11 pays pour l'euro) à Amsterdam, qui a un objectif à la fois préventif et dissuasif ; empêcher, par des mesures allant de simples contrôles à des sanctions, que la politique d'endettement d'un pays membre participant à l'Union économique et monétaire puisse nuire à l'ensemble de la zone euro.
- Les dispositions européennes ne sont pas isolées : elles s'inscrivent dans un mouvement mondial de réduction des déficits. Par exemple, en Australie, le *Budget*

Honesty Act de 1996 oblige le gouvernement à replacer les propositions budgétaires annuelles dans un cadre à moyen terme (d'où un excédent budgétaire de 2 % en 2000). Au Royaume-Uni, depuis 1997, le *Code for Fiscal Stability* représente un corps de principes et de règles qui s'appliquent au gouvernement en matière de finances publiques ; le gouvernement n'est autorisé à emprunter que pour financer l'investissement (*golden rule*) et la dette publique doit rester à un niveau « stable et prudent » (c'est-à-dire de l'ordre de 40 % du PIB).

2 La politique récente de la France au regard des engagements européens

A Un déficit public supérieur à 3 % sur trois années consécutives

- La France a été en situation de déficit excessif en 2002, 2003 et 2004 ; en 2002, le déficit public représentait 3,7 % du PIB ; en 2003, la situation s'est encore détériorée (– 4,2 % du PIB) ; en 2004, ce déficit restait à un niveau inquiétant : 3,7 % du PIB.
- Dès novembre 2002, la Commission européenne a déclenché la procédure disciplinaire d'« alerte précoce » contre la France (alors que l'Allemagne, dont le déficit a atteint 3,7 % du PIB en 2002 était concernée par la procédure du « déficit excessif »). Ensuite, en janvier 2003, le Conseil Écofin (Conseil qui réunit les ministres de l'Économie et des Finances de l'Union européenne) a adressé des recommandations à la France pour empêcher l'apparition d'un déficit excessif, qui visaient à ce que toutes les mesures soient prises pour éviter que le déficit ne dépasse la valeur de référence de 3 % et qui demandaient aussi l'élaboration de dispositions pour arriver à une position proche de l'équilibre budgétaire en 2006. Au bout du compte, le Conseil Écofin prendra la décision de repousser les décisions contraignantes de la Commission pour la France et l'Allemagne. Tout cela débouchera sur un assouplissement du Pacte de stabilité et de croissance, en mars 2005, selon lequel les États membres ont désormais la possibilité de dépasser le déficit de 3 %, non seulement en cas de grave récession économique (comme c'était le cas avant), mais aussi lorsqu'ils mettent en place des réformes à visée structurelle (comme une politique visant à améliorer le taux d'emploi ou à encourager la recherche).

B La situation actuelle

- En dépit de cet assouplissement du Pacte de stabilité et de croissance, le déficit public s'est bien amélioré pour la France en 2005, puisqu'il s'est arrêté à 2,9 % du PIB, parce que la progression des recettes a compensé la croissance des dépenses. Cela n'empêche évidemment pas la dette publique de continuer à augmenter pour atteindre 1 138 milliards d'euros en fin 2005.
- Pour l'année 2006, le ministre de l'Économie et des Finances français se montre optimiste, puisque le déficit annoncé du budget de l'État est de 51,7 milliards d'euros en fin août (contre 62,7 milliards à la même date en 2005) et que le déficit public prévu pour l'ensemble de l'année est de 2,8 % du PIB. Cet optimisme est prolongé dans le projet de loi de finances pour 2007, qui affiche un déficit budgétaire prévisionnel de 41,6 milliards d'euros.

Au-delà de la querelle entre les monétaristes partisans du strict équilibre budgétaire et les keynésiens qui prônent plutôt un déficit facteur de relance économique, la nécessité de maîtriser les déficits publics fait aujourd'hui l'objet d'un consensus en raison des difficultés bien perceptibles que génère un niveau d'endettement trop important.

FICHE 54 LA POLITIQUE ÉNERGÉTIQUE DE LA FRANCE

La politique énergétique est une des grandes politiques de la France. Elle est une composante importante de sa politique économique, de sa politique externe et de sa politique de l'environnement.

1 Situation énergétique de la France

A Coût et offre de l'énergie en France

- L'énergie est un facteur essentiel du développement économique. En 2003, le secteur énergétique français représente 3 % du PIB, 23 milliards d'euros d'importations et 200 000 emplois.
- La France est pauvre en ressources énergétiques, ce qui n'est pas le cas d'un certain nombre de pays européens (charbon en Allemagne et en Espagne, pétrole au Royaume-Uni, gaz aux Pays-Bas, énergie hydraulique en Suisse). De 1970 à 2003, la production nationale de charbon est passée de 40 millions de tonnes par an à 3 millions de tonnes, l'extraction s'arrêtant même totalement en 2004. En ce qui concerne le gaz naturel, le gisement de Lacq ne produit plus que 2 % de la production nationale d'énergie primaire. Quant à la production pétrolière, elle se situe à 1,5 million de tonnes par an, soit à peine 1 % de la consommation.
- C'est pourquoi la France a développé, d'une part, un programme nucléaire ambitieux dans les années 1970, ce qui lui a permis de faire passer son taux d'indépendance énergétique de 26 % à 50 % en 30 ans, et de devenir le deuxième producteur d'énergie nucléaire au monde, derrière les États-Unis, et, d'autre part, mis l'accent sur la production d'énergies renouvelables, avec tout particulièrement l'énergie hydraulique (grâce à la construction de grands barrages) et le bois. En 2005, le bois représente 58 % de la consommation d'énergie renouvelable et l'électricité d'origine hydraulique 28 %. La France est aujourd'hui le premier producteur d'énergie renouvelable de l'Union européenne, devant la Suède et l'Allemagne.

B La demande d'énergie en France

- La consommation d'énergie primaire (271 millions de tonnes équivalent pétrole) est de l'ordre de 2,6 % de l'approvisionnement énergétique mondial, alors que la population de la France représente approximativement 1 % de la population mondiale ; cette consommation totale situe notre pays comme le 7e plus gros consommateur d'énergie au monde. Avec 4,3 tonnes équivalent pétrole consommées par habitant, la France se situe à la 11e place des pays de l'OCDE.
- Jusqu'à ces dernières années, la croissance économique de la France, le développement des transports routiers, les usages domestiques de l'électricité et les besoins des industries grosses consommatrices d'énergie ont entraîné une progression soutenue de la consommation (de 185 millions de tonnes équivalent pétrole à 271 en 2003). En même temps, la structure de la consommation s'est beaucoup modifiée : en 1973, le pétrole représentait 68 % de la consommation totale d'énergie, le charbon 16 % et le gaz naturel 7 % ; en 2003, le pétrole ne représente plus que 34 % de la consommation d'énergie en France ; en revanche, l'électricité d'origine nucléaire réalise 40 % de cette consommation et le gaz naturel 15 %.

2 Principes et défis de la politique énergétique

A Les principes

- La politique énergétique a fait l'objet d'un débat national au printemps 2003. Le gouvernement a ensuite produit un livre blanc sur les énergies qui a suscité de nombreuses contributions et réflexions. À partir de là, un débat sans vote a été conduit à l'Assemblée nationale et au Sénat en mai 2004. Cela a débouché sur une loi de programme promulguée le 13 juillet 2005.
- Les 4 principes sont :
  - contribuer à l'indépendance énergétique nationale et garantir la sécurité d'approvisionnement : sur le plan physique, il s'agit de s'assurer de l'existence de capacités de production et de stockage suffisants ; sur le plan macroéconomique, il s'agit de limiter l'exposition de notre économie aux fluctuations du prix de l'énergie ;
  - assurer un prix compétitif : la politique française doit garantir aux entreprises confrontées à une forte concurrence internationale un prix de l'énergie leur permettant d'affronter les entreprises étrangères dans les meilleures conditions ;
  - préserver la santé humaine et l'environnement, en particulier en luttant contre l'effet de serre : la politique de l'énergie est ainsi mise au service de la lutte contre les risque de changement climatique ;
  - accroître la cohésion sociale et territoriale en assurant l'accès de tous à l'énergie : l'énergie fait en effet partie des biens de première nécessité.

B Les défis

- Le premier défi est de faire face à l'augmentation inéluctable du prix des énergies, du fait de l'augmentation de la demande mondiale de pétrole, de gaz et de charbon, alors que les réserves sont limitées (d'où l'accent sur le nucléaire et sur les énergies renouvelables).
- Le deuxième défi est de réduire la dépendance par rapport au pétrole. Dans ce cadre, la France a intégré l'objectif communautaire arrêté en septembre 2001, fixant la consommation d'électricité d'origine renouvelable à hauteur de 21 % en 2010 contre 15 % en 1997. Le gouvernement a aussi maintenu la priorité accordée à l'énergie nucléaire grâce à la construction d'un réacteur EPR (*European Pressurized Water Reactor*) dont la décision a été prise en 2004.
- Le troisième défi est de concilier le développement économique du pays avec les accords du protocole de Kyoto, ce qui a conduit à prendre l'engagement de stabiliser, à l'horizon 2008-2012, le niveau d'émission de gaz à effet de serre au niveau de 1990.
- Le quatrième défi est l'ouverture de la concurrence énergétique à l'intérieur du marché européen unifié de l'énergie ; cette concurrence exige que les entreprises publiques françaises aient les mêmes armes que leurs concurrents, pour promouvoir leurs projets industriels. C'est la raison pour laquelle EDF et Gaz de France ont été transformés en sociétés anonymes par la loi du 9 août 2004.

Fortement structurée autour de l'État et des entreprises publiques depuis 1945, la politique énergétique française doit intégrer, depuis la fin des années 1990, de nouvelles contraintes : respect des exigences du protocole de Kyoto de 1997, libéralisation du marché européen de l'énergie, avenir de la filière nucléaire et développement de la recherche sur les énergies renouvelables.

FICHE 55 LA POLITIQUE INDUSTRIELLE

L'industrie n'est pas un secteur d'activité comme les autres et la majorité des économistes s'accorde pour reconnaître le rôle fondamental qu'elle joue dans la diffusion des innovations et la réalisation de gains de productivité, sans parler de son rôle stratégique au niveau de l'indépendance nationale. Ces arguments suffisent à situer l'importance de la politique industrielle dans le développement économique.

1 La politique industrielle de 1945 à 1980

A Reconstruction et modernisation

- Au sortir de la Seconde Guerre mondiale, l'appareil productif français est partiellement détruit. L'État s'engage alors dans une politique industrielle de reconstruction encadrée par une planification que l'on qualifie alors d'indicative, politique qui s'appuie sur les nationalisations des sociétés bancaires et sur l'apport du plan Marshall pour financer les investissements productifs dans les secteurs de base. Les vagues de nationalisations d'entreprises (EDF, GDF, Renault) s'inscrivent aussi dans ce projet industriel.
- À partir des années 1960, c'est-à-dire de l'ouverture internationale de la France (le traité de Rome est signé en 1957), l'aide de l'État se recentre autour de la politique des grands projets industriels et technologiques (nucléaire, aéronautique et espace, électronique et informatique) prenant appui sur des grands laboratoires publics de recherche (Commissariat à l'énergie atomique, Centre national de la recherche scientifique…) et sur des entreprises nationalisées dotées, dans cette perspective, de commandes importantes. L'action de l'État se recentre également autour de l'accompagnement du mouvement de concentration des entreprises suscité par la concurrence internationale.

B La gestion de la crise

- Sur la période 1974-1981, la France fait d'abord le choix d'une « politique de créneaux » ayant pour objet l'abandon progressif des branches condamnées par la concurrence internationale et le développement des secteurs d'avenir. Dans cette optique, on lance de grands projets technologiques et industriels (Airbus, nucléaire civil et Minitel), et on révise les politiques d'aide aux entreprises en difficulté (la sidérurgie surtout à l'époque).
- À partir de l'arrivée au pouvoir de F. Mitterrand en 1981, par opposition à la politique de créneaux, la gauche s'engage dans une « politique de filières » visant à reconsidérer tout d'abord l'abandon des secteurs en difficulté pour conserver la maîtrise totale des filières de production, de la matière première au produit fini. Simultanément, la politique industrielle devient très dirigiste, avec un programme de nationalisations très ambitieux permettant ainsi à l'État de contrôler l'énergie, les transports et les communications, les industries de base, de pointe, et aussi le réseau bancaire.

2 La politique industrielle à partir des années 1980

A De 1983 à 2000

- La politique volontariste en vigueur depuis 1981 est abandonnée dès mars 1983, en raison du creusement du déficit budgétaire et de la balance des paiements. L'État opte alors pour un soutien sélectif des entreprises en difficulté, pratique une politique de rigueur salariale et prend des mesures d'aide aux entreprises par la libération des prix industriels et diverses dispositions fiscales.
- Ces mesures se confirment à la fin des années 1980 et au cours des années 1990. Dès 1986, l'État s'engage dans un processus de privatisation des entreprises nationales, il crée le Conseil de la concurrence et pratique une politique d'environnement favorable aux entreprises par l'abaissement du taux d'impôt sur les sociétés de 50 % en 1983 à 33,3 % en 1993. Plus récemment, suite aux conclusions du rapport Lombard (1998), l'État s'est également mobilisé en faveur de la protection et de la valorisation de l'innovation. Plusieurs mesures viennent à l'appui de cette volonté, comme la réduction de 50 % de la principale taxe frappant le dépôt de brevets français (baisse effectuée au 1er janvier 2000), le soutien au projet de création d'un brevet communautaire (sommet de Lisbonne de mars 2000) et la politique accrue de lutte contre la contrefaçon.

B Des années 2000 à nos jours

- Au début des années 2000, l'apparition de nouveaux concurrents sur des productions à haute valeur ajoutée (Chine, Inde) aboutit à remettre en cause la spécialisation industrielle française. C'est dans ce contexte difficile que les gouvernements successifs de J.-P. Raffarin et de D. de Villepin sont amenés à promouvoir une nouvelle politique industrielle qui met l'accent sur l'innovation dans les secteurs de haute technologie, sur la construction de partenariats entre industriels et chercheurs, entre PME et grandes entreprises et aussi entre domaines d'activité.
- La nouvelle politique industrielle s'appuie sur quatre dispositifs :
  - la création de la société anonyme Oséo-Anvar en 2005, qui regroupe les différents instruments de soutien aux PME ;
  - la création de l'Agence nationale de la recherche (ANR) en février 2005, qui est chargée de soutenir les recherches fondamentales et appliquées, et de contribuer au transfert de la recherche publique vers les entreprises ;
  - la création de l'Agence nationale pour l'innovation (ANI) en août 2005 dont la mission ambitieuse est de réorienter l'industrie vers les hautes technologies, en lançant de grands programmes mobilisateurs pilotés par les grandes entreprises et associant de nombreuses PME ainsi que des laboratoires de recherche ;
  - la création de pôles de compétitivité, qui se définissent comme « la combinaison, sur un espace géographique donné, d'entreprises, de centres de formation et d'unités de recherche publiques ou privées, engagées dans une démarche partenariale destinée à dégager des synergies autour de projets innovants ». Jusqu'à présent, 1,5 milliard d'euros sur trois ans ont été dédiés à ces pôles qui bénéficient aussi d'exonérations fiscales et d'allègements de cotisations sociales.

Le retour à la politique industrielle en France est d'autant plus nécessaire que, en l'absence d'un sursaut national important, il est fort possible que notre pays perde rapidement son industrie dans les années à venir pour devenir un espace à vocation essentiellement agricole et touristique.

FICHE 56 LA POLITIQUE DES TRANSPORTS

Les transports sont un enjeu important pour l'État. Si la politique de la France en la matière n'a pas toujours été marquée par une grande continuité, elle doit aujourd'hui faire face à de nouvelles contraintes: la logique de la concurrence doit-elle s'appliquer aux transports? Comment mener de front la logique concurrentielle avec la montée des contraintes environnementales et de sécurité?

1 Les transports depuis les années 1970

A Une augmentation continue de la demande de transports

- En Europe, les trafics de marchandises et de voyageurs ont doublé en 25 ans; le transport routier devenant dominant dans chacun des pays. En 1970, au sein de l'Europe, la route représentait 51 % du total du trafic des marchandises; au seuil des années 2000, cette part est passée à 72 %. Pour le trafic des voyageurs, et sur la même période, la part du transport routier évolue de 77 % à 84 %.
- En France, le trafic de marchandises a moins progressé que dans l'ensemble de l'Europe (40 % en une trentaine d'années depuis 1970); cela s'explique avant tout par la baisse des activités minières et par la vigueur du programme électronucléaire français qui a réduit les transports de charbon et de fuel. Le trafic de voyageurs, quant à lui, a progressé au même rythme que la moyenne européenne. Il est à noter qu'alors que la part du ferroviaire est nettement supérieure à la moyenne européenne pour le trafic de marchandises (respectivement 23 % et 19 %), elle est sensiblement identique pour les voyageurs (8 % en France contre 7 % en Europe). Bref, pour les déplacements privés, les Français comme les autres Européens affichent une nette préférence pour l'automobile.

B Les politiques mises en œuvre

- Avant les années 1990, la politique des transports se caractérise par la volonté de développer les infrastructures, notamment routières et autoroutières. Cette politique en faveur de la promotion de l'offre de transports a été couronnée en 1982 par la LOTI (Loi d'orientation sur les transports intérieurs) qui mettait en exergue le « droit au transport ». Restant dans cet axe, la loi Pasqua de 1996 affiche la priorité du développement des infrastructures de transport, avec l'instauration d'un prélèvement sur les recettes des autoroutes à péage destiné à financer des projets nouveaux dans la sphère des transports terrestres.
- Le changement de politique apparaît nettement avec le changement de majorité en 1997: à partir de cette date, le schéma des infrastructures de transport entre dans le schéma général des services collectifs, visant à optimiser les équipements existants plutôt qu'à créer de nouvelles installations. Dans cette perspective, et pour privilégier les modes de transport les moins polluants, on évoque la limitation de la croissance de la circulation des poids lourds grâce au doublement à l'horizon 2010 du fret ferroviaire (après un léger redressement, le fret ferroviaire va vite se contracter), le soutien des projets ferroviaires de ligne à grande vitesse, la création d'une « pastille verte » pour les automobiles les moins polluantes (finalement abandonnée) et le plafonnement du trafic aérien à Roissy par la création d'un troisième aéroport parisien (lui aussi abandonné).

- À partir de 2002, la nouvelle équipe ministérielle, sans renier les contraintes énergétiques et environnementales qui avaient orienté les décisions précédentes, les aborde d'une manière différente. En ce qui concerne les entreprises publiques, cette équipe est favorable à la concurrence et, donc, à l'ouverture du capital de ces entreprises, voire à leur privatisation. Le but est de faire en sorte qu'elles se comportent comme des firmes comme les autres, soumises aux critères de la performance, de la qualité du service rendu et de l'équilibre des comptes. Cette politique conduit à la privatisation partielle des sociétés d'autoroute, au fait que l'État est devenu minoritaire dans le capital d'Air France ou encore au recentrage de la SNCF sur l'objectif de rentabilité.

2 Les enjeux actuels de la politique des transports

A Les éléments incontournables de toute politique à venir

- La prise en compte des contraintes environnementales est un premier axe. La réduction des émissions de gaz carbonique ne peut en effet reposer sur le seul progrès technique, mais doit s'accompagner de mesures économiques et réglementaires (réduction des vitesses automobiles, normes de construction des véhicules, limitation du stationnement…).
- Le financement des infrastructures est un second axe; comme les fonds publics sont limités, il faudra progressivement se résoudre à l'idée que le financement de ces infrastructures ne relève plus seulement de la solidarité nationale mais de redevances d'usage.
- La poursuite de la logique de la concurrence est un troisième axe, ce qui va de pair avec l'ouverture du capital des entreprises publiques. Cette concurrence accrue ne signifie pas l'abandon de toute politique publique, comme l'illustre déjà le fonctionnement de la « délégation de service public » qui permet à des entreprises privées de fournir l'eau, les cantines scolaires, les transports, en respectant un cahier des charges précis.

B Les orientations du budget des transports

- Si le budget 2006 est de 17 milliards d'euros, soit une augmentation de 5,8 % par rapport à 2005, il ne semble pas pour autant intégrer pleinement les contraintes environnementales, puisque le gouvernement a fait des choix explicites en faveur de la route par l'augmentation, par exemple, du dégrèvement de la taxe professionnelle pour les entreprises de transport routier, tout en poursuivant une logique de désengagement avec le transfert de 18 000 kilomètres de routes nationales aux départements, et la vente des participations dans les sociétés d'autoroute.
- Le gel d'une bonne part des crédits d'équipement ferroviaire va dans la même direction : en 2003-2004, l'impact des mesures de gel budgétaire a pénalisé fortement l'exécution des contrats de plan; en 2005, les autorisations de programme ont diminué d'environ 30 %.

La politique française des transports a bien du mal à concilier les exigences de compétitivité et de rentabilité des services publics et des territoires avec les exigences de la couverture des besoins par le maintien d'un niveau de services suffisant, ainsi que celles liées à la volonté de préserver l'environnement sur le long terme. L'incapacité à remettre en cause le choix du tout-routier illustre cette contradiction.

FICHE 57 LES FONDS STRUCTURELS EUROPÉENS EN FRANCE

Les fonds structurels européens ont pour finalité de réduire les écarts de développement entre les différentes régions de l'Europe; ils cherchent à favoriser la cohésion économique et sociale des États membres en s'appuyant sur le principe de solidarité. L'enveloppe globale de la politique régionale de l'Europe pour la période 2000-2006 s'élève à 213 milliards d'euros, dont 16 milliards pour la France.

1 Le fonctionnement des fonds structurels sur la période 2000-2006

A Les différents fonds structurels

- Le Fonds social européen (FSE) est le principal instrument de l'Union européenne pour la mise en œuvre de la stratégie de l'emploi; il vise à lutter contre le chômage en améliorant la qualification de la main-d'œuvre et en stimulant l'esprit d'entreprise. Doté d'une enveloppe de 6,7 milliards d'euros en France, pour une durée de sept ans, ses domaines d'intervention sont aussi variés que la lutte contre le chômage et les exclusions, l'échec scolaire, les politiques de formation des jeunes et des salariés et aussi l'égalité des chances.
- Le Fonds européen de développement régional (FEDER) a pour mission de corriger les déséquilibres régionaux de la Communauté et de contribuer au développement des régions les moins favorisées; en France, c'est la Délégation à l'aménagement du territoire (DATAR) qui coordonne l'intervention du FEDER.
- Le Fonds européen d'orientation et de garantie agricole (FEOGA) est l'instrument financier de la Politique agricole commune chargé de soutenir les marchés agricoles (section « garantie ») et, pour sa partie « orientation », de concourir à l'amélioration des structures agricoles et au développement des zones rurales.

  L'Instrument financier d'orientation de la pêche (IFOP) regroupe les moyens affectés au secteur de la pêche et de l'aquaculture, ainsi qu'à la transformation et à la commercialisation des produits.

B Les trois objectifs prioritaires

- Le premier objectif vise à promouvoir le développement et l'ajustement structurel des régions en retard de développement. Les zones qui peuvent en bénéficier sont celles dont le PIB par habitant est inférieur à 75 % de la moyenne communautaire. La France en a bénéficié pour les départements d'Outre-mer (DOM), la Corse et une partie du Nord-Pas-de-Calais (4 milliards d'euros sur la période 2000-2006, dont 2,426 milliards par le FEDER, 0,948 milliard par le FSE et 0,668 milliard par le FEOGA).
- Le deuxième objectif a trait à la reconversion des zones dont les problèmes structurels sont les suivants: mutations industrielles ou des services, zones rurales en déclin, zones urbaines en difficulté, zones en crise dépendant de la pêche. Au cours de la période 2000-2006, 7,2 milliards ont été accordés aux régions métropolitaines (5,539 milliards par le FEDER, 0,826 milliard par le FSE et 0,734 milliard par le FEOGA).

- Le troisième objectif est axé sur l'adaptation et la modernisation des politiques nationales et européennes de l'emploi, de l'éducation et de la formation. Le programme national a été doté de 4,9 milliards d'euros de 2000 à 2006 au titre du FSE.

2 La programmation 2007-2013

A Les axes de la politique française

- Pour simplifier le fonctionnement des fonds structurels, la Commission structure désormais l'aide selon trois objectifs : le premier (baptisé « Convergence ») est un objectif de rattrapage qui s'adresse, en priorité, aux nouveaux entrants dans l'Union, à savoir les 10 nouveaux États membres intégrés en 2004 ; le deuxième objectif (« Compétitivité régionale et emploi ») fusionne les anciens objectifs 2 et 3 ; le troisième objectif (qui s'appelle « Coopération territoriale européenne ») reprend un ancien programme d'initiative communautaire, le programme Interreg, dont la finalité était de développer la coopération transfrontalière, la coopération au niveau des zones transnationales ainsi que la coopération interrégionale, en augmentant fortement sa dotation.
- Dans la perspective de mieux identifier les orientations selon lesquelles la France va utiliser les fonds structurels européens qui lu sont alloués, le gouvernement a élaboré un Cadre de référence stratégique national (CRSN) en procédant à une vaste consultation auprès des partenaires nationaux et régionaux impliqués dans la mise en œuvre du FEDER et du FSE. Quatre axes stratégiques, conformes aux objectifs de la stratégie de Lisbonne en faveur de la croissance et de l'emploi, se dégagent de cette consultation : le soutien aux entreprises, à l'innovation et à la recherche ; la formation, l'emploi et l'insertion sociale ; l'environnement, la prévention des risques et la politique énergétique ; le développement durable des territoires urbains et ruraux. Ce CRSN a été transmis à l'UE à l'automne 2006 et les priorités stratégiques sont réalisées, région par région, à compter du début 2007.

B Les fonds structurels accordés

- Le 4 août 2006, la Commission a publié les décisions qui fixent les montants attribués aux États membres au titre des fonds structurels, ainsi que les régions éligibles à l'objectif « Convergence » ; dans un contexte difficile, la France a obtenu 12,7 milliards d'euros par le FEDER et le FSE.
- L'objectif « Convergence » reçoit 2,83 milliards d'euros, essentiellement pour la Guadeloupe, la Guyane, la Martinique et la Réunion ; l'objectif « Compétitivité régionale et emploi » reçoit 9,1 milliards d'euros, avec une enveloppe de 9 milliards pour les régions métropolitaines et la Corse et une enveloppe supplémentaire de 100 millions pour la Corse et le Hainaut français afin de compenser leur sortie du premier objectif ; l'objectif « Coopération territoriale » reçoit 749 milliards d'euros.
- La baisse des crédits est variable selon les régions ; par exemple, elle n'est que de 11,94 % pour la région Provence-Alpes-Côte d'Azur et de 11,30 % pour la Corse ; en revanche, elle est de 30,63 % pour le Nord-Pas-de-Calais et de 30,4 % pour la Bretagne.

La comparaison entre la période 2000-2006 et la période 2007-2013 révèle une baisse des montants accordés à la France au titre des fonds structurels d'environ 4 milliards d'euros ; cette baisse s'explique en raison de l'attribution prioritaire des fonds structurels aux nouveaux États membres dont certaines régions souffrent d'importants retards de développement.

FICHE 58 LA POLITIQUE DE L'EMPLOI

Que ce soit par le traitement social, par la réduction du temps de travail, par l'incitation à la reprise d'activité ou encore par l'allègement des charges sociales pour les employeurs, l'État a multiplié ses actions depuis les années 1970 pour lutter contre le chômage. Malgré tout, la France, bien plus que de nombreux pays de l'OCDE, reste installée durablement dans une situation de sous-emploi chronique.

1 Typologie et coût de la politique de l'emploi

A Les grandes catégories de politiques d'emploi

- Sur un plan empirique, il est d'usage de distinguer les politiques d'emploi actives et les politiques d'emploi passives. Les politiques dites passives ont pour but de rendre le chômage supportable et de réduire la population active occupée ; elles utilisent pour cela différents moyens comme l'indemnisation du chômage, l'incitation au retrait d'activité (temps partiel volontaire, départs en pré-retraite, retour au pays des immigrés), l'abaissement de l'âge de la retraite (de 65 ans à 60 ans en 1982), le partage du travail par la réduction du temps de travail (loi Aubry des 35 heures). Les politiques dites actives cherchent plutôt à obtenir une croissance plus riche en emplois ; les moyens en sont la flexibilisation du marché du travail (suppression de l'autorisation administrative de licenciement en France), le développement de la formation professionnelle, l'incitation des entreprises à embaucher (baisse ou exonération des charges sociales), la création d'emplois dans le secteur non marchand (contrats emploi-solidarité, par exemple).
- Sur un plan théorique, on oppose les politiques d'inspiration keynésienne et celles d'inspiration libérale. Les politiques d'inspiration keynésienne sont des « politiques de la demande » qui visent à soutenir la croissance, par exemple par des mesures d'augmentation du pouvoir d'achat des ménages ou d'accroissement du déficit budgétaire ; les politiques d'inspiration libérale sont des « politiques de l'offre » qui ont pour priorité d'accroître la flexibilité sur le marché du travail mais qui peuvent aussi inclure des mesures visant à améliorer le capital humain comme source de compétitivité pour l'appareil productif (politique de formation de la main-d'œuvre).

B Les chiffres de la politique de l'emploi

- En 2004, la dépense pour l'emploi atteint 58 milliards d'euros et fléchit de 2 % en volume par rapport à 2003. La majorité de ces dépenses est affectée aux dépenses passives, et tout particulièrement à l'indemnisation du chômage qui représente à elle seule 30 milliards d'euros, en augmentation par rapport à l'année précédente du fait de la progression du chômage. Les dépenses actives (26 milliards d'euros) sont consacrées pour l'essentiel à la formation professionnelle (123 milliards d'euros) et à la promotion, ainsi qu'à la création d'emplois (8 milliards d'euros) ; ces dépenses sont en repli par rapport à l'année dernière, d'environ 1 milliard d'euros.
- Si on ajoute à la dépense pour l'emploi les allègements de cotisations sociales sur les bas salaires et en faveur de l'aménagement et de la réduction du temps de

travail, l'effort global en matière d'emploi se maintient à 74,3 milliards d'euros, soit 4,5 % du PIB.

2 Évolution des politiques de l'emploi

A Du partage du travail à l'incitation à l'emploi

- À partir du début des années 1980 jusqu'aux années 2000, les gouvernements successifs ont voulu réduire la durée du travail pour augmenter le nombre des emplois et vaincre le chômage. La première tentative fut celle du gouvernement de gauche de 1981 qui réduisit la durée légale du travail de 40 à 39 heures (avec compensation salariale intégrale, donc le paiement de 39 heures sur la base de 40 heures). La deuxième tentative marque l'apparition des 35 heures, avec la loi de Robien du 11 juin 1996, qui n'a alors qu'un caractère incitatif, sans modification de la durée légale. Viennent ensuite les lois Aubry de 1998 et de 2000 qui reprennent l'idée du passage aux 35 heures, avec une logique à la fois incitative (réduction de cotisations pour les entreprises qui anticipent les échéances) et coercitive (baisse de la durée légale à 35 heures en 2000 pour les entreprises de plus de 20 salariés, en 2002 pour les autres). Le coût d'arrêt de cette politique est signifié par la loi Fillon de janvier 2003 qui assouplit les lois Aubry, sans pour autant aller jusqu'à remettre en cause la durée légale du travail à 35 heures.
- En même temps que la réduction du temps de travail n'est plus l'objectif prioritaire, on voit se dessiner toute une politique d'incitation au retour à l'emploi : il s'agit désormais de faire en sorte que le travail rapporte (*To make work pay*). Un certain nombre de mesures récentes vont dans cette direction : on peut citer pêle-mêle le durcissement des conditions d'accès aux dispositifs facilitant le retrait d'activité, le durcissement également de l'indemnisation du chômage, la création de mécanismes d'intéressement au sortir du RMI ou encore la prime pour l'emploi, qui est une aide au retour à l'emploi et au maintien à l'activité professionnelle calculée en pourcentage du revenu d'activité et déduite de l'impôt sur le revenu à payer ou versée directement au bénéficiaire si celui-ci n'est pas imposable.

B Une priorité selon l'OCDE : l'emploi des seniors

- En réponse au défi démographique, la France a privilégié, lors de sa réforme des retraites de 2003, l'augmentation de la durée de la vie active pour assurer le financement des retraites à long terme. Malgré cela, pour le moment, l'âge effectif de sortie de la population active est peu élevé en comparaison des autres pays et a chuté fortement depuis vingt ans.
- Pour l'OCDE, les mesures nouvelles en matière de retraites ne seront pas suffisantes pour augmenter le taux d'emploi des plus âgés et pour réduire le risque futur d'une pénurie de travailleurs. Dans le rapport intitulé *Vieillissement et politiques de l'emploi en France* (juin 2005), l'OCDE préconise notamment de renforcer l'employabilité des travailleurs (par la formation professionnelle notamment) et de lever les obstacles au maintien dans l'emploi et au recrutement après 50 ans.

Parmi toutes les mesures de politique d'emploi existant en Europe, il en est une qui a attiré tout particulièrement l'attention du gouvernement français, à savoir l'« activation » des chômeurs qui existe au Danemark. Cette activation a pour finalité de rendre les demandeurs d'emploi responsables de leur propre quête d'emploi et aussi d'écourter les périodes d'indemnisation de 9 ans à 4 ans maximum.

FICHE 59 LA POLITIQUE DE LUTTE CONTRE L'EXCLUSION

Dans le projet de sécurité sociale de l'après-guerre, l'aide sociale (ou assistance) était vouée à disparaître au profit de dispositifs assuranciels. Progressivement, et ce à partir du milieu des années 1970, la politique de lutte contre l'exclusion a été marquée par un retour de l'assistance. Cette politique a débouché sur la mise en place de nouvelles prestations qui réalisent une hybridation entre principes assuranciels et assistanciels.

1 Les instruments de la lutte contre l'exclusion

A De multiples outils

- Si la notion de pauvreté est assez facile à définir (l'Insee considère comme pauvres les individus ou les ménages dont le revenu est inférieur à la moitié du revenu médian), le concept d'exclusion est difficile à cerner. À la pauvreté l'exclusion ajoute une dimension de rupture du lien social. Si on s'en tient à une analyse statique, on dira qu'un individu est exclu s'il est privé des relations considérées comme normales dans une société ; dans une analyse dynamique, l'exclusion est plutôt le processus qui conduit à la marginalité sociale en raison de la perte du travail, de la réduction du revenu ou d'un isolement croissant.
- Dans ces conditions, la population des exclus recouvre de fait des problèmes et des situations hétérogènes. SDF, handicapés, chômeurs de longue durée, mal-logés, allocataires divers peuvent être rangés sous une même appellation. Si on s'en tient au sens strict, la lutte contre l'exclusion recouvre la prise en charge des SDF et du RMI. Au sens le plus étendu, cette politique englobe tous les minima sociaux, la politique de l'emploi, la politique du logement et de la ville. Dans un sens plus large encore, toute la protection sociale peut être considérée comme une prévention de l'exclusion.

B Qui s'inscrivent dans un contexte européen

- Dans tous les pays européens, les facteurs de l'exclusion sont les mêmes : les transformations du marché du travail avec la persistance du chômage de masse et aussi la précarisation des conditions d'emploi ; les changements intervenus dans l'importance et la nature du système de protection sociale ; enfin les mutations de la structure familiale : globalement, la famille joue un rôle central dans la prévention du phénomène d'exclusion.
- D'une manière générale, depuis la fin des années 1970, les politiques d'assistance sociale se sont déplacées vers des politiques d'emploi actives ciblant les groupes défavorisés, les politiques de garantie de ressources pour les personnes en capacité de travailler n'ayant pas accès aux indemnités de chômage, ou encore les réformes des services publics de l'emploi et de l'aide sociale, dans le sens de leur décentralisation au niveau local et aussi du développement de partenariats entre les services publics et des opérateurs privés.

2 La politique récente de lutte contre l'exclusion

A Un coût difficile à chiffrer

- Au sens strict, la politique de lutte contre l'exclusion ne concerne que le risque « pauvreté et exclusion » dans le budget de la protection sociale. Celui-ci représente 1,6 % du total des prestations sociales en 2004 (ou encore 0,5 % du PIB), soit 8 milliards d'euros ; il s'agit pour l'essentiel des dépenses de prise en charge du revenu minimum d'insertion (RMI).
- Un autre chiffrage est la somme indiquée par la France à la Commission européenne pour préciser le montant des politiques entreprises contre la pauvreté entre août 2003 et juillet 2005. Sur ces deux années, les autorités françaises ont déclaré une somme de 50 milliards d'euros, à raison de 33,6 milliards à la charge de l'État et de 16,4 milliards pour les collectivités locales. La différence avec le chiffrage précédent provient du fait que l'on intègre ici tous les minima sociaux ainsi que des éléments de la politique de l'emploi et de la politique de la ville.

B Quelques lois importantes

- La première loi est celle du premier décembre 1988, qui instaure le revenu minimum d'insertion (RMI) et organise les bases d'un service public de l'insertion à l'échelle des départements.
- La deuxième loi est la loi Besson du 31 mai 1990, relative à la mise en œuvre du droit au logement et qui a institué deux outils : le Plan département d'action pour le logement des personnes défavorisées (PDALD), coordonnant l'ensemble des moyens, et le Fonds de solidarité pour le logement (FSL), qui accorde les aides financières et met en place des mesures d'accompagnement social.
- La troisième loi est la loi d'orientation du 29 juillet 1998, relative à la lutte contre les exclusions, qui réaffirme dans tous les domaines des droits fondamentaux et qui propose des éléments de garantie de leur effectivité.
- La quatrième loi est la loi du 27 juillet 1999 qui crée la couverture maladie universelle (CMU) instaurant un droit au remboursement des dépenses d'assurance maladie pour toute personne qui a établi de façon stable et régulière sa résidence sur le territoire national et dont les ressources sont inférieures au plafond de 567 euros au 1er janvier 2004 pour une personne seule.
- La cinquième loi est la loi du 18 juin 2005 de programme et de cohésion sociale, dotée de moyens que l'on peut qualifier d'exceptionnels, à savoir 12,8 milliards d'euros sur 5 ans. Les dispositions sur l'emploi s'articulent autour de six priorités : la réforme du service public de l'emploi et la création de maisons de l'emploi pour une action plus efficace de l'accompagnement des chômeurs, l'accompagnement des jeunes les plus marginalisés, la modernisation et le développement de l'apprentissage, la simplification des contrats aidés avec la création d'un contrat d'accompagnement de l'emploi (CAE) ouvert aux employés du secteur non-marchand et la rénovation du contrat initiative-emploi (CIE) dans le secteur marchand, l'accompagnement des mutations économiques avec la création de conventions de reclassement personnalisé et le soutien à l'activité pour favoriser les créations d'entreprises par les chômeurs.

En dépit des bonnes intentions affichées, le nombre de bénéficiaires du RMI ne cesse d'augmenter : 938 000 en 2001, 1 090 000 en 2002, 1 260 000 en 2005. D'après l'Insee, plus de 3,5 millions de personnes vivent désormais en dessous du seuil de pauvreté.

FICHE 60

LA POLITIQUE DE LA FAMILLE

Ce qui concerne la famille ressort de la sphère privée puisque la constitution du couple, la décision d'avoir des enfants, sont des choix personnels ; mais la famille est aussi une affaire publique puisque les conditions dans lesquelles celle-ci évolue ont de multiples répercussions sur le corps social. Il faudra cependant attendre la fin des années 1930 pour voir apparaître en France une véritable politique de la famille.

1 ORIGINES ET MOYENS DE LA POLITIQUE FAMILIALE

A Les origines

- Si le statut de la famille moderne apparaît dès le début du XIXe siècle dans le Code civil de 1804, il faut attendre l'année 1939 pour voir naître un véritable Code de la famille. À cette époque, les objectifs affichés sont natalistes et « traditionalistes ». On cherche à favoriser le renouvellement des générations, à assurer l'équité entre les familles et les personnes sans enfant et à perpétuer un modèle familial fondé sur le partenariat et la séparation hiérarchique des rôles. À ces objectifs vont s'ajouter, à partir de 1945, des préoccupations sociales avec la création du quotient familial qui répond à un souci de justice redistributive et aussi la majoration massive des allocations familiales et leur indexation sur un salaire de référence (1946).
- La politique de la famille évolue dans les années 1970, sur le plan juridique puisque le statut civil de celle-ci est réformé par quelques lois importantes : la loi sur l'autorité parentale conjointe (1970), la loi sur le divorce par consentement mutuel (1975) ainsi que la loi Neuwirth sur le droit à la contraception (1967), la loi Veil sur l'interruption volontaire de grossesse (1975). Si le sens de toutes ces réformes est d'instaurer une plus grande égalité et une plus grande liberté au sein des familles, à l'image de ce qui se passe dans la société, la dynamique des prestations évolue également. On passe d'une logique d'aide et de protection de la famille à une logique de correction des inégalités se traduisant notamment par la mise sous condition de ressources d'une partie des prestations familiales.

B Les moyens

- La France consacre, en 2003, 91,9 milliards d'euros pour ses familles dans des champs variés : 28,4 milliards de prestations sociales, 12,4 milliards d'aide au logement, 10,4 milliards d'aide sociale, 25,7 milliards d'allègements fiscaux, 15 milliards d'avantages offerts en matière de retraites.
- La Caisse nationale d'allocations familiales (CNAF) est un des rouages essentiels de la politique familiale ; c'est elle qui, s'appuyant sur le réseau des Caisses d'allocations familiales (CAF) disséminées sur l'ensemble du territoire, verse l'intégralité des prestations familiales. Les recettes de la CNAF s'élèvent, en 2003, à 47 milliards d'euros, dont 65 % proviennent des cotisations à la charge exclusive des employeurs et 35 % de l'État.

2 LA RÉFORME DE LA POLITIQUE FAMILIALE

A Les enjeux

- La fin des années 1990 voit s'affirmer une volonté de repenser l'action publique en direction des familles ; les conférences de la famille, créées en 1995, prennent une importance croissante. À travers celles-ci, la politique familiale cherche à définir des axes d'action adaptés aux transformations sociales en cours depuis une trentaine d'années.

  Sur un plan théorique, on peut distinguer 3 modèles de politique familiale, qui traduisent chacun une conception différente de la solidarité dont fait preuve la société à l'égard de la famille :
  - le modèle de redistribution horizontale qui a la volonté de compenser les charges de l'enfant entre les familles et les autres membres de la société à un niveau équivalent ; on cherche alors à égaliser le revenu disponible par unité de consommation par des aides proportionnelles au revenu et à la taille de la famille ;
  - le modèle de la couverture du coût de l'enfant par des aides indépendantes du revenu et non imposables ;
  - le modèle de redistribution verticale entre familles de niveaux de vie différents (ce modèle s'inscrit dans un objectif plus vaste de correction des inégalités).
- Si les gouvernements successifs ont toujours oscillé entre l'objectif de compensation des charges de famille (redistribution horizontale) et l'objectif de réduction des inégalités de revenus (redistribution verticale), et même si la droite est réputée plus pour la compensation des charges familiales et la gauche plus pour la réduction des inégalité de revenus, on observe, de nos jours, un consensus autour de l'importance à donner à la diminution des inégalités.

B Les chantiers actuels de la politique familiale

- Le premier chantier est d'aider les parents à mieux concilier vie familiale et vie professionnelle par l'introduction d'une allocation parentale d'éducation (APE) et par la création d'une allocation de garde d'enfant à domicile. Il s'agit aussi de faciliter le retour au travail des mères désirant travailler, par une aide incitative à la reprise d'activité des femmes, effective depuis le 15 juillet 2000.
- Un autre chantier a pour but d'aider les parents à mieux exercer leurs responsabilités (conférence de la Famille de 1998) en créant des réseaux d'écoute, d'accompagnement et d'appui des parents, et en facilitant l'implication des familles dans l'école. Pour que les familles puissent mieux se loger, un barème unique d'aide au logement a été adopté (conférence de la Famille de 2000).
- La création du pacte civil de solidarité (PACS) en 1999 vise à adapter le droit aux évolutions de la famille. Le PACS, contrat conclu entre deux personnes majeures, de sexe différent ou de même sexe, est né d'une volonté de combler le vide juridique entourant les couples non mariés. C'est un dispositif qui apporte aux contractants une sécurité juridique minimale, se situant entre le concubinage et le mariage, dont il s'écarte par ses modalités de dissolution (la dissolution du PACS est automatique à la demande d'un des deux partenaires).

La politique familiale reconnaît donc maintenant le processus de diversification des familles à l'œuvre depuis 30 ans. Les familles monoparentales, les couples homosexuels sont désormais tout à fait pris en compte dans les transferts organisés.

PARTIE VII

TRAVAIL,
RELATIONS PROFESSIONNELLES
ET
MOUVEMENTS SOCIAUX

FICHE 61 LE MARCHÉ DU TRAVAIL FRANÇAIS

En matière d'emploi, la France est assez mal placée au sein de l'Union européenne (UE) puisque son taux de chômage n'est jamais passé en dessous de 8 % depuis vingt ans. Cette situation ne s'explique pas seulement par le manque de dynamisme de la croissance économique, puisque certains pays européens ont réussi à faire baisser le chômage tout en connaissant une conjoncture assez similaire à celle de la France.

1 CHÔMAGE ET EMPLOI

A Un chômage persistant

- En 2005, le nombre de chômeurs au sens du Bureau international du travail s'élève à 2717000 personnes en moyenne sur l'année, ce qui correspond à un taux de chômage de 9,8 %, en légère amélioration par rapport à 2004 (9,9 %). Ce taux est plus élevé que dans l'ensemble de l'UE (8,7 %). Il est beaucoup plus élevé qu'au Royaume-Uni (4,7 %), au Danemark (4,8 %), aux Pays-Bas (4,7 %), en Irlande (4,3 %) ou même en Italie (7,7 %). Il se situe en revanche à peu près au même niveau qu'en Allemagne (9,5 %) ou en Espagne (9,2 %).
- Le chômage de longue durée est aussi plus élevé en France que dans la plupart des autres pays de l'UE. En 2003, la part du chômage de longue durée dans l'ensemble du chômage est de 38,4 % en France (contre 20,3 % au Danemark, 26,9 % aux Pays-Bas, 22,2 % au Royaume-Uni et 17,6 % en Suède ; l'Allemagne affichant un taux de 47,4 % et la Belgique de 45,3 %). En 2005, le chômage de longue durée progresse à nouveau dans l'Hexagone.
- Une autre caractéristique du marché du travail français est la part élevée du taux de chômage des 15-24 ans (20,2 % en France contre 12,3 % au Royaume-Uni ou 11,1 % en Allemagne) ; les jeunes sont aussi plus touchés par l'augmentation du chômage de longue durée (29,4 % contre 27,8 % en 2004).

B Un taux d'emploi faible

- Le taux d'emploi (proportion de personnes disposant d'un emploi parmi celles en âge de travailler, c'est-à-dire de 15 à 64 ans) en France est de 62,8 %, un des plus faibles de l'UE à 15, à l'exception de la Belgique (59,6 %), de l'Espagne (59,7 %), de l'Italie (56,1 %) ; il est très loin derrière les « bons élèves » de l'Europe que sont le Danemark (85,1 %), les Pays-Bas (73,5 %), le Royaume-Uni (71,8 %) et la Suède (73,2 %).
- On constate que la France se caractérise par un emploi fortement concentré en milieu de vie active, ce qui s'oppose au modèle des pays pour lesquels les taux d'emploi des jeunes et des seniors sont relativement élevés. En France, le taux d'emploi des personnes âgées de 25 à 54 ans est un des plus élevés d'Europe (entre 76 % et 81 %) ; en revanche, le taux d'emploi des jeunes de moins de 25 ans (moins de 30 %) est très faible, de même que le taux d'emploi des seniors âgés de plus de 55 ans (moins de 40 %). Cela s'oppose au modèle en vigueur dans des pays comme le Portugal, l'Irlande, l'Allemagne.
- La France a, par ailleurs, connu une précarisation accrue de l'emploi à partir des années 1990. La part de l'emploi temporaire dans l'emploi total est passée de

10,6 % en 1990 à 12,9 % en 2003, ce qui correspond à la moyenne observée dans l'Union à 25. L'emploi à temps partiel, même s'il a augmenté, demeure beaucoup plus faible que chez nos voisins européens. En 2003, 16,5 % des actifs travaillent à temps partiel (17,6 % dans l'UE, 44,6 % aux Pays-Bas !)

2 Quelques explications de la situation française

A Salaires et coût du travail en France

- En 2002, le salaire annuel brut moyen des entreprises de 10 salariés ou plus de l'industrie et des services est de 28 900 euros. Il est très proche du salaire moyen de l'UE à 25 pays (27 800 euros) mais inférieur à celui de l'UE à 15 (31 950 euros). En Allemagne et au Royaume-Uni, les niveaux de rémunération sont supérieurs à 34 500 euros. La France se situe au niveau de pays comme la Suède ou l'Autriche, devant l'Espagne et l'Italie (respectivement 26 000 euros et 21 000 euros) ainsi que la Grèce et le Portugal.
- Si le niveau des salaires des Français est relativement modeste par rapport à la moyenne européenne, le coût du travail, qui intègre les cotisations sociales versées, est plus élevé en France que dans les autres pays d'Europe, et une partie importante de ces dépenses est à la charge de l'employeur. En 2003, 45,9 % des recettes de la protection sociale proviennent des cotisations sociales à la charge de l'employeur, 17,1 % de cotisations à la charge des salariés et 30,4 % de contributions publiques.

B La protection de l'emploi

- La législation de la protection de l'emploi fait qu'il est relativement difficile et coûteux de licencier des salariés recrutés sur des contrats de travail normaux (contrats à durée indéterminée ou CDI) ; cela se traduit par des coûts importants pour les entreprises en difficulté ou confrontées aux fluctuations du marché, coûts qui contribuent à freiner les embauches, notamment lorsque la conjoncture est incertaine.
- Dans ces conditions, la solution généralement envisagée est d'assouplir les dispositions de la législation relative à la protection de l'emploi « normal ». Une piste importante pour renforcer à la fois la flexibilité et la sécurité est de fondre tous les contrats de travail existants en un contrat unique qui assure une protection variant avec l'ancienneté, tout en renforçant l'accompagnement des chômeurs pour trouver de nouveaux emplois (voir le modèle danois). Une telle réforme ne se conçoit pas sans que l'opinion en reconnaisse la nécessité et donc, sans un dialogue important avec les partenaires sociaux.

Malgré le taux de chômage élevé en France, on observe aussi qu'il y a une demande assez importante de main-d'œuvre qui demeure insatisfaite, aussi bien dans le secteur des services que dans le secteur de l'industrie. L'ouverture du marché français aux ressortissants des huit nouveaux États membres de l'Europe centrale et orientale, à compter du 1er mai 2006, devrait permettre de résoudre progressivement les difficultés de recrutement dans les secteurs où la pénurie de travailleurs est bien présente.

FICHE 62 LA PRÉCARITÉ DU TRAVAIL

Alors que pendant les Trente Glorieuses le climat économique était favorable à l'emploi, avec un marché du travail assez rigide, la précarisation du travail est apparue depuis trente ans avec la récession et la crise industrielle.

1 UNE PRÉCARISATION DU MARCHÉ DU TRAVAIL

A Évolution de la situation en France

- La France a connu une précarisation très nette de l'emploi au cours des années 1990. La part de l'emploi temporaire dans l'emploi total (contrats à durée déterminée, intérim et contrats aidés) est passée de 10,6 % de l'emploi salarié en 1990 à 12,7 % en 2003. En 2005, la somme totale des emplois à durée limitée s'élève à 363 000 dans le secteur privé et à 667 000 dans le secteur public. Cette augmentation de l'emploi temporaire n'est pas un mouvement spécifique à la France ; on le retrouve à des degrés divers dans les autres pays européens.
- L'emploi temporaire n'est pas distribué de la même façon selon les populations concernées, les secteurs d'activité ou la taille de l'entreprise : ce sont les salariés les plus jeunes qui ont les plus fortes chances d'occuper un emploi à courte durée, ainsi que les travailleurs âgés de plus de 50 ans, les salariés âgés de 25 à 50 ans étant plus épargnés par ce phénomène. Ce sont aussi les salariés non qualifiés ou à temps partiel qui sont les plus concernés par ce type d'emplois. D'une manière générale, on constate également que les services ont plus recours à l'emploi de courte durée que l'industrie et que, au sein des services, les secteurs les plus consommateurs d'emploi temporaire sont les services opérationnels aux entreprises (restauration, nettoyage…) ainsi que le secteur de l'hôtellerie (du côté de l'industrie, c'est le secteur automobile qui est le moins demandeur en emplois de courte durée, au contraire de la construction navale et de l'industrie agroalimentaire).

B Les conséquences de la précarisation du travail

- Le fort recours aux contrats temporaires a rendu le marché du travail plus flexible. Les entreprises peuvent dès lors s'ajuster plus rapidement à la conjoncture.
- Les effets de la précarisation du travail ne s'appréhendent néanmoins pas seulement dans le champ professionnel : l'emploi temporaire a en effet des conséquences multiples sur la vie familiale, sur la santé, sur les formes d'engagement syndical ou politique. Du point de vue de la santé, il est désormais bien établi que la fréquence de l'insomnie, de l'anxiété et de la perte de confiance en soi augmentent en même temps que la précarité. La précarité affecte également la vie de famille puisqu'il y a une corrélation forte entre celle-ci et l'instabilité conjugale. La précarité a aussi des conséquences sur la définition des priorités syndicales ou politiques : alors que les salariés « intégrés » accordent une place de choix à la revendication salariale ou à la réduction du temps de travail, les travailleurs précaires privilégient l'amélioration des possibilités de formation et le maintien des emplois.

2 Précarité et évolution du contrat de travail

A Les tentatives d'innovation en matière de contrat de travail

- La forte précarité de l'emploi en France, ainsi que les inégalités associées que l'on vient de voir et qui touchent notamment les jeunes, ont conduit le gouvernement à introduire le contrat nouvelle embauche (CNE) par l'ordonnance du 4 août 2005. C'est une nouvelle forme de contrat de travail pour les très petites entreprises qui organise pendant les deux premières années des règles de rupture particulièrement souples du contrat de travail.
- Fort de ce succès, le gouvernement Villepin a essayé d'introduire, au début de l'année 2006, le contrat première embauche (CPE), calqué sur le modèle du CNE, s'adressant aux jeunes de moins de 26 ans employés dans les entreprises de plus de 20 salariés. Ce CPE aurait été assorti d'une période de consolidation de deux ans durant laquelle le jeune pouvait être à tout moment licencié simplement par lettre recommandée ; en contrepartie, le CPE se serait accompagné de réelles garanties pour le salarié, en matière de formation et en matière d'indemnités de licenciement.
- Malgré quelques tentatives d'ajustement, le gouvernement Villepin a dû retirer le CPE sous la pression des manifestations. Il est vrai que, si le CPE pouvait s'interpréter comme une application du modèle de « flexisécurité » qui a fait la réussite du Danemark (*Fiche 69*), on pouvait aussi y voir une remise en cause du droit au travail.

B Vers un contrat de travail unique ?

- L'idée du contrat de travail unique repose généralement sur la suppression de la limitation de durée du CDD, assortie en cas de licenciement du paiement par l'entreprise à l'État d'une taxe calculée en fonction du niveau de salaire des personnes concernées. Ce système donnerait évidemment toute la souplesse possible aux entreprises et leur permettrait aussi d'estimer précisément le coût d'un licenciement, tout en ne dépendant plus de la décision d'un juge ; il s'accompagnerait d'une protection relative du salarié reposant sur l'ancienneté puisque, plus le temps passé en entreprise est élevé, plus le salaire est important et plus le licenciement est coûteux. Il serait aussi bénéfique pour la collectivité entière car, dans cette configuration, plus une entreprise licencie, plus elle contribue à l'indemnisation du chômage.
- Évidemment, ce contrat de travail unique est plutôt défendu par les employeurs. Quant aux organisations de travailleurs, elles pensent plutôt qu'il rendrait caduque la législation sur les licenciements et qu'il reviendrait à introduire la précarité du CDD dans le CDI.

Si la réforme de l'organisation du marché du travail s'impose donc en France, du fait de son caractère dual et, somme toute, très inégalitaire, l'expérience de l'échec du CPE apporte la démonstration que cette réforme ne peut procéder de la seule volonté du gouvernement mais qu'elle doit être concertée avec les partenaires sociaux et faire l'objet d'un dialogue social approfondi.

FICHE 63 LES SENIORS ET LE MARCHÉ DU TRAVAIL

Les seniors (définis comme les personnes âgées de 50 à 64 ans) sont en France plus actifs professionnellement maintenant qu'il y a dix ans puisque, entre le début des années 1990 et le début des années 2000, leur taux d'activité a gagné 7 points. Néanmoins, en comparaison avec la plupart des autres pays européens, l'activité des seniors reste faible en France.

1 L'ACTIVITÉ DES SENIORS

A La faible activité des seniors français...

- Le taux d'activité des personnes âgées de 50 à 64 ans est de 53,7 % en France pour l'année 2006, ce qui n'est pas si éloigné de la moyenne européenne mais qui situe tout de même notre pays en 9e position, loin de la Suède, du Danemark, du Portugal, de l'Irlande et du Royaume-Uni.
- Quand on y regarde de plus près, on constate que, depuis cinq ans, la population des seniors connaît des changements démographiques importants : elle augmente rapidement puisqu'elle est passée de 8,6 millions en 1991 à presque 10 millions en 2001, soit une progression de 15 %. Elle s'est aussi rajeunie puisque l'âge moyen de cette classe d'âge est passé de 57 ans à 56 ans sur la même période.

  L'augmentation du taux d'activité des seniors, que l'on constate depuis une dizaine d'années, s'explique avant tout par l'accroissement démographique des plus jeunes d'entre eux (génération du *baby-boom*). Il s'explique aussi par l'augmentation générale du taux d'activité des femmes.
- En revanche, le taux d'activité des hommes de plus de 55 ans poursuit sa chute, qui devient très préoccupante. Rappelons à cet égard qu'en 1975 le taux d'activité des hommes de 55 ans à 59 ans était de 83,3 % ; il est passé à 67,7 % en 1990, à 67,6 % en 2004 et à 66,1 % en 2005.

B ... et ses explications

- À partir du milieu des années 1970, une conception particulière du marché du travail s'impose en France selon laquelle le départ des seniors de l'emploi permet de dégager des opportunités pour les plus jeunes. On a ainsi créé pour le secteur privé des dispositifs qui ont permis de faire basculer 480 000 personnes en pré-retraite, cessation anticipée d'activité ou dispense de recherche d'emploi. À cela viennent s'ajouter les pré-retraites publiques qui concernent environ 125 000 personnes, avec un flux d'entrée qui est toutefois en forte diminution depuis 1999.
- De plus, l'âge légal de départ à la retraite (60 ans dans le privé) est relativement jeune en France. Cet âge légal est en effet toujours fixé à 65 ans dans de nombreux pays de l'OCDE (Canada, Danemark, États-Unis, Irlande, Pays-Bas, Suède). Quant à l'âge effectif de départ en retraite, il est aussi généralement bien plus faible en France que dans les autres nations (59,6 ans pour les hommes, 64,7 ans aux États-Unis, 70 ans au Japon, 62,4 ans au Royaume-Uni, 63,8 ans en Suède).
- Ces éléments font que le taux de chômage des actifs âgés est plus faible que celui de l'ensemble de la population (de l'ordre de 7 %, alors qu'il est d'à peu près

10 % pour l'ensemble). Les chances de retour à l'emploi sont assez faibles pour les seniors et la durée moyenne du chômage est aussi plus longue (12,8 mois pour les plus de 50 ans, contre 7,6 mois en moyenne).

2 Les perspectives de l'emploi des seniors

A La nécessité d'améliorer l'emploi des seniors

- La France connaît, comme l'ensemble de l'Europe, un changement démographique sans précédent caractérisé par un vieillissement important de la population dû à trois facteurs: les faibles taux de natalité, la longévité accrue, les effets du *baby-boom*.
- En ce qui concerne plus particulièrement la France, à partir de 2006, l'arrivée à l'âge de 60 ans des premières générations du *baby-boom* va entraîner un ralentissement de la progression de la population active. Cette baisse sera d'abord modeste, de 30000 chaque année entre 2006 et 2010, puis plus forte, atteignant 80000 par an à partir de 2025. En 2020, on peut raisonnablement penser que le nombre d'actifs aura diminué de 750000 par rapport à 2006.
- Si on s'appuie sur ce scénario de l'Insee, on devrait aboutir à une situation où la part des 55 ans et plus passera de 11,3 % de la population active en 2005 à 14,8 % en 2050; toujours en 2050, la France ne comptera plus que 1,4 actif par inactif de plus de 60 ans (contre 2,2 en 2005).

B Les moyens permettant d'améliorer l'emploi des seniors

- Depuis une dizaine d'années, la politique de l'emploi à destination des travailleurs âgés s'est appuyée essentiellement sur les contrats aidés, et ceci avec un certain succès. En 2002, les plus de 50 ans ont représenté 14,3 % des entrées en contrat emploi solidarité (CES), 29,2 % des entrées en contrat emploi consolidé (CEC) et 26,6 % des entrées en contrat initiative emploi (CIE), alors qu'ils ne réalisent que 5,9 % du total des embauches du secteur privé. Même s'il est difficile d'évaluer l'impact de ces mesures sur la réinsertion professionnelle des bénéficiaires, on observe que le passage en CES accroît fortement la probabilité d'être employé.
- Parallèlement, de nombreux pays européens ont engagé d'importantes réformes pour augmenter le taux d'emploi des seniors. Si on met à part les cas de la Suède et du Danemark, où l'emploi des seniors est élevé depuis longtemps, on citera d'abord l'Allemagne, qui a augmenté son taux d'emploi des seniors ces dernières années, grâce à une réforme du financement des retraites qui introduit des éléments de capitalisation. On citera aussi les Pays-Bas qui ont développé une politique favorisant le temps partiel en fin de carrière, la Finlande qui a amélioré les conditions et l'organisation du travail des personnes âgées, ou encore le Royaume-Uni qui a instauré une flexibilisation de la fin de la carrière et, notamment, pour les travailleurs les moins qualifiés.

Pour atteindre l'objectif défini par l'UE d'un taux moyen d'emploi de 50 % pour les 55-64 ans d'ici 2010, le gouvernement français a lancé, à partir de janvier 2006, un plan d'action concerté pour l'emploi des seniors qui s'appuie sur quelques mesures importantes, comme l'instauration d'une retraite progressive qui permet de poursuivre une activité à temps partiel tout en touchant une partie de la pension, l'augmentation du dispositif de la surcote (il faut que l'on puisse augmenter sa pension si on travaille plus que le seuil requis), la possibilité de cumuler retraite et emploi pour les bas salaires et la suppression de la mise à la retraite d'office à 65 ans.

FICHE 64 LES FEMMES ET LE MARCHÉ DU TRAVAIL

Depuis les années 1960, la volonté d'indépendance des femmes les a conduites à investir le marché du travail bien plus massivement qu'elles ne l'avaient fait auparavant et on peut dire aujourd'hui que leur présence sur ce marché continue d'augmenter et se rapproche de plus en plus de celle des hommes. Les inégalités demeurent toutefois bien présentes, même si on constate des facteurs d'évolution positifs dans les jeunes générations.

1 Les caractéristiques de l'emploi féminin

A L'évolution de l'activité féminine

- Au cours des deux dernières décennies, l'activité féminine a poursuivi sa progression. En 2004, 64 % des femmes et 75 % des hommes de 15 à 64 ans ont ou recherchent un emploi. Si on décompose cette activité par tranches d'âge, on constate que chez les 15-24 ans, le taux d'activité des femmes est de 30 % et celui des hommes de 38 % ; chez les 25-49 ans, le taux d'activité des femmes atteint 81 % et celui des hommes 94 % (c'est ce taux qui a le plus progressé ; de nos jours, la majorité des femmes qui ont des enfants restent sur le marché du travail) ; chez les 50-64 ans, le taux d'activité des femmes se situe à 54 % et celui des hommes à 65 %. Si les écarts entre l'activité féminine et l'activité masculine se réduisent, on remarquera aussi qu'ils persistent aux alentours de 11 points d'activité pour les 15-64 ans et que, depuis les années 1990, on observe un ralentissement de la résorption des écarts de taux d'activité et de taux d'emploi.
- Beaucoup d'emplois féminins sont des emplois à temps partiel : 30 % des femmes contre seulement 5 % des hommes, et sur les 4 millions d'actifs travaillant à temps partiel, 82 % sont des femmes. Cette tendance au développement de l'emploi à temps partiel s'est fortement accrue dans les années 1980.
- Les femmes sont aussi plus concernées que les hommes par les formes d'emploi précaires, et tout particulièrement par les CDD ainsi que les stages et les contrats aidés. De plus, les femmes qui sont en CDD y restent davantage que les hommes et obtiennent moins souvent un emploi à durée indéterminée, basculant aussi plus souvent dans l'inactivité.

B Les métiers exercés

- La montée du salariat et la tertiarisation de l'économie ont surtout bénéficié à l'emploi féminin. Ce sont les domaines professionnels des services aux particuliers, de la santé, de la gestion et de l'administration qui contribuent le plus à la croissance de l'emploi, avec une augmentation des professions peu qualifiées très féminisées (agents d'entretien, assistantes maternelles, employées de bureau, aide-soignantes…). Quant au monde ouvrier, il demeure traditionnellement masculin (les ouvrières représentent à peine 10 % de l'emploi féminin). Les femmes sont sur-représentées dans les emplois peu qualifiés : parmi les 5 millions de salariés peu qualifiés, 61 % sont des femmes.
- Néanmoins, de plus en plus de femmes sont cadres : en 1982, un cadre sur quatre était une femme ; aujourd'hui, cette proportion est de un sur trois ; elles sont aussi plus nombreuses dans les professions intermédiaires. Mais cette féminisation est

très inégale selon les professions : dans les métiers du droit, les femmes sont devenues majoritaires parmi les avocats et progressent rapidement dans la magistrature ; elles sont aussi nombreuses à se diriger vers l'enseignement (64 % des enseignants sont des femmes) ; en revanche, la féminisation des cadres techniques reste modeste par rapport à celle des métiers administratifs : l'informatique et la recherche sont également des domaines encore très peu féminisés.

2 Les inégalités entre hommes et femmes

A Des inégalités importantes…

- Les inégalités de salaires entre hommes et femmes sont assez importantes. Actuellement, le *ratio* du rapport du salaire moyen des femmes comparé au salaire moyen des hommes se situe dans une fourchette allant de 80 % à 85 % pour les salaires horaires et de 75 % à 80 % pour les salaires mensuels, et ces fourchettes n'ont quasiment pas bougé depuis le début des années 1990.
- Les inégalités de salaires se répercutent sur les inégalités des pensions de retraite, d'autant plus fortes que les carrières des femmes sont souvent plus courtes que celles des hommes. En 2001, les retraitées perçoivent une pension moyenne de 696 euros au titre des droits acquis en contrepartie d'une activité professionnelle, contre 1 372 euros pour les hommes.
- Tout cela débouche sur un risque réel de pauvreté qui n'est pas complètement atténué par la solidarité familiale, de plus en plus souvent défaillante. En effet, les familles monoparentales (qui se multiplient de plus en plus et qui sont constituées pour l'essentiel des femmes seules avec les enfants) sont celles pour lesquelles les contraintes liées à l'articulation entre la vie professionnelle et la vie familiale sont les plus lourdes en termes financiers, et aussi en termes de temps disponible.

B … et aussi des facteurs d'évolution positifs

- En premier lieu, il convient d'observer que la ségrégation des hommes et des femmes selon les métiers diminue pour les plus jeunes ; en 20 ans, la présence des femmes a augmenté là où elle était faible, dans les postes qualifiés ou techniques par exemple. L'évolution du système éducatif joue un rôle important dans cette dynamique : depuis le milieu des années 1990, les jeunes femmes sont plus diplômées que les hommes de leur génération.
- En second lieu, on observe aussi que les hommes et les femmes plus diplômés occupent de plus en plus des emplois similaires ; pour les plus diplômés, une réelle osmose s'instaure entre les marchés de l'emploi féminin et masculin et de nombreux postes de responsabilité sont maintenant ouverts aux femmes.

Puisque les inégalités entre l'emploi masculin et l'emploi féminin sont encore bien présentes, il est du devoir des politiques publiques d'œuvrer pour les réduire. Or, au-delà du discours égalitaire, on voit que les mesures générales prises sur l'emploi (incitation au temps partiel, congé parental, réforme des retraites) ont pour effet pervers de renforcer les inégalités entre hommes et femmes et d'augmenter le risque de précarité de l'emploi féminin.

FICHE 65 LES JEUNES ET LE MARCHÉ DU TRAVAIL

Le chômage persistant depuis le milieu des années 1970 s'est traduit par des difficultés d'accès à l'emploi pour certaines catégories de population. Parmi celles-ci, les jeunes sont les premiers concernés ; leur insertion professionnelle est bien souvent assez lente et chaotique.

1 L'ACCÈS DES JEUNES À L'EMPLOI

A Le chômage des jeunes

- En 2005, le taux de chômage des jeunes de 15 à 24 ans est de 22,3 %, contre 9,3 % toutes classes d'âges confondues. Cet écart élevé s'explique avant tout par la recherche du premier emploi qui a lieu, en moyenne, à 21 ans. Selon une enquête du Centre d'études et de recherche sur l'emploi et les qualifications (CEREQ), parmi les 762000 jeunes sortis de formation initiale en 2001, le taux de chômage est, au bout de trois ans de vie active, de 16,6 % alors que le taux de chômage des jeunes pris au départ était de 22,1 %. La recherche initiale d'emploi explique donc 5,5 points d'écart entre le chômage des jeunes et celui des adultes.
- Le taux de chômage des jeunes français demeure anormalement élevé, notamment par comparaison avec la situation qui existe dans les autres pays européens. Ainsi, toujours en 2005, le taux de chômage des jeunes est de 15 % en Allemagne, 8,6 % au Danemark et en Irlande, 13,8 % au Luxembourg, 8,2 % aux Pays-Bas et 12,9 % au Royaume-Uni. Une autre caractéristique forte en France est la faiblesse du taux d'emploi des jeunes de 15 à 24 ans ; ce taux, qui rapporte la population ayant un emploi à la population totale âgée de 15 à 24 ans, est de 30,1 % en France ; il est de 36,8 % dans l'Union européenne à 25, et il est même très faible quand on compare la situation de la France à celle des grands pays voisins (Allemagne : 42 % ; Royaume-Uni : 54 %).

B Le processus d'insertion des jeunes

- L'accès à l'emploi des jeunes, ainsi que leurs conditions d'emploi, sont fortement liés à la conjoncture. Lors des périodes de ralentissement économique, la situation des jeunes actifs se dégrade plus rapidement que celles des anciens, mais, lorsque l'économie repart, ils sont les premiers à bénéficier de cette reprise. C'est ainsi que, de 1975 à 1985 et de 2002 à 2005, le taux de chômage a augmenté rapidement, et surtout pour les moins diplômés davantage soumis aux aléas de la conjoncture alors que, dans la seconde moitié des années 1980, période de reprise, il a diminué de manière significative.
- Avec la montée du chômage, les pouvoirs publics ont développé de nombreuses mesures d'aide à l'emploi ciblées sur les jeunes : fin 2004, près de 800000 jeunes de moins de 26 ans bénéficient d'un contrat aidé ; parmi eux, 540000 suivent une formation en alternance, dont 360000 sont en apprentissage. Par ailleurs, 180000 jeunes occupent un autre emploi aidé du secteur marchand, dont 120000 contrats jeunes en entreprise. Enfin, 70000 bénéficient d'un emploi aidé du secteur non-marchand, parmi lesquels 40000 emplois-jeunes, mesures dont les entrées ont cessé depuis le 1er janvier 2003.

2 Quelques difficultés bien présentes

A Un déclassement réel

- Entre 1975 et 2000, l'âge moyen de fin d'études a augmenté de trois ans et, en 2001, 45 % des jeunes actifs ayant moins de 5 ans d'ancienneté sur le marché du travail ont un diplôme de l'enseignement supérieur, contre seulement 28 % dix ans plus tôt.
- Le premier constat qui s'impose est que, plus le diplôme est élevé, meilleure est la protection contre le chômage. Un jeune diplômé du supérieur a une probabilité trois fois plus faible de se trouver au chômage qu'un jeune sans qualification, et cela trois ans après la sortie du système éducatif.
- Mais l'élévation du niveau d'études est loin de permettre à tous les jeunes de trouver un emploi en rapport avec l'investissement scolaire effectué. Étant donné qu'en France l'offre d'emplois qualifiés a augmenté moins vite que l'offre des diplômés, cela s'est soldé par une moindre rareté des diplômes qui s'en sont trouvés moins valorisés sur le marché du travail. Une telle situation débouche sur le « déclassement » qui désigne la situation des personnes possédant un niveau de formation supérieur à celui normalement requis par l'emploi qu'elles occupent. Ce déclassement est très fort pour les jeunes qui sont simplement titulaires du baccalauréat (professionnel, technologique ou général), dont les rémunérations sont, en général, très proches du SMIC, ce qui signifie clairement que le fait de posséder uniquement le baccalauréat n'induit aucun avantage particulier par rapport aux jeunes sortant du système scolaire sans le baccalauréat.

B Le poids des origines socioprofessionnelles et ethniques

- Selon une enquête du CEREQ, les parcours d'entrée dans la vie active varient sensiblement en fonction de l'origine sociale, appréhendée par la catégorie sociale du père. Les enfants de cadres ou de professions intermédiaires sont deux fois moins concernés que les enfants d'ouvriers par des parcours où domine le non-emploi (4 % contre 8 %). De plus, les enfants d'ouvriers sont bien moins nombreux que les enfants de cadres à trouver un emploi stable ; toutefois, les difficultés s'estompent avec l'acquisition du diplôme puisque, à diplôme équivalent, on peut démontrer que l'origine sociale a peu d'effet sur la participation à l'emploi. Lorsqu'ils sortent de l'enseignement supérieur, les enfants d'ouvriers ne sont pas plus confrontés au chômage que les enfants de cadres, même s'il est vrai qu'ils accèdent, en moyenne, à des salaires plus faibles.
- À cela vient s'ajouter le fait que les parcours scolaires et professionnels des jeunes varient en fonction de leurs origines ethniques. Les jeunes dont le père est d'origine maghrébine sont les plus touchés par les difficultés d'insertion sur le marché du travail. Au bout de 5 ans, la moitié d'entre eux n'ont pas d'emploi stable, contre 1/3 des jeunes dont le père est né en France, et le risque de non-emploi prolongé est deux fois plus fort que la moyenne.

Le haut niveau du chômage des jeunes français, comparé à l'ensemble de l'Union européenne, ne doit pourtant pas amener à la conclusion que les jeunes chômeurs sont extrêmement nombreux en France. En effet, du fait de l'allongement des études, la part des jeunes au chômage (nombre de chômeurs rapporté aux effectifs de la classe d'âge) n'est que de 7,8 %, ce qui est proche de la moyenne européenne (7,4 %). Les Français ont donc une préférence pour les parcours scolaires prolongés, qui se conjugue avec une inadaptation relative de l'appareil de formation par rapport à l'appareil productif.

FICHE 66

LE SYNDICALISME SALARIÉ EN FRANCE

La France se caractérise à la fois par un taux de syndicalisation faible et par une présence institutionnelle forte des organisations de salariés, ce qui permet de dire que le syndicalisme joue un rôle important dans la régulation de la vie économique et sociale de notre pays. Le modèle national se distingue en cela aussi bien de pays comme les États-Unis, le Japon, où les taux de syndicalisation sont faibles, ainsi que les niveaux de couverture pour les conventions collectives, que de pays comme le Royaume-Uni, où le taux de syndicalisation est fort et le taux de salariés couverts par une convention collective est faible.

1 Le paradoxe du syndicalisme en France

A Un déclin quantitatif

- La France n'a jamais été un pays de syndicalisme de masse parce qu'elle n'a pas connu les grandes concentrations ouvrières de l'Angleterre et de l'Allemagne et aussi parce qu'elle n'a pas opté pour un syndicalisme de service, comme en Europe du Nord. Cependant quelques années après la guerre, en 1949, plus d'un salarié sur quatre était syndiqué. Le syndicalisme regroupait alors 3 millions d'adhérents.
- De la fin de la guerre aux années 1960, les organisations syndicales perdent la moitié de leurs effectifs et, si le taux de syndicalisation se stabilise ensuite, c'est au prix de reconfigurations d'ampleur; la CGT recule au profit de FO et de la CFDT reconnue comme représentative après la scission de la CFTC en 1964.

  Un an après le premier choc pétrolier, la situation se dégrade à nouveau; le nombre d'adhérents diminue à partir de 1977-1978 dans l'ensemble des branches et pour l'ensemble des organisations. Ce déclin s'accentue avec la montée du chômage de masse et la restructuration des bassins industriels et, en 15 ans, les organisations syndicales ont de nouveau perdu la moitié de leurs effectifs. Au début des années 1990, la syndicalisation atteint son plus bas niveau, entre 8 % et 9 %.
- La dernière décennie est marquée par une pause dans la tendance longue au déclin du syndicalisme: avec 1,8 million d'adhérents, les différentes organisations semblent avoir stabilisé leurs effectifs; ils représentent 8 % des salariés en 2004.

B Et une institutionnalisation progressive

- En même temps que les effectifs des syndicats décroissent, le paradoxe français est que de nouvelles dispositions réglementaires viennent étendre le paritarisme et renforcer la présence syndicale dans les entreprises. C'est d'abord la création des comités d'entreprise en 1946 et l'instauration de la gestion paritaire des organismes de protection sociale (AGIRC en 1947, UNEDIC en 1958, ARRCO en 1961); c'est ensuite la loi de 1950 sur les conventions collectives qui reconnaît comme organisations représentatives dans le secteur privé les confédérations CFTC, CGC, CGT et CGT-FO (puis la CFDT en 1966) et qui rend possible la signature de conventions ou d'accords collectifs par un seul de ces syndicats.
- La présence syndicale va continuer à se renforcer progressivement sur les lieux de travail: en 1968, les sections syndicales et leurs délégués sont reconnus dans

les entreprises de plus de 50 salariés ; les lois Auroux de 1982 renforcent le droit d'expression des salariés et les missions des comités d'entreprise. En 1993, l'instauration des délégations uniques du personnel, qui peuvent remplacer dans les entreprises de moins de 200 salariés les comités d'entreprise et les délégués du personnel, et l'intense activité de négociation à l'occasion de la réduction du temps de travail de 1998 à 2002, ont également contribué à ce renforcement.

- Un point d'inflexion dans ce processus d'institutionnalisation est marqué par la réforme du dialogue social de mai 2004 qui, si elle ne modifie pas les règles concernant la représentativité de droit des syndicats, autorise, en l'absence de délégués syndicaux, les représentants élus à signer des accords collectifs.

2 Les syndicats aujourd'hui

A L'implantation des syndicats

- La présence syndicale continue à se renforcer sur les lieux de travail. Ainsi en 2004, 56,7 % des salariés déclarent qu'un syndicat est présent dans leur entreprise ou leur administration, contre 50,6 % en 1996. Si cette évolution concerne toutes les organisations syndicales, les tendances depuis les années 1996 ont été particulièrement favorables pour la CFTC et la CFDT. En 2005, 36,2 % des établissements de 50 salariés et plus sont couverts par un délégué syndical de la CFDT, alors qu'en 1993, cette proportion n'était que de 24,9 %. De même, on constate que, dans les élections aux comités d'entreprise ainsi qu'aux délégations uniques du personnel, le recul des voix non syndiquées entre 1991-1992 et 2001-2002 profite essentiellement à ces deux organisations syndicales.
- L'implantation syndicale est beaucoup plus forte dans le public que dans le privé ; l'adhésion à un groupe syndical ou professionnel n'est que de 5 % dans les entreprises privées, alors qu'elle est de 15,6 % dans les entreprises publiques. Par ailleurs, dans la fonction publique, un salarié sur deux signale l'existence d'un syndicat sur son lieu de travail, alors que cette participation tombe de un à trois dans les entreprises privées. Au sein du secteur public, l'implantation est traditionnellement forte dans les secteurs de la santé et de l'éducation et dans le secteur de l'administration.

B Qui se syndique ?

- Les cadres et professions intellectuelles supérieures adhèrent maintenant trois fois plus souvent à un groupement syndical ou professionnel que les ouvriers, et ce phénomène, s'il est plus prononcé dans le secteur public, est également vrai dans le secteur privé. En 2004, 7,5 % des cadres d'entreprise sont syndiqués, contre 5 % des ouvriers.
- Si les ouvriers sont moins syndiqués, il n'en sont pas moins pour autant plus militants ; alors que les cadres déclarent en majorité être de simples adhérents, les ouvriers affirment exercer des responsabilités syndicales (28 % contre 19 % des cadres).

S'il est faux de dire que les syndicats sont à la remorque des partis politiques, on peut quand même affirmer en France que la « politisation » des engagements syndicaux prend parfois le pas sur la défense des intérêts catégoriels. Il reste donc en France à promouvoir un syndicalisme à la fois plus modeste et plus vivant, qui s'appuie sur l'appréciation réelle du rôle des syndicats dans la vie économique et sociale et sur des attentes plus ciblées à l'égard de ceux-ci.

FICHE 67 LE DIALOGUE SOCIAL EN FRANCE

L'utilisation de l'expression « dialogue social » pour qualifier les relations entre employeurs et salariés reflète assurément un changement de paradigme de la société française. Contrairement à la « lutte des classes », le « dialogue social » suggère le passage d'une culture du conflit à une culture du partenariat fondée sur la prise de conscience d'intérêts communs entre le patronat et les syndicats.

1 L'ÉTAT DU DIALOGUE SOCIAL

A L'insuffisance du dialogue social

- Le rapport Chertier sur l'amélioration du dialogue entre les partenaires sociaux, le gouvernement et la société civile, remis au Premier ministre le 21 avril 2005, souligne l'insuffisance du dialogue social en France. Dans notre pays, il est largement admis que le conflit est souvent un préalable au dialogue social : face à des décisions bien souvent unilatérales du patronat, les syndicats organisent la grève et le rapport de forces s'installe. Dans ces conditions, l'État est chargé de promouvoir la cohésion sociale, ce qui le conduit à encadrer et à intervenir dans les négociations entre partenaires sociaux, à tel point qu'il apparaît comme l'acteur central de la régulation sociale. De là viennent donc une série de tensions comme lors de la mise en place des 35 heures (qui a été imposée par la loi, et de manière uniforme) ; on peut citer aussi la manière dont le projet du contrat première embauche (CPE) a été amené par le gouvernement. Cela est d'autant plus paradoxal que l'État s'était engagé par la loi du 4 mai 2004 sur la formation professionnelle tout au long de la vie et le dialogue social à donner la priorité à la négociation collective avant toute réforme législative touchant aux relations de travail.
- En Allemagne, le principe d'autonomie de la négociation collective, qui résulte de la Constitution de 1949, accorde une place prépondérante à cette négociation par rapport à la loi. Si les règles relatives aux relations et aux conditions de travail (délais de licenciement, durée du travail, congés) sont du domaine commun à la loi et à la négociation collective, il y a des compétences exclusivement réservées à la négociation collective (conditions de travail). Ainsi, à la différence notable de la France, il n'y a pas de législation sur le salaire minimum en Allemagne. Au Danemark, depuis un siècle, la négociation collective est centrale dans les relations du travail ; l'État et le législateur sont en retrait et la plupart des règles gouvernant la négociation collective et les relations du travail émanent des partenaires sociaux eux-mêmes.

B Les raisons de l'insuffisance du dialogue social

- La France demeure un pays jacobin et centralisateur, où l'État s'occupe de tout, et est chargé d'exprimer et de mettre en œuvre l'intérêt général. Dans ces conditions, l'État s'est installé dans un double rôle partiellement contradictoire d'acteur et de régulateur du dialogue social. Il s'estime ainsi légitime pour intervenir dans tous les domaines, même ceux des entreprises privées. Et cette action a progressivement débouché sur une inflation de textes législatifs.
- Une autre raison tient à la nature des syndicats français : tout au long du XXe siècle le syndicalisme français est traditionnellement revendicatif, privilé-

giant plutôt une logique d'opposition que de coopération, et entretenant un lien fort avec les partis politiques de gauche. Toutefois, les positions syndicales ont beaucoup évolué ces dernières années et on peut voir que la CFDT s'est recentrée pour apparaître comme l'interlocuteur privilégié du patronat et du gouvernement, alors que la CGT s'émancipe du Parti communiste français et a même signé, pour la première fois, deux accords d'importance portant sur la formation professionnelle (30 septembre 2003) et sur l'égalité professionnelle (1er mars 2004).

- Une troisième raison est relative à la place paradoxale du syndicalisme en France, puisque le taux de syndicalisation est un des plus faibles parmi tous les pays d'Europe. Cette situation crée un cercle vicieux car, face à des syndicats parfois jugés peu représentatifs, l'État a pris l'habitude d'intervenir directement dans la régulation sociale, affaiblissant les corps intermédiaires.

2 Les enjeux du dialogue social

A Les avantages du dialogue social

- Le dialogue social améliore le processus de la décision publique, puisqu'en prenant en considération l'ensemble des partis prenantes, il permet d'établir un diagnostic partagé.
- Il facilite l'acceptation des décisions des autorités publiques, car les consultations ou concertations entreprises servent également à prévenir les résistances au changement, tout en améliorant la cohésion sociale.

  Il est aussi la source d'accords de meilleure qualité dans la mesure où le processus de négociation permet à chaque partie de vérifier les avantages et inconvénients proposés par telle ou telle solution, et de déboucher parfois sur un accord qui puisse satisfaire tous les contractants.

B Les pistes de réforme

- En août 2006, le gouvernement a dégagé trois pistes de réforme dans une note transmise aux partenaires sociaux, qui a débouché sur un avant-projet sur la réforme du dialogue social présenté en septembre, en même temps qu'une concertation se poursuit au sein du Conseil économique et social.
- La première piste de réforme suggère de réduire le nombre d'instances de concertation (plus d'une centaine de lieux de concertation où siègent État et partenaires sociaux). La deuxième piste est de créer un agenda partagé de réforme, où l'on afficherait un programme élaboré de manière concertée qui permettrait de mieux partager les tâches entre les différents acteurs (Parlement, partenaires sociaux, gouvernements). La troisième piste est l'organisation d'un temps de concertation, sous la forme d'un délai maximum de trois mois entre l'annonce d'un projet de réforme et l'adoption du texte en Conseil des ministres. En cas d'accord des partenaires sociaux, le gouvernement ne pourrait que soit accepter en bloc le texte approuvé, soit le refuser également en bloc.

Si le renforcement du dialogue social est indispensable, il ne doit pour autant pas conduire les pouvoirs publics à abdiquer devant leurs propres responsabilités. En effet, il arrive que les solutions de compromis ne soient pas toujours possibles entre les partenaires sociaux et il arrive aussi que ceux-ci s'entendent pour bénéficier de subsides publics. La régulation étatique est alors indispensable.

FICHE 68 LA RÉDUCTION DU TEMPS DE TRAVAIL

Les 35 heures sont apparues de manière optionnelle en France avec la loi de Robien. Elles sont devenues ensuite l'étalon en matière de durée du travail avec les lois Aubry de 1998 et 2000. On peut maintenant dresser un bilan de leur impact, non seulement sur le volume de l'emploi mais aussi sur les conditions de travail des salariés.

1 EXAMEN THÉORIQUE DE LA QUESTION

A Le partage du travail

- L'idée de partage du travail part de l'idée selon laquelle le nombre de salariés nécessaire pour un volume de production donné est inversement proportionnel à la durée du travail ; par exemple, s'il faut 20 jours de travail pour fabriquer une automobile, il faudra, selon ce raisonnement, 20 jours avec un seul travailleur pour parvenir au résultat ou, à l'autre extrême, un seul jour avec 20 salariés. En extrapolant l'idée à l'ensemble de l'économie nationale, on peut espérer qu'une baisse de 10 % de la durée du travail se solde par une augmentation de 10 % du volume de l'emploi national. On voit donc comment la diminution de la durée du travail peut être considérée comme une solution au problème du chômage.
- Cette idée se heurte à quelques réalités économiques. Mais elle se heurte aussi à l'évidence de l'absence de mobilité parfaite du travail. Le modèle que l'on vient d'évoquer suppose en effet l'existence d'une masse homogène de travail dont la répartition ne pose aucune difficulté. Or, le travail est une réalité hétérogène. Du fait de l'absence de travailleurs qualifiés dans certains secteurs d'activité (ce qui est le cas pour un grand nombre d'emplois industriels), des pénuries localisées d'actifs peuvent coexister avec un chômage de masse.
- Par ailleurs, l'accroissement du nombre d'employés pour faire face à la baisse du temps de travail n'est pas la seule solution possible pour l'entrepreneur. Pour éviter les problèmes liés à l'accroissement de l'effectif (masse salariale accrue, absence de flexibilité du travail pour gérer les aléas de la production…), certains entrepreneurs peuvent choisir une stratégie « malthusienne », comme celle consistant à limiter la production pour réduire les risques.

B Les enseignements de la science économique

- Un premier enseignement est lié à l'influence de la réduction du temps de travail (RTT) sur l'organisation de la production. Plutôt que d'augmenter le nombre de travailleurs, les entreprises peuvent choisir de réorganiser la production en augmentant le travail en équipes pour intensifier la durée d'utilisation des équipements, ou en réalisant l'annualisation du temps de travail pour accroître la flexibilité interne. Cette stratégie augmente la productivité du travail, ce qui peut être favorable, à plus ou moins long terme, à la croissance de l'entreprise, mais qui limite très fortement l'ampleur de l'effet de partage du travail à court terme.
- Un deuxième enseignement est relatif à la question de la compensation salariale, c'est-à-dire à la hausse du salaire horaire pour compenser totalement ou partiellement la baisse du salaire mensuel, liée à la réduction du nombre d'heures ouvrées. La compensation salariale augmente le prix relatif du facteur travail par rapport au

facteur capital, ce qui conduit immédiatement à une moindre embauche et à la substitution accrue du capital au travail. De plus, elle abaisse la rentabilité des entreprises, ce qui peut compromettre les opérations d'investissement.

- Un troisième enseignement peut être tiré de la nature des interventions étatiques : si les politiques publiques prennent en charge le surcoût du travail, par exemple sous la forme d'allègements des cotisations sociales acquittées par les employeurs, l'impact de la RTT dépendra, au bout du compte, de l'état des finances publiques. L'augmentation de l'endettement de la puissance publique exerce en général une action négative sur la croissance ; on peut cependant espérer que les créations d'emplois soient suffisantes pour générer des rentrées fiscales abondantes sous la forme d'impôts et de cotisations.

2 L'observation empirique de l'impact des 35 heures

A Une incidence positive sur le volume de l'emploi

- Les simulations macro-économiques aboutissent généralement à la conclusion que la RTT est créatrice d'emplois, dans la mesure où certaines conditions sont respectées. Les simulations de l'OFCE faisaient état d'une création nette de 2,5 millions d'emplois en cas de passage progressif aux 35 heures. Cela supposait qu'il y ait une baisse proportionnelle des salaires, que la durée d'utilisation des équipements soit augmentée de 10 % et que le taux de cotisations sociales des employeurs soit réduit de 4 points.
- Les premiers travaux *ex post* sur les 35 heures aboutissent à une conclusion analogue. D'après Gubian (« Les effets de la RTT sur l'emploi : des estimations *ex ante* aux évaluations *ex post* », *Économie & statistiques*, 2005), on peut estimer que 350 000 emplois ont été créés grâce aux lois Aubry entre 1998 et 2002.

B Un bilan mitigé sur les conditions de travail des salariés

- D'après les enquêtes disponibles, la RTT, si elle donne parfois un sentiment d'amélioration de la vie quotidienne (phénomène surtout observé chez les femmes ayant à charge un ou plusieurs enfants), dégrade les conditions de travail : accroissement de la pression temporelle sur le travail et aussi augmentation indéniable du stress.
- On observe aussi que les inégalités augmentent entre les salariés. Globalement, les plus satisfaits sont les plus qualifiés (cadres, professions intermédiaires) alors que les ouvriers non qualifiés concentrent la plus forte part des mécontents. Pour ce personnel non qualifié, la RTT renforce l'irrégularité des horaires.

Il ressort de tout ceci que, si le bilan économique sur le volume de l'emploi des 35 heures apparaît globalement positif, le bilan social de celles-ci est moins favorable. On peut toutefois considérer aujourd'hui que ce débat est largement dépassé, puisque le processus de diffusion s'est arrêté (58 % des salariés du privé sont concernés par la durée légale du travail) et que la durée du travail obéit de fait à une flexibilité croissante, sans parler de la nouvelle donne démographique qui pourrait créer une pénurie d'actifs d'ici quelques années, instaurant ainsi un contexte favorable à la remise en cause des accords conclus.

Fiche 69 — Faut-il un nouveau modèle social de l'emploi en France ?

La « flexicurité », permettant d'allier un haut degré de flexibilité et de fluidité du marché du travail avec le maintien d'une sécurité de revenu et de protection sociale, trouve de plus en plus d'échos chez les responsables politiques et syndicaux, avec le Danemark comme modèle de référence. Ce modèle est-il transposable à la France ?

1 Le Danemark et la France : deux modèles d'emploi bien différents

A Les caractéristiques du modèle français

- Le modèle d'emploi français est un modèle rigide avec un niveau global de protection de l'emploi est très élevé. Les licenciements économiques collectifs sont encadrés de façon très stricte. Cela conduit les entreprises à contourner les contraintes imposées en évitant ces licenciements collectifs pour recourir à des licenciements pour motif individuel, en constante hausse depuis la fin des années 1980 (le rapport licenciements économiques/licenciements pour motifs personnels, qui était de 1,3 en 1990, est tombé à 0,4 en 2004).
- C'est aussi un modèle dual : devant l'excès de réglementation, les employeurs recourent de façon croissante aux emplois précaires sur lesquels ils reportent l'exigence de flexibilité.
- C'est enfin un modèle qui suscite un sentiment d'insécurité important ; si l'insécurité d'emploi est faible pour les contrats à durée indéterminée, la probabilité de rester au chômage est élevée et d'autant plus forte que l'on est âgé et non qualifié. Cela engendre un risque d'exclusion réel qui fait qu'au total, et bien que le système de protection sociale soit généreux, la sécurité d'emploi et de revenu est perçue comme faible en France.

B Les éléments de la réussite danoise

- Le concept de flexicurité a été popularisé aux Pays-Bas en 1999 à l'occasion de l'adoption de la loi « Flexibilité et sécurité » qui visait à assouplir les protections dont bénéficiait le contrat « permanent » de travail en contrepartie de l'accroissement de celles accordées aux contrats temporaires.
- Le Danemark fait figure de référence avec la promotion du « triangle d'or de la flexibilité ». Celui-ci repose sur trois piliers : une faible protection de l'emploi qui se caractérise par un assouplissement des règles encadrant l'embauche et le licenciement, une indemnisation du chômage très généreuse et une politique de l'emploi très active, de façon à éviter le chômage de longue durée. La réussite du modèle danois est attestée par un taux de chômage faible (environ 5 %), une mobilité du travail très élevée et un sentiment de sécurité de l'emploi lui aussi très élevé.
- Il convient toutefois de préciser que la faible protection de l'emploi au Danemark (flexibilité dite quantitative externe) s'accompagne de la présence d'autres formes de flexibilité, à savoir la flexibilité quantitative interne (ajustement des heures de travail plutôt que du nombre de travailleurs), la flexibilité qualitative (polyvalence, rotation des tâches) et de la flexibilité salariale (ajustement des salaires en fonction de la conjoncture économique).

2 Les pistes de réforme du modèle d'emploi français

A Les enseignements du modèle danois

- Le modèle danois n'est pas directement transposable en France car il repose sur quelques caractéristiques sociétales singulières :
  - la première est le faible niveau des inégalités économiques dans ce pays, associé à un sentiment de cohésion et d'esprit civique qui se traduit notamment par l'acceptation d'une pression fiscale élevée, nécessaire pour financer la politique ambitieuse de l'emploi et la protection sociale ;
  - la deuxième est la vitalité de la démocratie sociale danoise : 80 % des salariés sont syndiqués et le dialogue social est important à tous les niveaux, la négociation collective jouant un rôle central dans la régulation du marché du travail (en France le taux de syndicalisation est proche de 5 % dans le secteur privé et l'État ou la loi suppléent à la faiblesse de la négociation collective) ;
  - la troisième est le haut niveau de formation initiale de la population danoise ainsi que l'importance de la « formation tout au long de la vie », éléments clés du modèle de flexibilité (le retard français en la matière est patent).
- Néanmoins, si les institutions ne se transposent pas mécaniquement d'un pays à un autre, la France peut évidemment tirer parti de certains points de la réussite du modèle danois. On peut, par exemple, penser à fluidifier le marché du travail et à réduire ainsi le chômage en contrepartie de certains filets de sécurité (maintien d'un salaire minimum, impôt négatif...), ce qui permettrait de progresser dans la direction de la sécurité du revenu. On peut aussi penser à élaborer un compte formation pour chacun (dans et en dehors de l'entreprise), dans la perspective d'améliorer l'employabilité et d'« équiper les individus pour le marché ».

B Quelques propositions d'économistes

- C'est au milieu des années 1990 qu'est apparu en France le thème de la sécurisation des trajectoires face au développement de la précarité. Le rapport Boissonat (*Le travail dans 20 ans*, Commissariat général au Plan, 1995) introduit l'idée d'un « contrat d'activité ». Dans cette optique, le travailleur signerait un contrat, non plus avec un seul, mais avec plusieurs employeurs, ainsi qu'avec un organisme de formation. Il alternerait ainsi périodes d'emploi et périodes de formation au sein d'un statut unique garantissant les mêmes droits sociaux que le contrat de travail traditionnel.
- Dans une optique plus élargie, le rapport Supiot (*Au-delà de l'emploi*, rapport pour la Commission européenne, 1999) insiste sur la nécessité de définir un véritable statut du travailleur fondé sur des droits attachés à l'individu, et pas seulement à son emploi. Il s'agit de promouvoir des « droits de tirage sociaux », par exemple sur des comptes épargne-temps, ou sur des comptes de formation.

S'il est urgent de réformer le modèle d'emploi français, il faut néanmoins se garder de vouloir imposer les choses par la loi, comme l'a illustrée l'affaire du contrat première embauche en mars et avril 2006. La promotion de la flexibilité exige l'implication des partenaires sociaux à tous les niveaux, ainsi qu'une mise en œuvre coordonnée et décentralisée. Avant d'envisager l'action réformatrice, il faut d'abord travailler à l'émergence d'un diagnostic partagé, puisqu'il n'y pas d'action commune sans consensus préalable.

FICHE 70 LES CONFLITS SOCIAUX CONTEMPORAINS

Le temps est loin où les conflits sociaux se résumaient aux conflits du travail menés par quelques grands syndicats. Ceux-ci n'ont pas disparu mais, à côté de ces manifestations classiques, on voit apparaître de nouvelles formes de conflictualité; ces nouveaux mouvements sont-ils opposables aux précédents?

1 Les transformations des conflits sociaux

A Le déclin des conflits du travail

- Si on retient comme indicateur des conflits du travail le nombre de journées de grève, les conflits sont en régression. En France, dans le secteur privé, au cours des années 1960 et 1970, le nombre de journées individuelles non travaillées (JINT) a toujours été supérieur à 1 million, avec des pics comme celui de 1976 (5 millions de JINT). Aujourd'hui, le nombre de JINT se situe aux alentours de 200 000 (193 000 pour la dernière année disponible, 2004).
- Il faut se garder de conclusions hâtives: en fait, on constate plutôt que les formes d'emploi évoluent et pas seulement dans le sens du développement des emplois précaires. Globalement, la révolution industrielle a vu la transformation du travailleur indépendant ou « à domicile » en travailleur salarié, attaché à l'usine et assigné à un poste. La tendance actuelle réalise le mouvement inverse: le travailleur salarié se transforme assez souvent en travailleur indépendant, et les « missions » se substituent aux fonctions. La gestion de la main-d'œuvre s'en trouve de plus en plus individualisée et les conflits prennent eux-mêmes des formes individualisées; les conflits s'expriment maintenant devant les tribunaux des prud'hommes.

B L'émergence des nouveaux mouvements sociaux

- Le thème des nouveaux mouvements sociaux (NMS) émerge au milieu des années 1960, au moment où le mouvement ouvrier, qui était jusque-là au cœur des sociétés industrielles, ne semble plus avoir le monopole de la mobilisation sociale. Ces mouvements ne concernent plus la production et l'économie: ils se situent dans les champs de la culture, de la sociabilité, de la ville ou des valeurs, mettant en scène de nouveaux acteurs comme les femmes, le étudiants, les militants anti-nucléaires, et échappent au cadre traditionnel du syndicalisme.
- Ces nouveaux mouvements sociaux mettent en jeu de nouveaux acteurs, qui sont les classes moyennes et les technocrates, par opposition au clivage traditionnel entre prolétaires et capitalistes. Pour bon nombre d'analystes des années 1960 et 1970, et tout particulièrement pour Alain Touraine, ces nouvelles luttes sociales n'expriment pas seulement la diversification des conflits et la montée de nouvelles catégories sociales, elles sont, au contraire, porteuses de valeurs nouvelles liées à l'émergence d'une société post-industrielle, qui sont la défense de la qualité de la vie, de la démocratie, de l'écologie… Les nouveaux mouvements sociaux sont, pour A. Touraine, porteurs d'« historicité »; ils sont le moteur de l'histoire et du changement social, à la suite du mouvement ouvrier de la fin du XIXe siècle et du début du XXe.

2 L'actualité des conflits sociaux

A Une nouvelle forme de conflictualité...

- Chacun s'accorde aujourd'hui à reconnaître que les NMS, comme le mouvement des femmes ou le mouvement anti-nucléaire, ont décliné. Toutefois, on voit resurgir toute une série de conflits qui réunissent la sphère du travail avec d'autres champs d'action (les jeunes, les retraités, les banlieues) et qui donnent lieu à des configurations conflictuelles complexes où les mobilisations collectives sont plurielles.
- On peut citer par exemple le mouvement de grève de novembre et décembre 1995, où des centaines de milliers de travailleurs ont fait grève contre le gouvernement Juppé, dirigeant leur action contre la mise en cause de certains acquis sociaux, à savoir la retraite, la sécurité sociale et l'emploi. Même si, sur le terrain, les revendications s'appuient sur la défense des régimes de retraite, de la protection sociale, du statut de certaines entreprises publiques, on est cependant loin d'une action corporatiste ; le discours global se veut politique, s'opposant au libéralisme pour mettre en cause l'Europe ou la mondialisation. Ce mouvement se pose clairement en terme de civilisation et de défense d'une civilisation.
- On peut citer aussi le mouvement anti-CPE (contrat première embauche) de 2006, qui a apporté également la démonstration que le travail et la condition salariale ne parviennent plus à embrasser pleinement la conflictualité sociale. Certes, en ce qui concerne le CPE, les événements ont pris corps autour de la problématique du travail, des formes qu'il peut prendre et des droits qui lui sont attachés, mais, en même temps, ces manifestations ont mis en relief la place que la société actuelle fait aux jeunes et posé la question en terme de solidarité intergénérationnelle, question qui dépasse de loin celle du contrat de travail.

B ... et quelques enseignements qui s'en dégagent

- En premier lieu, le point le plus important est de reconnaître la place du conflit dans le mouvement des sociétés. Contrairement à un fonctionnalisme élémentaire qui pouvait identifier le conflit à un phénomène parasitaire ou résiduel dans la société moderne, il est important de reconnaître qu'il est consubstantiel au mouvement de cette société qu'il contribue à structurer.
- En deuxième lieu, il est patent que les conflits du travail continuent de perdre de leur importance, et cela pour deux raisons. La première est leur institutionnalisation ; la grève est désormais englobée dans des conflits de règles, gérés par les partenaires sociaux. Dans ces conditions, bon nombre de revendications sont satisfaites par la négociation collective, et non par l'affrontement direct entre le patronat et les travailleurs. La seconde raison est que la sphère du travail est de plus en plus atomisée et précaire ; sans que l'on puisse parler de « fin du travail », celui-ci n'a plus la place centrale qu'il a naguère occupée.
- En troisième lieu, les nouveaux conflits, même lorsqu'ils prennent appui sur le travail, ne renvoient plus directement à la gestion économique mais à la sphère politique ; le conflit moderne déborde le chapitre de l'économie, de la production matérielle et de l'entreprise, pour investir l'espace public pour promouvoir de nouveaux droits ainsi qu'une nouvelle forme de citoyenneté.

Les conflits contemporains posent aussi la question de l'action régalienne de l'État. Alors que, pendant longtemps, l'État a été producteur de règles (et surtout en France), c'est maintenant la société civile qui s'affirme elle-même à travers des conflits qui mobilisent une pluralité d'acteurs pour promouvoir des règles nouvelles.

PARTIE VIII

STRATIFICATIONS SOCIALES ET INÉGALITÉS

FICHE 7 / LES CATÉGORIES SOCIO-PROFESSIONNELLES EN FRANCE

Depuis les années 1950, les catégories socioprofessionnelles (CSP) se sont imposées comme l'outil d'analyse permettant de délimiter les groupes sociaux et d'étudier leur évolution.

1 Les professions et catégories socioprofessionnelles (PCS)

A De l'ancienne à la nouvelle nomenclature

- Dans l'ancienne nomenclature, élaborée en 1954, dite des catégories socioprofessionnelles (CSP), le nombre de groupe d'actifs était de 9 : agriculteurs exploitants, salariés agricoles, patrons de l'industrie et du commerce, professions libérales et cadres supérieurs, ouvriers, employés, personnels de service, autres catégories (artistes, clergé, armée et police). Cette nomenclature reflétait déjà les transformations socio-économiques du début du XXe siècle qui avaient vu apparaître une différenciation du salariat, avec la hiérarchisation du groupe ouvrier (ouvriers spécialisés, ouvriers qualifiés) et la segmentation des salariés non-manuels en employés et cadres.
- En 1982, la nouvelle nomenclature des PCS est introduite, essentiellement parce que, en trente années, de profondes transformations économiques et sociales ont bouleversé la structure des emplois : certains emplois ont disparu, d'autres sont apparus, d'autres encore ont vu leur profil se modifier. Au plus haut degré de synthèse, les PCS font apparaître 6 groupes typiques qui sont : les agriculteurs, les artisans-commerçants et chefs d'entreprise de plus de 10 salariés, les cadres et professions intellectuelles supérieures, les professions intermédiaires, les employés et les ouvriers.
- Les principales modifications entre l'ancienne et la nouvelle nomenclature sont que les salariés agricoles ont été intégrés dans le groupe ouvrier, que les personnels de service ont rejoint les employés, que les autres catégories ont été ventilées dans les groupes salariés en fonction de leur formation et de leur position hiérarchique, que les cadres moyens ont changé de dénomination pour s'appeler maintenant « professions intermédiaires » (l'usage du terme « cadre » étant inadapté, par exemple, pour les infirmières ou les instituteurs) et que le nouveau code des PCS introduit une distinction générale entre salariés de la fonction publique et salariés des entreprises. Aujourd'hui, du fait de l'apparition de nouveaux métiers (informatique, communication…), des transformations du marché du travail, certains analystes pensent que cette nomenclature doit à nouveau faire l'objet d'un « toilettage ».

B Principes de construction

- Le premier critère de classification est le métier. Le code des professions et catégories socioprofessionnelles de 1982 utilise une nomenclature détaillée de professions structurées en catégories d'emplois relativement homogènes (en 455 postes).
- Le deuxième critère est le statut qui précise les conditions juridico-économiques dans lesquelles s'exerce l'activité, avec un clivage qui oppose essentiellement les

salariés et les non-salariés, permettant de distinguer les artisans et les ouvriers de même métier (ex. : maçons, électriciens) ou encore les membres des professions libérales et les cadres de même profession (ex. : psychiatres, architectes).

- Le troisième critère est la qualification, pour les salariés, puisque les statuts socioprofessionnels sont fixés au sein du salariat selon les compétences requises pour occuper tel ou tel poste de travail.
- À ces critères viennent s'ajouter la position hiérarchique (qui ne s'identifie pas toujours avec la qualification quand on considère la pyramide de l'encadrement), l'importance de l'entreprise (qui permet de différencier les chefs d'entreprise des artisans), et le secteur d'activité (primaire, secondaire ou tertiaire).

2 Évolution des PCS

A Évolution détaillée

- Du début des années 1980 à nos jours, certaines professions déclinent : les agriculteurs dont la part passe de 6,3 % de la population active en 1983-1984 à 2,7 % en 2005 ; les artisans, commerçants et chefs d'entreprise de 10 salariés et plus, dont la part passe de 7,6 % en 1983-1984 à 6 % en 2005 ; les ouvriers dont la part passe de 31,6 % en 1983-1984 à 23,9 % en 2005.
- Symétriquement, sur la même période, certaines professions sont en expansion : ce sont les cadres et professions intellectuelles supérieures qui passent de 8,4 % en 1983-1984 à 14,7 % en 2005 ; ce sont également les professions intermédiaires qui passent de 18,5 en 1983-1984 à 23,2 % en 2005 ; ce sont encore les employés qui passent de 26,1 % en 1983-1984 à 29,1 % en 2005.

B Quelques grandes tendances

- Le premier constat est le développement du salariat, contemporain du déclin des professions indépendantes d'agriculteurs, d'artisans et de commerçants, notamment les plus modestes. Ce constat mérite d'être nuancé sur la période la plus récente puisque, de 1990 à 2005, on note un regain des emplois non-salariés qui profite essentiellement aux professions libérales et aux professions intermédiaires de la santé et du social.
- Le deuxième constat est l'augmentation des qualifications due à la progression des PCS les plus qualifiées (cadres et professions intellectuelles supérieures, professions intermédiaires). Cette progression s'observe aussi dans le groupe ouvrier : en 1982, la part des ouvriers qualifiés dans l'ensemble des ouvriers était de 52,5 % ; en 2005, de 65,2 %.
- Le troisième constat est la tertiarisation, c'est-à-dire l'expansion des métiers de service et le déclin concomitant des professions manuelles. L'emploi industriel diminue de façon quasi continue depuis 1974.
- Le quatrième constat est le développement des classes moyennes, ce qui a pu conduire certains sociologues à affirmer que la société française n'est plus une société de classes sociales mais une société en voie de « moyennisation ».

L'idée de l'atténuation des clivages sociaux dans la société de la seconde moitié du XXe siècle est l'héritage des Trente Glorieuses, avec le développement du secteur tertiaire, l'augmentation du groupe des cadres et aussi la réduction des inégalités. De nos jours, le chômage de masse et la précarisation des emplois créent un contexte différent où émerge une représentation moins optimiste de la structure sociale, que certains qualifient même de « retour des classes sociales ».

FICHE 72 LES CLASSES POPULAIRES

Pour bon nombre de sociologues, la notion de « classe ouvrière » n'est plus à même de décrire les travailleurs défavorisés du monde contemporain, remplacée désormais par l'appellation de « classes populaires ». Toutefois, cette nouvelle catégorie ne va pas sans soulever certaines difficultés car les groupes sociaux qui la composent ont connu au cours des dernières décennies des transformations décisives de leurs niveaux et modes de vie.

1 Une évolution incontestable

A Les contours originels des classes populaires

- À la fin du XIXe siècle et pendant la première moitié du XXe siècle, les classes populaires se composent encore du monde paysan et des « classes populaires urbaines ». Comme l'a bien montré Henri Mendras, la paysannerie forme un ensemble relativement autonome au sein de la société globale ; elle se caractérise en effet par une forte autonomie économique, une forte autoconsommation, un relatif isolement et des traits caractéristiques de mode de vie (le « folklore paysan »). Les classes populaires urbaines forment un ensemble disparate ; on y retrouve les ouvriers mais aussi le monde de la domesticité (gens de maison, bonnes), leurs caractéristiques communes étant un travail à dominante manuelle, une dépendance certaine vis-à-vis des classes dominantes et aussi une certaine précarité économique.
- La classe ouvrière est la figure dominante de cette classe populaire. L'identité ouvrière a commencé à se structurer à la Belle Époque (1890-1914) avec l'émergence d'un mouvement ouvrier moderne où la grève devient la forme majeure de l'action collective. Ensuite, des années 1930 aux années 1950, la classe ouvrière s'est unifiée autour d'un groupe central constitué des métallurgistes, des mineurs, des cheminots qui sont alors les fers de lance des luttes sociales et politiques.
- Ce monde populaire a une culture qui lui est propre, c'est-à-dire des modes de vie et des comportements qui le distinguent des autres groupes sociaux.

B Les contours actuels des classes populaires

- Les catégories populaires aujourd'hui ne sont plus, comme elles ont pu l'être encore au seuil des années 1960, principalement constituées des ouvriers d'industrie. Elles comprennent aussi bon nombre d'employés de service (salariés du commerce, ouvriers travaillant dans les entreprises de services, aides-soignantes, aides à domicile…).
- Numériquement, ce groupe est loin d'être négligeable. Certes, les ouvriers sont maintenant moins nombreux ; ils représentent 30 % de la population active (si on leur ajoute les contremaîtres), contre 40 % en 1969. Cependant, si on ajoute les employés, que l'on peut considérer comme des ouvriers de services, c'est-à-dire des travailleurs routiniers du tertiaire dont le travail est aussi peu valorisé que celui des ouvriers, on constate que la somme de ces deux groupes représente 60 % de la population active. En d'autres termes, si on accepte la définition donnée plus haut de la classe populaire, celle-ci forme une part majoritaire de la

population active et, qui plus est, une part qui présente une certaine stabilité au cours des quarante dernières années. La thèse de la disparition des classes populaires n'est donc pas vérifiée, au moins sous l'angle quantitatif.

2 Quelle identité pour les classes populaires ?

A Un rapprochement certain avec les autres groupes sociaux…

- Les Trente Glorieuses (1945-1974) ont permis d'enregistrer une augmentation importante du pouvoir d'achat des salariés. Si toutes les catégories profitent de cette évolution, l'écart se réduit aussi entre les cadres et les ouvriers : en 1968, le cadre gagnait 4 fois plus que l'ouvrier ; cet écart est tombé à 2,7 en 1984 et il est stabilisé aux alentours de 2,5 aujourd'hui. En tout cas, les trois décennies de croissance du pouvoir d'achat ont permis une amélioration considérable du niveau de vie des ouvriers : alors que l'ouvrier de 1945 vivait en taudis ou en corons, avait une espérance de vie d'à peine 60 ans, l'ouvrier contemporain est maintenant propriétaire d'une automobile, parfois d'un pavillon et peut espérer vivre un certain nombre d'années après 60 ans, avec une retraite décente. Toutes ces améliorations ont été résumées dans l'expression « embourgeoisement de la classe ouvrière ».
- En même temps qu'elles se sont enrichies, les classes populaires se sont désenclavées culturellement sous l'influence de la scolarisation de masse qui a permis une acculturation partielle des enfants issus de milieux défavorisés (« demi-acculturation » devrait-on dire, pour rendre mieux compte des difficultés scolaires des enfants originaires de ces milieux).

B … qui n'efface pas tous les particularismes

- Pour Olivier Schwartz (*Le monde privé des ouvriers*, 2002), l'univers ouvrier est marqué, comme celui des conducteurs de la RATP sur lesquels il a également enquêté, par la petitesse de la position dans le travail et par une distance importante par rapport au capital culturel. Certes, les modes de vie ouvriers ne sont pas immuables mais il n'en reste pas moins qu'ils expriment des positions dominées, économiquement et socialement vulnérables dans la France contemporaine.
- D'une manière générale, la description que Richard Hoggart avait fait du style de vie des classes populaires anglaises (*La culture du pauvre, essai sur le style de vie des classes populaires*, 1971) est toujours valable. Si certains traits déclinent, comme le goût pour l'entraide et la solidarité, d'autres demeurent bien vivaces, comme la passion pour le bricolage et l'auto-production (le « travail d'à côté ») ainsi que l'importance accordée aux manifestations collectives sportives ou festives.

Au fur et à mesure que les Trente Glorieuses s'éloignent, l'idée d'un déclin irrémédiable des classes populaires s'estompe, et on assiste au retour des interrogations sur l'identité et le devenir de ces groupes sociaux, identifiés bien souvent avec les exclus, même si cette nouvelle perspective ne recoupe pas toujours tout à fait les clivages sociaux traditionnels.

FICHE 73

LES CLASSES MOYENNES

Au cours des Trente Glorieuses, un mouvement d'extension progressive des classes moyennes apparaît, décrit sous le nom de « moyennisation » ou de « nouvelles classes moyennes salariées », mouvement permis par l'enrichissement rapide dû au plein-emploi et à la croissance. À partir du milieu des années 1970 et jusqu'à nos jours, un autre contexte se dessine, marqué par l'émergence d'indiscutables difficultés économiques et sociales et aussi par une indéniable augmentation des inégalités.

1 Les contours des classes moyennes

A Délimitation du concept de classes moyennes

- Dès la fin du XIXe siècle, deux grandes dimensions ont structuré les classes moyennes : d'une part, une « classe moyenne supérieure » jouxtant la haute bourgeoisie et une « classe moyenne inférieure » proche, à bien des égards, du groupe ouvrier ; d'autre part, une « ancienne classe moyenne » fondée sur les paysans les plus fortunés, les artisans et commerçants et une « nouvelle classe moyenne » composée du salariat qualifié.
- À cette diversification interne s'ajoute une différenciation liée à l'existence d'au moins deux traditions opposées de lecture des classes moyennes : pour la première tradition, plutôt anglaise, la classe moyenne (employée au singulier) est une classe de gens aisés, rentiers ou non, située juste en dessous de la grande bourgeoisie ; la *middle class* comprend, pour l'essentiel, les hauts fonctionnaires et les professions libérales, positionnée entre l'élite aristocratique et le peuple ; dans cette conception, qualifiée d'élitiste, la classe moyenne représente à peine plus de 10 % de la population. Pour la deuxième tradition, plutôt continentale, les classes moyennes (employées au pluriel) se constituent autour de l'idée d'un citoyen moyen ; dans ces conditions, elles agrègent de larges strates de la population, à savoir l'essentiel des indépendants, des agriculteurs, une bonne partie des ouvriers ainsi que des cadres ; dans cette hypothèse, la classe moyenne représente jusqu'à 70 % de la population.

B Les classes moyennes telles qu'elles sont aujourd'hui

- D'un point de vue économique, les catégories moyennes sont les ménages avec deux enfants, disposant d'environ 3 000 euros de revenu mensuel net ; cette définition étant cohérente avec le montant du salaire mensuel net moyen, évalué à un peu plus de 1 500 euros selon l'Observatoire des inégalités.
- D'un point de vue sociologique, les classes moyennes se définissent par la position intermédiaire dans les hiérarchies sociales et professionnelles, ainsi que par des qualifications moyennes ; elles correspondent, dans le code des PCS, aux professions intermédiaires qui en forment le noyau central auquel s'ajoutent les groupes d'employés les plus qualifiés, les contremaîtres et une fraction des cadres et professions intellectuelles supérieures. Ce sont donc maintenant, pour l'essentiel, des couches moyennes salariées.
- D'un point de vue psychosociologique, les classes moyennes se définissent par un sentiment d'appartenance à un groupe intermédiaire et par une croyance géné-

rale au progrès. D'un point de vue politique, les classes moyennes ont un rapport ambivalent, aussi bien avec la bourgeoisie qu'avec la classe populaire ; cette ambivalence fait que leur comportement politique est largement imprévisible.

2 Les classes moyennes déstabilisées par les mutations économiques et sociales

A Les nouvelles inégalités

- Les classes moyennes sont concernées par l'évolution des inégalités entre les groupes sociaux. En effet, la politique française volontariste en matière de revalorisation du salaire minimum et la volonté de progresser dans la direction d'une protection sociale plus large, par la création de la contribution sociale généralisée (CSG) et de la couverture maladie universelle (CMU), ont permis de faire reculer la pauvreté. De 1996 à 2000, le pouvoir d'achat des ménages a progressé de 7,5 % et la pauvreté est passée de 7,2 % à 4,8 %
- Dans ces conditions, les classes moyennes, dont la progression du niveau de vie est plus faible que celle des catégories extrêmes, ressentent une frustration importante du fait que les riches leur semblent désormais inaccessibles alors que les pauvres se rapprochent de leur niveau de vie (c'est du moins ainsi qu'ils perçoivent l'évolution).

B Une crise qui frappe surtout la « nouvelle classe moyenne salariée »

- Dans les années 1970, la nouvelle classe moyenne a été le moteur de la modernisation et du changement, à tel point qu'A. Touraine y voyait un relais possible à la classe ouvrière déclinante dans le processus de production du changement social. Il n'en est plus de même aujourd'hui, pour une raison essentiellement d'ordre démographique. Les jeunes des années 1970 ont pu intégrer les classes moyennes, qui se développaient alors dans le secteur public et dans les grandes entreprises, et qui incarnaient alors la modernité ; au contraire, dans les années 1990, les jeunes connaissent une remise en cause de cet accès aux classes moyennes, aussi bien à l'entrée de la vie active que tout au long de la carrière.
- La crise démographique a une conséquence très importante sur le rôle de l'école comme institution centrale de la société. Puisque les places disponibles se raréfient, alors que les scolarités connaissent une expansion continue, il est clair que la rentabilité de l'investissement scolaire ne peut que décroître et que la baisse de rentabilité ne peut que susciter un désenchantement, voire une remise en cause de l'institution scolaire. La désillusion, déjà bien présente pour les enfants des cités, gagne maintenant les groupes traditionnellement les mieux placés dans la compétition scolaire, qui sont les nouvelles classes moyennes salariées.

Les tensions actuelles se focalisent sur la « nouvelle classe moyenne salariée » qui a du mal à pérenniser sa situation alors qu'elle a joué un rôle considérable dans la dynamique des Trente Glorieuses. À travers celle-ci, c'est l'équilibre même de la démocratie contemporaine qui s'en trouve menacé, car celle-ci est par essence méritocratique, et que les valeurs méritocratiques ont été portées au plus haut point par ces classes moyennes.

FICHE 74

LES CLASSES SUPÉRIEURES

Pour désigner le sommet de la structure sociale, on emploie le terme de classes supérieures et parfois, de classes dirigeantes. Ce dernier terme est assez restrictif, puisqu'il vise les personnes exerçant le pouvoir aux échelons les plus élevés dans les différentes instances de la société ; on préfère généralement l'appellation plus neutre de classes supérieures. Celles-ci se recrutent dans différents groupes professionnels.

1 Les contours des classes supérieures

A Les classes supérieures dans le code des PCS

- Les classes supérieures se trouvent dans le groupe artisans, commerçants et chefs d'entreprise, qui représente 6 % des actifs occupés en 2005, et dans le groupe cadres et professions intellectuelles supérieures, qui représente 14,7 % des actifs occupés.
- Néanmoins, du côté des artisans, commerçants et chefs d'entreprise, tout le monde ne peut être assimilé aux classes supérieures : les artisans et les chefs d'entreprise de 10 à 49 salariés relèvent plutôt de la classe moyenne non-salariée, qualifiée parfois de « petite bourgeoisie ». Seuls les gros commerçants, c'est-à-dire ceux qui ont un chiffre d'affaires et un patrimoine professionnel suffisamment importants, peuvent être rangés dans la « bourgeoisie ».
- Il en va de même pour les cadres et les professions intellectuelles supérieures. Au sein de la catégorie professions libérales, seuls ceux (médecins, avocats, architectes, juristes) qui ont une position forte sur le marché et une clientèle socialement élevée méritent d'être identifiés avec la classe supérieure. Au sein des cadres, on limitera aussi l'appartenance à la classe supérieure aux cadres responsables de service dans des entreprises importantes, aux personnels de direction, aux équipes dirigeantes.

B L'évolution des classes supérieures

- Des années 1950 aux années 2000, les changements les plus importants concernant les classes supérieures sont le gonflement de leur effectif et surtout le recul des non-salariés. Les industriels, gros commerçants et membres des professions libérales passent de 50 % de cette population à un peu plus de 20 % de nos jours. Inversement, les salariés représentent près des trois quarts de la population en question et, dans ce sous-ensemble, la croissance a été très forte pour les professeurs et les professions scientifiques, pour les professions de l'information, des arts et des spectacles, un peu moins forte pour les cadres d'entreprise, et assez faible pour les cadres de la fonction publique, hors Éducation nationale.
- De nos jours, les non-salariés connaissent un renouveau, après des années 1990 difficiles. Cette tendance globale recouvre une forte hétérogénéité. Les artisans, commerçants et chefs d'entreprise de 10 salariés et plus, qui appartiennent plutôt aux classes moyennes, continuent de décliner alors que les professions libérales explosent littéralement, passant de 250 000 en 1990 à 310 000 en 2005 et, au sein de celles-ci, ce sont les professions de la santé et du travail social qui ont connu la progression la plus marquante.

2 Diversité ou homogénéité des classes supérieures ?

A Une diversité apparente…

- En se développant, le monde des classes supérieures s'est diversifié : on distinguera ainsi le grand patronat (lui-même divisé entre les patrons possédants et les dirigeants salariés), la haute fonction publique, l'élite politique, les détenteurs du pouvoir médiatique et les détenteurs du pouvoir intellectuel.
- Si on suit l'analyse de Pierre Bourdieu, ces catégories supérieures sont inégalement dotées en capitaux économique, culturel et social. D'une manière assez sommaire, on opposera de la sorte les industriels et les gros commerçants, bien pourvus en capital économique, et les cadres administratifs et les professeurs, bien pourvus en capital culturel, les professions libérales présentant quant à elles la caractéristique d'être à la fois très dotées en capital économique et en capital culturel.
- Les distinctions sont parfois, et même souvent, plus subtiles. Au sein du patronat, on trouve un clivage entre les patrons d'entreprise moyenne à caractère familial, souvent encore caractérisés par un capital scolaire relativement limité, et les managers et patrons d'État hautement diplômés et bien pourvus en capital économique, sans être pour autant propriétaires des sociétés qu'ils dirigent.

B … qui ne masque pas l'existence d'une élite polyvalente et unique

- L'unité des classes supérieures tient d'abord à la sphère productive ; il y a un rapprochement entre la conduite des grands groupes économiques et celle des administrations publiques et para publiques. Que ce soit dans la sphère publique ou dans la sphère privée, on retrouve les mêmes choix stratégiques en matière de développement et d'investissement, les mêmes rationalisations productives et budgétaires, les mêmes gestions de personnel et de changement sociotechnique.
- L'unité des classes dirigeantes tient aussi au processus de socialisation : les différentes catégories partagent la même socialisation scolaire, à savoir des parcours d'excellence, la fréquentation des grandes écoles ainsi que des grands corps de l'État. Dans tous les cas, la sélection et l'élitisme prédominent et on peut noter, tout au moins selon Pierre Bourdieu, une certaine congruence entre les hautes valeurs scolaires et le « style cultivé ».
- L'unité des classes dirigeantes tient enfin à l'homogamie bien présente dans ces groupes sociaux. Les pratiques mondaines jouent un rôle important dans ce domaine, même si les modèles ne se recoupent pas toujours : les rallyes, les soirées dansantes pour les jeunes, les cercles et clubs de notables sont fréquentés avant tout par la bourgeoisie d'affaires. Les hauts fonctionnaires, les cadres supérieurs préfèrent les cercles culturels. Mais les uns et les autres se retrouvent dans les associations d'élèves des grandes écoles.

Dans la France contemporaine, les classes supérieures ont encore des contours bien définis et cela n'est pas étonnant car l'élite sociale est une donnée permanente de toute société. Le problème n'est pas tellement celui de l'existence de l'élite sociale que celui de son ouverture (Y a-t-il une mobilité suffisante ?) et celui du degré d'inégalité par rapport aux autres groupes sociaux (Les inégalités sont-elles perçues comme étant trop importantes ?).

FICHE 75 LA MOBILITÉ SOCIALE

La mobilité sociale mesure la transmission du statut social de génération en génération. Si les positions sociales acquises dépendent globalement de l'origine sociale de chacun, le statut ne se transmet pas pour autant de manière identique pour tous les groupes sociaux.

1 Quelques enseignements généraux

A Méthode de mesure de la mobilité sociale

- La mobilité sociale se mesure par les enquêtes Formation et qualification professionnelle (FQP) qui permettent de comparer les catégories socioprofessionnelles des hommes actifs ayant ou ayant eu un emploi, âgés de 40 à 59 ans, avec celles de leurs pères ; ces enquêtes ont été menées en 1977, 1993 et 2003.
- Au second trimestre 2003, 40 000 personnes ont été interrogées par l'Insee dans le cadre de l'enquête FQP. Le fait de considérer les hommes de 40 à 59 ans permet d'obtenir une image de leur position sociale à peu près au même moment de la vie active que celle de leur père et d'éviter ainsi les distorsions dues à l'ancienneté.

B Évolution générale de la mobilité sociale

- En 2003, 65 % des hommes âgés de 40 à 59 ans exercent un métier dans un groupe socioprofessionnel différent de celle de leurs pères ; cette mobilité se décompose en une mobilité structurelle (mobilité contrainte par l'évolution de la structure de la population active entre la génération des pères et celle des fils) et une mobilité nette (qualifiée aussi de fluidité sociale parce qu'elle est indépendante du contexte économique).
- Entre les années 1970 et aujourd'hui, l'agriculture a poursuivi son déclin séculaire. De 1977 à 2003, la proportion d'agriculteurs est ainsi passée de 7 % à 3 %. L'industrie a baissé également sur la même période, puisque la proportion d'ouvriers est passée de 36 % à 20 %. À l'inverse, les activités tertiaires se sont fortement développées et on constate ainsi que la part des cadres et professions intermédiaires est passée de 21 % en 1997 à 38 % en 2003. Dans ces conditions, si de nombreux fils d'ouvriers et d'agriculteurs accèdent à ces métiers de cadres du tertiaire, c'est en raison de la transformation des emplois et non d'une égalité des chances réelle. Au total, en 2003, on estime qu'entre la génération des pères et celle des fils, 1,8 million de changements de groupe social auraient été nécessaires compte tenu de la chute du nombre d'agriculteurs et du déclin de l'emploi industriel, ce qui représente 25 % du total de la mobilité..
- En 1993, la mobilité totale est la même qu'en 2003 (65 %). Cependant, du fait de l'évolution économique qui occasionne des échanges plus nombreux entre groupes sociaux, la mobilité structurelle est sans cesse plus forte (20 % en 1977, 22 % en 1993, 25 % en 2003). Il en résulte que la mobilité nette a baissé de 1993 à 2003, passant de 43 % à 40 %. Quand on y regarde de plus près, on explique sans difficulté cette diminution de la mobilité nette : les hommes ayant de 40 à 59 ans en 1993 sont entrés dans la vie active à un moment où le contexte écono-

mique était extrêmement favorable, alors que les générations interrogées en 2003 ont connu la crise des années 1970. De plus, pour les hommes interrogés en 2003, la mobilité professionnelle a également été moins forte, ceci étant particulièrement vrai pour les employés qui, en 2003, sont 40 % à être en fin de carrière dans la position dans laquelle ils avaient débuté (contre 30 % en 1993).

2 La mobilité sociale des catégories socioprofessionnelles

A Étude de quelques professions et catégories socioprofessionnelles du point de vue de l'origine sociale...

- En 2003, 88 % des agriculteurs sont fils d'agriculteurs. Compte tenu des difficultés d'installation dans le métier, la catégorie des agriculteurs est fort encline à l'auto-recrutement. Du point de vue des origines, les ouvriers sont également un groupe homogène peu mobile puisque 58 % des ouvriers sont fils d'ouvriers. On peut dire la même chose pour les artisans, commerçants et chefs d'établissement qui sont principalement issus des milieux ouvriers et artisans commerçants.
- Chez les cadres en revanche, la situation est inverse de celle des agriculteurs parce qu'il s'agit d'une catégorie en expansion : 24 % de cadres sont fils de cadres et 23 % sont fils d'ouvriers, 14 % fils d'artisans et 20 % fils de professions intermédiaires. On retrouve cette diversité chez les professions intermédiaires et employés, dont les origines sont plus variées que celles des agriculteurs et des ouvriers. La probabilité pour que deux personnes aient la même origine est assez faible : 24 % pour les professions intermédiaires et 30 % pour les employés.

B ... et de quelques professions et catégories socioprofessionnelles du point de vue de la destinée sociale

- Toujours en 2003, 20 % seulement des fils d'agriculteurs sont agriculteurs eux-mêmes. Les agriculteurs sont très mobiles d'une génération à une autre parce qu'il y a de moins en moins d'agriculteurs : 46 % des fils d'agriculteurs deviennent ouvriers ou employés, 26 % ont une profession intermédiaire ou deviennent cadres et le reste indépendants, dont une part majoritaire d'agriculteurs. Les destinées des employés sont également assez variées : les fils d'employés se dirigent principalement vers les métiers de cadres et de professions intermédiaires (1 sur 2) mais un bon nombre aussi vers les métiers d'ouvriers.
- L'immobilité du point de vue des destinées est plus forte aux extrêmes de la hiérarchie sociale ; les ouvriers sont très nombreux à devenir ouvriers (46 %) ; la moitié des fils de cadres deviennent aussi cadres (et seulement 9 % ouvriers et 6 % employés) ; quant aux fils de professions intermédiaires, deux sur trois deviennent cadres ou professions intermédiaires.
- Tout cela fait qu'au total on peut affirmer que l'inégalité d'accès aux statuts supérieurs s'accroît. Un fils de cadre, comparé à un fils d'ouvrier, a aujourd'hui 8 chances sur 10 d'occuper une position sociale supérieure à celle du second. Cet avantage du fils de cadre est supérieur à ce qu'il était en 1977 et en 1993.

Toute société se caractérise par des « pesanteurs sociologiques ». Il serait vain, et probablement aussi inutilement coûteux, d'espérer une redistribution totale des cartes à chaque génération. Néanmoins, la diminution actuelle de la mobilité nette est tout à fait préoccupante, parce qu'elle peut fragiliser la démocratie contemporaine, qui est par essence méritocratique.

FICHE 76 LES INÉGALITÉS DE REVENUS

Dans la pratique, il existe aujourd'hui un large consensus pour accepter l'existence d'inégalités. Tout le monde admet l'inégalité des revenus, à condition que celle-ci soit justifiée et qu'elle ne dépasse pas une limite jugée insupportable.

1 Description des inégalités de revenus

A L'évolution des inégalités en France

- Du point de vue du revenu disponible (revenus primaires, à savoir gains salariaux et autres revenus, auxquels on ajoute les transferts sociaux reçus et desquels on soustrait les impôts et cotisations sociales versés), les travaux réalisés notamment par T. Piketty (*Les hauts revenus en France au XX*[e] *siècle*, 2001) montrent que, entre le milieu des années 1930 et la fin de la guerre, les 10 % des ménages les plus aisés recevaient entre 41 % et 46 % de l'ensemble du revenu total. À partir de la fin de la guerre et jusqu'en 1998, cette fraction de ménages aisés a perdu du terrain pour ne plus recevoir que 33 % du revenu total.
- Si on s'en tient aux données de l'Insee entre les années 1970 et les années 1980, on peut dire que les inégalités de revenus ont diminué. Le rapport entre le niveau de revenu des 10 % les plus riches et celui des 10 % les plus pauvres est passé de 4,8 en 1970 à 3,5 en 1984 et a peu évolué depuis (3,2 en 2003). La période des années 1970, et cela jusqu'au milieu des années 1980, a donc été une période favorable du point de vue de la réduction des inégalités de revenus.
- Sur la période la plus récente que l'on puisse mesurer, à savoir 1996-2002, on constate une stagnation des inégalités. Dans le détail, on observe une augmentation des revenus du bas de l'échelle et on observe aussi que les progrès les plus forts se font parmi les catégories les plus aisées, et surtout pour le 1 % le plus aisé dont la progression du revenu est supérieur à 10 %. C'est pour les catégories moyennes que la progression est la moindre.

B Par comparaison avec d'autres territoires

- Aux alentours des années 2000, les pays du monde où les inégalités sont les plus prononcées sont le Mexique, la Turquie, la Pologne, les États-Unis et l'Europe du Sud (Portugal, Italie, Grèce). Les pays où les inégalités sont les moins prononcées sont le Danemark et la Suède. La France, quant à elle, est légèrement au-dessus de la moyenne de l'OCDE, avec ses voisins l'Allemagne et la Belgique.
- Depuis les années 1980, toutes les études montrent que les inégalités de revenus se sont fortement accrues dans les pays anglo-saxons (Royaume-Uni, États-Unis, Australie) ainsi que dans un certain nombre de pays européens (Italie, Portugal). En France, globalement, la situation des inégalités de revenus est plutôt restée stable.
- En France, les disparités régionales en matière d'inégalité de revenus sont assez modérées, à la différence de ce que l'on trouve, par exemple, en Italie et en Espagne. C'est cependant dans la région Île-de-France que l'on constate les revenus moyens les plus élevés ; la région Centre, dans la zone du Bassin parisien, est celle qui apparaît juste après l'Île-de-France. Les revenus les plus bas sont dans la région du Nord - Pas-de-Calais, qui arrive derrière la grande région Ouest.

2 ÉLÉMENTS D'ANALYSE DES INÉGALITÉS DE REVENUS

A Quelques facteurs qui aggravent les inégalités

- Les inégalités de revenus varient selon la structure familiale : les familles dans lesquelles la femme perçoit un revenu d'emploi ont des revenus plus élevés que les autres. L'inégalité entre ces deux types de famille avait un peu diminué en 1980 mais elle est revenue à peu près à ce qu'elle était en 1970. Une mention spéciale doit être faite pour les familles monoparentales de sexe féminin qui sont de plus en plus nombreuses du fait de la progression de la divortialité et qui vivent dans des conditions économiques très difficiles (même si l'inégalité des revenus a été atténuée pour ces familles depuis 1970). Une autre mention doit être faite pour les personnes seules puisque, en 2003, 20 % d'entre elles vivent avec moins de 900 euros par mois.
- Les inégalités de revenus varient aussi selon l'âge : ce sont les personnes âgées de plus de 50 ans (et tout particulièrement les 51-65 ans, ceux que l'on appelle les seniors) qui sont les plus favorisées en termes de revenus, qu'elles soient en situation de terminer leur activité professionnelle ou de commencer leur retraite. En revanche, les moins favorisés sont les jeunes de 18 à 25 ans, phénomène que l'on peut expliquer par l'augmentation du chômage, mais aussi par l'allongement des études et l'insertion plus tardive sur le marché du travail.

B Les causes des inégalités récentes

- La première cause est l'accentuation des inégalités salariales. Cette accentuation, sensible dès la fin des années 1980, s'explique par la mondialisation et ses conséquences, à savoir la concurrence des pays à bas salaires, mais aussi l'organisation des entreprises et ses conséquences sur les marchés du travail. L'externalisation massive des activités non stratégiques, le regroupement des activités stratégiques en centres de profits, ont conduit à créer des unités de production plus petites et plus homogènes du point de vue des qualifications et des compétences. De tels « appariements sélectifs » se soldent par des divergences salariales entre unités productives.
- La deuxième cause, bien mise en évidence dans le rapport du CERC (Conseil de l'emploi, des revenus et de la cohésion sociale), est l'instabilité et l'insécurité de l'emploi. C'est l'importance des périodes de chômage et le développement du temps partiel (bien souvent contraint) pour une partie des salariés qui est le facteur crucial de l'inégalité des niveau de vie, bien plus que les différences de salaires horaires.
- La troisième cause est le développement de l'investissement et de l'épargne salariale, qui se sont mis en place dans les grandes entreprises et, bien souvent, au seul profit de l'encadrement ; l'épargne salariale amplifie considérablement les inégalités de rémunération.

Pour la France, on peut dire que les revenus de transfert ont permis d'éviter un accroissement fort des inégalités de revenus à partir des années 1990. Néanmoins, pour rendre compte de la discordance très nette entre cette stagnation relative et le sentiment très répandu d'une forte croissance des inégalités dans les représentations collectives, il faut introduire d'autres facteurs : l'inégalité d'accès à l'emploi, la précarisation des statuts de salariés, la réduction de la mobilité sociale pour bon nombre de catégories.

FICHE 77

LES INÉGALITÉS DE PATRIMOINE

Les inégalités de patrimoine sont plus élevées que les inégalités de revenus, ceci s'expliquant à la fois par les inégalités en terme d'épargne (plus le revenu augmente et plus la propension marginale à épargner est importante) et par l'histoire personnelle de chacun, notamment par l'intermédiaire de la transmission des patrimoines.

1 La mesure des inégalités de patrimoine

A Quelques points de repère

- Les données utilisées pour mesurer les patrimoines proviennent des enquêtes menées par l'Insee en 1992 et en 2004. L'Insee se fonde sur la mesure du patrimoine brut des ménages, c'est-à-dire que l'endettement n'est pas déduit. Le patrimoine inclut la résidence principale, l'immobilier de rapport (procurant un revenu foncier), les actifs financiers des ménages et les actifs professionnels lorsque le ménage a une activité d'indépendant. Il n'inclut pas les bijoux, les œuvres d'art, les collections et, plus généralement, les biens durables (véhicules, mobilier, électroménager…).
- En 2004, le patrimoine brut des ménages en France métropolitaine est en moyenne de 167 000 euros ; les 10 % les plus riches possèdent 44 % de l'ensemble du patrimoine, avec des avoirs supérieurs à 382 000 euros. La moitié des ménages possèdent moins de 98 000 euros et les 10 % les plus pauvres moins de 900 euros.
- La connaissance des hauts patrimoines est aussi fournie par les informations relatives à l'impôt de solidarité sur la fortune (ISF) ; d'après ces informations, on estime que 300 000 ménages français sont redevables de cet impôt, dont le seuil d'imposition était fixé à 760 000 euros en 2007. Parmi ces imposables, les 10 % les plus riches, soit 30 000 personnes, ont un patrimoine moyen de 2 520 000 euros et les 1 % les plus fortunés (3 000 personnes) ont un patrimoine moyen de 8 280 000 euros.
- S'il y a donc en France un certain nombre de « grandes fortunes », on peut cependant démontrer que, de 1992 à 2004, et malgré le fait qu'au cours de cette période les performances des placements sont redevenues positives et ont atteint des niveaux historiquement élevés (par exemple, le pouvoir d'achat des actions a été multiplié par 15 entre la fin 1982 et la fin 2000, avant d'être divisé par 2 depuis), les inégalités de patrimoine n'ont pas augmenté. Cela s'explique par deux mouvements contraires : le patrimoine financier est réparti de façon de plus en plus inégalitaire, mais le patrimoine immobilier (la résidence principale pour l'essentiel) est réparti de façon de moins en moins inégalitaire.

B Le logement, facteur essentiel d'accumulation des patrimoines

- L'accession à la propriété est une des principales modalités de constitution du patrimoine pour les ménages français. Plus de la moitié des ménages possèdent leur résidence principale (55,7 % en 2004, 53,1 % en 1992). La moitié des propriétaires ont un patrimoine supérieur à 177 000 euros en 2004, alors que ce montant n'est que de 5 400 euros pour les non-propriétaires.

- Le patrimoine immobilier est très inégalement distribué selon l'âge : les jeunes possèdent rarement une résidence principale (c'est le cas de 42 % des ménages dont la personne de référence a moins de 30 ans) ; ces ménages sont aussi plus fréquemment des personnes seules ou des familles monoparentales, vivant dans des agglomérations de plus de 100 000 habitants ou en région parisienne.

2 Les déterminants des inégalités patrimoniales

A L'âge

- Les capacités d'épargne et les besoins de consommation varient avec les phases du cycle de vie : en début de vie active, un ménage aura tendance à consommer plutôt qu'à épargner, voire à s'endetter, puis à épargner en milieu de cycle de vie jusqu'à l'âge de la retraite pour désépargner en fin de vie. Mais il y a aussi des cas où l'épargne répond avant tout à un souci de protection contre les aléas de la vie ou à la volonté de transmettre des biens à sa descendance. Dans ce cas, le patrimoine continue à croître tout au long de la vie.
- À ce flux de l'épargne selon le cycle de vie s'ajoute la fréquence des transferts qui augmente avec l'âge : en 2004, 20 % des ménages de moins de 30 ans ont reçu un héritage ou une donation, contre 40 % pour ceux qui ont entre 40 et 50 ans et 51 % pour les plus de 50 ans.
- À ces effets d'âge s'agrègent également des effets de génération. Les ménages les plus âgés aujourd'hui n'ont profité de la période de croissance d'après-guerre que tardivement dans leur vie. Les 40-60 ans ont en revanche pleinement profité de cette période qui s'est accompagnée d'un faible taux de chômage et d'un accès facile au marché du crédit. En 2004, les plus de 50 ans possèdent plus qu'en 1992, alors que les moins de 30 ans ont vu leur situation se détériorer.

B Le revenu et la catégorie sociale

- Comme on l'a déjà évoqué plus haut, le revenu est un déterminant majeur des inégalités des patrimoines du fait de son impact sur la capacité à épargner. Parmi le quart des ménages les plus aisés en termes de revenus perçus, un sur deux détient un patrimoine supérieur à 259 000 euros. Parmi le quart des ménages ayant les revenus les plus faibles, un sur deux a un patrimoine inférieur à 11 000 euros. Le rapport est donc de 1 à 25 et s'est accru depuis 1992.
- Au niveau des groupes socioprofessionnels, le patrimoine médian des indépendants s'élève à 202 000 euros en 2004 ; ce patrimoine est trois fois plus élevé que le patrimoine médian des salariés. En ce qui concerne les salariés seuls, le patrimoine médian des cadres est vingt fois supérieur à celui des ouvriers non qualifiés. Cet écart important s'explique par le revenu et le diplôme, et aussi par l'âge, puisque les cadres sont globalement plus âgés que les ouvriers.

Que ce soit en matière de revenus ou de patrimoine, on peut donc établir clairement que les inégalités n'ont pas, globalement, augmenté. Tout au plus peut-on dire que le mouvement de baisse des inégalités a été interrompu au milieu des années 1980.

FICHE 78 LES INÉGALITÉS HOMMES-FEMMES

En matière d'égalité des sexes, la seconde moitié du XXe siècle a été pour la France porteuse de changements décisifs. La progression de l'activité et des scolarités féminines, le droit de vote puis la parité en politique, la maîtrise de la procréation, ont indiscutablement permis aux femmes de ne plus être considérées comme le « deuxième sexe ».

2 Vers l'égalité au travail et à l'école

A Un rééquilibrage dans le monde du travail

- Depuis les années 1960, la croissance de l'activité féminine est ininterrompue : il y a avait 6,7 millions de femmes et 12,6 millions d'hommes actifs en 1962 ; il y a 14,8 millions d'hommes actifs en 2005 et 12,7 millions de femmes. Les femmes représentaient le tiers de la population active en 1962 ; aujourd'hui, elles constituent un peu moins de la moitié du monde du travail.
- Le mouvement de salarisation est plus accentué pour les femmes que pour les hommes. En 2000, 92 % des femmes qui travaillent sont salariées contre 86 % des hommes ; ce mouvement de salarisation a pour les femmes des implications qui vont bien au-delà du strict univers professionnel ; il signifie en effet que leur statut professionnel ne dépend plus de leur statut d'épouse. Elles ne sont plus femmes de commerçants, d'artisans, d'agriculteurs…, elles ont désormais un statut social synonyme d'autonomie professionnelle et familiale.
- Le travail féminin devient un travail à part entière et qui dure tout au long de la vie active. De ce point de vue, la situation a profondément changé : au début des années 1960, le taux d'activité des femmes de 25 à 49 ans était de 40 % ; aujourd'hui, il s'établit aux alentours de 80 %. Il s'agit là d'une transformation radicale du rapport à l'emploi témoignant d'un agencement différent des projets familiaux et professionnels. La majorité des femmes ne s'arrêtent désormais pas de travailler lorsqu'elles ont des enfants, et ce phénomène constitue une rupture par rapport aux normes sociales antérieures où le travail féminin n'était qu'un travail d'appoint ne devant pas contrarier la mission fondamentale des femmes qui était d'élever les enfants.

B Les progrès de la scolarisation féminine

- Les années qui ont suivi l'essor de la féminisation sont aussi celles qui ont connu les progrès de la scolarisation féminine. Certes, l'inscription des filles aux différents échelons du système scolaire s'est faite tout au long du XXe siècle, mais il est clair de nos jours que le niveau scolaire et universitaire des femmes est supérieur à celui des hommes. Et il est bien établi que, plus les femmes sont instruites, plus elles sont actives ; ce phénomène se vérifiant dans tous les pays de l'OCDE.
- L'essor de la scolarisation féminine se double aussi d'une forte ségrégation des filières d'enseignement : malgré quelques évolutions récentes, les filles sont plus littéraires et les garçons davantage scientifiques. Cette ségrégation se vérifie aussi au niveau des filières d'excellence ; si le nombre de filles a augmenté de

manière conséquente dans les grandes écoles commerciales, il a tendance à stagner à Polytechnique ou dans les grandes écoles d'ingénieurs.

2 Des inégalités encore bien présentes

A Au travail…

- La féminisation de la population active ne s'est pas traduite par une réelle unité professionnelle. La plupart des emplois féminins restent concentrés dans un petit nombre de métiers : il s'agit des employés de la fonction publique, des entreprises et du commerce, des personnels de service aux particuliers, des instituteurs et des professions intermédiaires de la santé. Sur le marché du travail, la valeur du diplôme n'est pas la même selon qu'il est détenu par un homme ou par une femme. Pour les titulaires du baccalauréat général, au bout de 10 ans d'expérience, les chances d'occuper un emploi de cadre sont de 17 % pour les hommes et de 8 % pour les femmes ; et, en 2001, les femmes n'occupent que 21 % des postes d'encadrement (avec, toutefois, une tendance à la hausse, puisque cette part n'était que de 19 % il y a 10 ans).
- Les salaires féminins sont plus faibles que les salaires masculins. En France, l'écart moyen de revenu entre hommes et femmes s'élève à 37 % ; chez les ouvriers, il est même de 44 %. Si donc la parité en matière salariale est loin d'être acquise, on notera qu'un rattrapage s'est effectué depuis 1950. En 1950, les femmes employées à temps complet percevaient en moyenne les deux tiers des salaires masculins ; en 2003, elles ont dépassé 80 %, mais ce rattrapage s'est effectué essentiellement des années 1970 jusqu'au milieu des années 1990.
- Le taux de chômage des femmes est plus élevé que celui des hommes. En 2005, le taux de chômage des hommes est de 9 % et celui des femmes de 11 % ; en outre, elles travaillent plus souvent à temps partiel. Parmi les jeunes sortis du système éducatif en 2001, quel que soit leur niveau de diplôme, 23 % des femmes ont été embauchées à temps partiel, contre 9 % des hommes. Par ailleurs, sur l'ensemble des salariés, le taux de sous-emploi est de 8,1 % pour les femmes et de 1,7 % pour les hommes.

B … et aussi dans les autres sphères de l'existence

- Le partage des tâches domestiques demeure très inégal : en l'espace de 13 ans, de 1986 à 1999, le temps consacré au travail domestique a augmenté de 6 minutes par jour pour les hommes et diminué de 31 minutes pour les femmes. Il n'en reste pas moins que les femmes consacrent près de 5 heures par jour aux tâches domestiques pendant que les hommes n'y passent que 2 heures (*Fiche 94*).
- En politique, malgré la loi sur la parité, on est loin de l'égalité : si l'on compte 47,6 % de femmes dans les conseils régionaux, une seule est à la tête d'une région. Il n'y a que 10 % des maires qui sont des femmes et l'Assemblée nationale ne compte que 9,7 % de députés de sexe féminin au début des années 2000.

Si les disparités entre hommes et femmes ont été significativement réduites au cours du XXe siècle, elles n'ont toutefois pas disparu. À partir de ce constat, deux conclusions sont possibles : la première insiste sur le mouvement irréversible vers l'égalité et traite les inégalités subsistantes comme des « scories de l'histoire » ; la deuxième conclusion, plus pessimiste, refuse toute idée de progrès et met l'accent sur le « cumul féminin des désavantages acquis », selon l'expression du sociologue Michel Verret.

FICHE 79 LES INÉGALITÉS ENTRE ET À L'INTÉRIEUR DES GÉNÉRATIONS

Au sens sociologique, on définit une génération comme les membres d'une population qui ont pour caractéristique d'avoir vécu une même période et qui, de ce fait, partagent des références communes, des expériences, des influences sociales qui leur confèrent une identité. Ici, on emploiera le terme génération dans un sens un peu plus restreint, qui est celui de la cohorte, c'est-à-dire des personnes ayant le même âge dans une société.

1 DES INÉGALITÉS ÉVIDENTES...

A Entre les générations

- Les inégalités entre les générations s'observent aussi bien dans la distribution du revenu que dans la répartition du patrimoine, l'évolution de la consommation ou encore la dynamique des dépenses sociales. Les sociologues Christian Baudelot et Roger Establet (*Avoir 30 ans en 1968 et en 1998*, 2000) constatent une évolution vers une plus grande concentration du pouvoir et de la richesse pour les plus âgés, n'hésitant pas à qualifier ce phénomène de « gérontoclassie ». Il est vrai que, si l'exercice du pouvoir et de l'autorité va toujours de pair avec l'âge, on observe cependant aujourd'hui que la pyramide des âges coïncide beaucoup plus de nos jours qu'hier avec la pyramide des statuts.
- Plus récemment, un autre sociologue, Louis Chauvel, s'appuyant sur des données du même ordre, dénonce la « rupture du pacte générationnel » dont les jeunes seraient les victimes; et il est bien établi que la crise de l'emploi et la dévaluation des diplômes ne créent pas un contexte favorable pour la jeunesse. Les jeunes ont une entrée dans la vie active difficile, comme le montrent l'importance du chômage (18 % des actifs de 15 à 29 ans sont au chômage) et l'importance de l'emploi précaire (un cinquième des jeunes actifs exercent un emploi temporaire). Le diplôme ne constitue plus toujours une protection efficace contre la précarité puisque, selon une enquête du CEREQ portant sur les jeunes sortis du système scolaire en 2001, le premier emploi de 40 % des diplômés du troisième cycle était temporaire (contre, il est vrai, 63 % des non-qualifiés). De plus, en matière de pouvoir d'achat, le fossé des générations se creuse: en 1970, les quinquagénaires gagnaient 15 % de plus que les trentenaires; en 2000, l'écart atteint 40 %.

B À l'intérieur des générations

- De 1979 à 1999, les inégalités ont nettement diminué chez les plus âgés; le rapport interdécile des inégalités de niveaux de vie des 60-64 ans (qui mesure l'écart entre les 10 % des 60-64 ans qui ont le niveau le plus élevé et les 10 % qui ont le niveau de vie le plus faible) est passé de 5,1 à 4,1 au cours de cette période. Cette baisse est due à l'instauration du minimum vieillesse et aussi à la progression de l'activité féminine qui procure de meilleures retraites aux femmes. Chez les jeunes, la situation est très différente: le rapport interdécile des 25-29 ans, toujours sur la même période, est passé de 2,7 à 3,1 et le rapport interdécile des 30-34 ans est passé de 2,8 à 3,5. Les jeunes qui n'ont pas de diplôme subissent bien davantage que les autres les conséquences du chômage et les difficultés d'insertion dans le monde du travail. Derrière une apparente unité, la « jeunesse » est constituée de personnes qui vivent dans des situations très différentes selon les milieux sociaux auxquels elles appartiennent.

- Ce qui vaut pour les jeunes s'applique aussi aux plus âgés puisque, en 2000, près de trois retraités sur 10 âgés de 65 ans et plus perçoivent une pension inférieure à 600 euros. Les faibles retraites concernent essentiellement les femmes dont les carrières professionnelles sont incomplètes, les non-salariés, et tout particulièrement les artisans, commerçants et exploitants agricoles. La pension de réversion des femmes est également très modique et la moitié des veuves ont également moins de 600 euros. Autrement dit, même si de nombreuses personnes âgées bénéficient aujourd'hui d'un confort supérieur à ce qu'il était dans les générations précédentes, on est loin du tableau caricatural d'une vieillesse opulente face à une jeunesse démunie.

2 … Qu'il faut cependant relativiser

A L'inéluctable inégalité des générations

- Pour le sociologue Karl Mannheim, les générations qui composent la société sont « in contemporaines » parce qu'elles sont les produits de temps différents qui n'offrent pas les mêmes possibilités. Dans ces conditions, les inégalités que l'on peut observer ont un caractère très virtuel : que peut bien signifier l'inégalité des salaires entre les jeunes de 20 ans en 1970 et ceux de 20 ans en 2000 ?
- D'une manière générale, il est assez critiquable de faire intervenir la notion de justice sociale à partir du simple constat de l'inégalité des générations successives. Au cours du XXe siècle, le progrès social a eu pour conséquence une amélioration radicale des conditions de vie et de santé de toutes les générations. La différence d'espérance de vie entre des ouvriers nés à 50 ans d'écart est bien supérieure à la différence d'espérance de vie que l'on peut constater maintenant entre cadres et ouvriers.

B L'interdépendance des générations

- L'orientation dominante des solidarités familiales s'établit en direction des jeunes qui reçoivent des dons en nature et en espèces, à la fois de leurs parents et de leurs grands-parents. Cette situation est nouvelle puisque, dans la plupart des autres sociétés, c'est le jeune qui est un travailleur et le vieillard qui est un assisté.
- Cette orientation systématique des dons des plus âgés vers les plus jeunes a pour conséquence de réduire les inégalités entre générations. Cette forme de redistribution est toutefois inégalitaire car elle est corrélée avec le niveau de revenu des parents, et qu'elle ne permet pas, de toute manière, de remédier aux situations de grande pauvreté de certains jeunes.

Si la question des inégalités entre les générations mérite d'être considérée avec une certaine prudence méthodologique, il n'en demeure pas moins vrai que la séparation entre les études et le monde du travail pose de redoutables problèmes en France. À l'instar de ce qui se passe dans de nombreux pays nordiques, la France aurait intérêt à faire en sorte que les jeunes intègrent plus tôt le monde du travail avec, par exemple, la généralisation de l'alternance entre l'école et le cheminement professionnel.

FICHE 80 LA PAUVRETÉ EN FRANCE

Les dernières données disponibles sur la pauvreté (2003) montrent que la tendance à la baisse observée dans les années précédentes s'est interrompue. La pauvreté est différenciée selon l'âge, le sexe et le type de ménage. Globalement, il apparaît que la situation est défavorable pour les personnes seules, les familles monoparentales et pour les femmes. Si les moins de 25 ans sont sur-représentés dans la population pauvre, on s'interroge aujourd'hui sur le possible retour de la pauvreté chez les personnes âgées.

1 Mesure et évolution de la pauvreté

A La mesure de la pauvreté

- La mesure des phénomènes de pauvreté et d'exclusion sociale est tributaire des définitions retenues. Or, il n'existe pas de définition unique et consensuelle de la pauvreté et la seule définition officielle est celle retenue par l'Union européenne (UE) qui considère comme pauvres « les personnes dont les ressources matérielles, culturelles et sociales sont si faibles qu'elles sont exclues des modes de vie minimaux acceptables dans l'État membre où elles vivent ».
- Cette définition fait apparaître trois éléments importants. La définition de la pauvreté est conventionnelle : elle repose sur un choix normatif consistant à identifier une population « pauvre » au sein d'un ensemble d'individus. Ensuite, c'est un phénomène relatif par essence, variable dans le temps et l'espace (et on opposera cette pauvreté relative à la pauvreté « absolue » qui vise à identifier les personnes qui ne peuvent pas couvrir les besoins dits fondamentaux). Enfin, c'est un phénomène multidimensionnel qui ne se réduit pas à la pauvreté monétaire mais qui intègre plutôt l'ensemble des conditions de vie d'un individu ou d'un ménage.
- En France, on retient trois types d'indicateurs pour mesurer la pauvreté. Le premier est constitué des indicateurs de pauvreté monétaire qui définissent la pauvreté comme la proportion d'individus ayant un niveau de vie inférieur à 50 % du niveau de vie médian (on utilise toutefois de manière croissante un seuil fixé à 60 % du revenu médian retenu par l'UE). Le deuxième se compose des indicateurs de pauvreté en « conditions de vie » qui mesurent l'absence ou la difficulté d'accéder à des biens d'usage ordinaires ou à des consommations de base. Dans le troisième, on trouve les indicateurs de pauvreté mesurée par les personnes qui perçoivent une aide sociale.

B L'évolution récente de la pauvreté

- Si on retient le nombre d'allocataires des minima sociaux, on observe qu'après avoir diminué au cours des années 2000 à 2002, ce nombre a augmenté en 2004 de 3,4 %, c'est-à-dire à un rythme deux fois plus élevé qu'en 2003 (1,6 %). À la fin de 2004, 3,4 millions de personnes étaient allocataires d'un des 9 dispositifs nationaux de solidarité. Si on inclut les ayants-droit (conjoints et enfants), ce sont un peu plus de 6 millions de personnes qui bénéficient des minima sociaux.
- Si on retient le taux de pauvreté monétaire fixé au seuil de 50 % du revenu médian, on constate qu'il augmente de 2003 à 2004, passant de 5,9 % à 6,3 % de la population. En 2003, le nombre de personnes pauvres est ainsi de 3,7 millions.

Avec le seuil de 60 %, on notera toutefois que le taux de pauvreté monétaire se stabilise à 12 % (7 millions de personnes concernées).

- Si on retient les conditions de vie, les enquêtes permanentes menées par l'Insee, délimitant 27 indicateurs (absence d'épargne, de vacances, d'eau chaude...), montrent que le taux de pauvreté en conditions de vie diminue et passe entre 1998 et 2004, de 12 % à 10,6 %. Mais cet indicateur, par son mode de construction, est assez proche de la pauvreté absolue et peu corrélé avec les deux autres.

2 La pauvreté comparée

A Les travailleurs pauvres en France et en Europe

- Un travailleur pauvre est un individu qui a travaillé au moins une partie de l'année mais qui n'a pas pu tirer de ce travail des ressources suffisantes pour assurer à sa famille un niveau de vie supérieur au seuil de pauvreté. La prise de conscience de l'existence de travailleurs pauvres est relativement récente dans les pays développés, les deux termes travailleurs et pauvres étant longtemps apparus antinomiques dans des pays où, traditionnellement, la pauvreté est l'apanage des inactifs.
- Pour l'année 2004, on observe que la majorité des actifs pauvres est constituée de personnes qui ont été employées pendant plus de dix mois de l'année. Ces travailleurs pauvres sont désormais plus d'un million en France et, parmi eux, seulement un quart travaille à temps partiel.
- Le taux de pauvreté au travail en France (8 %) se situe à peu près au même niveau que dans l'ensemble de l'UE à 15 (7 %). Il est beaucoup plus élevé que dans les pays d'Europe du Nord (Danemark, Suède, Finlande où il est de l'ordre de 3 ou 4 %) et beaucoup plus faible que dans les pays du Sud de l'Europe (Italie, Espagne, Portugal où il dépasse les 10 %). Comme dans les autres pays européens, la pauvreté au travail en France touche d'abord les jeunes et les seniors.

B Pauvreté et territoires européens

- La comparaison des taux de pauvreté en Europe situe la France dans une position proche de la moyenne : le taux de pauvreté monétaire, conventionnellement fixé par Eurostat à 60 % du revenu médian national, se situe en effet à un niveau de 13 % en France, contre 15 % dans l'ensemble de l'UE. Comme pour la pauvreté au travail, les pays nordiques, mais aussi la plupart des nouveaux États membres, affichent les meilleures performances tandis que les pays du Sud de l'Europe et l'Irlande continuent d'enregistrer des taux de pauvreté monétaire parmi les plus importants.
- Sans entrer dans les détails, on retiendra que c'est là où les transferts sociaux sont les plus modestes, comme dans le sud de l'Europe, ainsi qu'en Irlande et au Royaume-Uni, que la pauvreté est la plus ample. La France se situe dans la catégorie des pays où l'ampleur des transferts sociaux a permis de lutter significativement contre la pauvreté.

L'emploi ne protège pas toujours de la pauvreté et, dans ces conditions, les incitations financières à la reprise d'activité peuvent s'avérer insuffisantes pour combattre celle-ci. La lutte contre la pauvreté nécessite la mise en place d'actions d'insertion globale portant sur la prévention de l'illettrisme, sur l'accompagnement social et médical des personnes pauvres, ainsi que sur l'aide au logement pour les plus démunis.

PARTIE IX

ÉCOLE, CITOYENNETÉ ET CULTURE

FICHE 81

LA DÉMOCRATISATION DE L'ENSEIGNEMENT

La démocratisation de l'enseignement a constitué un objectif majeur pour la France pendant les Trente Glorieuses. Aujourd'hui, à l'heure où un certain désenchantement se manifeste sur l'école et ses finalités, il convient de réfléchir au concept même de démocratisation.

1 La démocratisation quantitative

A Définition

- La démocratisation, entendue au sens quantitatif, se confond avec la croissance de l'enseignement. On parlera alors de démocratisation de l'enseignement, comme on parle de démocratisation des vacances ou de démocratisation de l'automobile.
- Ainsi entendue, la démocratisation ne supprime pas les inégalités ; elle ne fait que les déplacer. Si les vacances ne sont plus l'apanage d'une minorité, cadres supérieurs et ouvriers ont un rapport différent à celles-ci ; alors que les ouvriers restent souvent dans l'Hexagone et séjournent au camping, les cadres privilégient les destinations lointaines.
- En ce qui concerne l'enseignement, les jeunes français des années 2000 ont une scolarité moyenne plus longue de trois années que leurs prédécesseurs des années 1950. Et ce phénomène s'est même accéléré depuis le début des années 1990. Alors que, en 1990, l'espérance de scolarisation est de 5,61 ans, elle est passée à 6,35 ans en 2004-2005. Mais les différentes catégories sociales n'en ont pas pour autant des scolarités identiques.

B Une démocratisation quantitative incontestable

- Selon les enquêtes sur l'emploi de l'Insee, 32 % des hommes nés entre 1920 et 1922 n'avaient aucun diplôme ; 39 % étaient titulaires du seul certificat d'études, 14 % avaient obtenu le brevet et/ou le CAP. Ils n'étaient que 7 % à détenir un titre du niveau du baccalauréat comme diplôme le plus élevé, et 8 % un titre de l'enseignement supérieur. Quant à la scolarisation des femmes de cette génération, elle était encore plus faible (5 % des femmes seulement étaient diplômées du baccalauréat). Dans les générations nées entre 1974 et 1976, 18 % des hommes et 23 % des femmes ont un titre égal ou supérieur à la licence. En 2005, le taux d'accès d'une génération au baccalauréat est de 63,8 % (70,6 % pour les filles et 57,3 % pour les garçons). Le baccalauréat est devenu maintenant le lot commun d'une génération alors que, pour la génération 1920-1922, c'était plutôt le certificat d'études.
- L'expansion de l'enseignement a profité à toutes les catégories sociales. Dans la génération 1920-1922, moins de 5 % des fils d'agriculteurs (et moins de 3 % des filles) obtenaient le baccalauréat, alors que c'est le cas de 70 % des enfants d'agriculteurs dans la génération 1974-1976. L'expansion de l'enseignement a aussi profité aux enfants des catégories sociales qui étaient les plus proches de l'école. Dans la génération 1920-1922, 73 % des fils et 68 % des filles de professeurs et d'instituteurs obtenaient au moins le baccalauréat ; c'est le cas de 87 % des premiers et de 89 % des secondes au sein de la génération 1974-1976.

2 La démocratisation qualitative

A Définition

- La démocratisation qualitative vise non pas seulement à la seule diminution des inégalités mais à la réduction des écarts qui subsistent entre les différents groupes sociaux. C'est le sens que l'on donne à l'expression égalité des chances à l'école. Quelle que soit son origine sociale, chacun doit avoir des chances égales d'accéder aux cursus scolaires les plus élevés.
- Cette démocratisation qualitative est le sens véritable des grandes réformes éducatives que l'école a connues à la fin des années 1950 et au début des années 1960 (réforme Berthoin de 1959 et réforme Fouchet de 1963). Alors qu'au début de la IIIe République, J. Ferry souhaitait augmenter le niveau d'instruction général, l'objectif est plus ambitieux désormais ; il s'agit de faire en sorte que l'itinéraire des enfants dépende de leur seul mérite et non du hasard de leur milieu social. L'école est maintenant à l'image de la société démocratique, dont l'essence repose sur la méritocratie, c'est-à-dire « la promotion des meilleurs, d'où qu'ils viennent ».

B Une démocratisation qualitative limitée

- Pour mesurer la démocratisation qualitative, on utilise la technique des *odds ratio* proposée par le statisticien Yule dès 1900, qui a la propriété de neutraliser les variations que connaît la répartition des origines sociales et des diplômes au fil des générations, permettant de ce fait une mesure d'accès aux diplômes indépendante de toute transformation structurelle de la société. Ces mesures permettent d'établir que, si l'on considère l'ensemble des diplômes, les inégalités d'accès, d'abord stables de la génération 1920-1922 à la génération 1932-1934, ont décru ensuite de manière très franche pour les générations 1938-1940 et 1944-1946, c'est-à-dire au moment des grandes réformes du système éducatif au tournant des années 1960. Ensuite, la démocratisation qualitative s'est interrompue pour reprendre ponctuellement pour la génération 1968-1970, avec la forte croissance des taux d'accès au baccalauréat. Le mouvement ne se prolonge pas pour les générations nées entre 1971 et 1976.
- Si on s'intéresse plus spécialement aux titulaires d'un niveau égal ou supérieur au baccalauréat, on aboutit à une conclusion beaucoup plus pessimiste : pour ces titulaires, on observe en effet que l'inégalité d'accès aux diplômes s'est accrue de façon continue entre les générations 1920, 1922 et 1974-1976. Il n'est pas facile de rendre compte de l'augmentation des inégalités au niveau des titres scolaires les plus élevés ; on peut cependant supposer que, dans les générations anciennes, seuls les enfants d'origine populaire particulièrement brillants parvenaient au baccalauréat ; étant de la sorte sur-sélectionnés, ils ne rencontraient pas de difficultés dans leur parcours dans l'enseignement supérieur. De nos jours, le mécanisme de sur-sélection a disparu et cela se solde par un renforcement du lien entre l'origine sociale et la possession d'un diplôme supérieur.

Le doute sur le caractère réellement démocratique de l'école en France prend d'autant plus d'importance que les Français ont toujours tendance à valoriser le poids des certifications scolaires dans la réussite sociale. D'autres sociétés, comme la société américaine, distendent beaucoup plus le lien entre études et position sociale. D'ailleurs, même en France, le lien entre diplôme et position sociale n'est pas aussi mécanique qu'on le croit généralement.

FICHE 82

LES INÉGALITÉS A L'ÉCOLE

Depuis 1945, l'école a accueilli un nombre croissant d'élèves aux profils sociologiques diversifiés. Pourtant, des interrogations subsistent sur la capacité du système éducatif à assurer les missions qui lui sont assignées : former de futurs citoyens, fournir à chacun un socle minimum de compétences et réduire les inégalités sociales face à la réussite scolaire.

1 Les différents aspects des inégalités face à l'école

A Les inégalités scolaires selon l'origine sociale

- Dès la maternelle, des inégalités sociales sont bien présentes, particulièrement marquées dans le domaine de la logique verbale mais aussi dans les autres dimensions cognitives comme l'aisance graphique, la structuration spatiale ou l'organisation temporelle. Si certains facteurs, comme la nationalité d'origine, jouent un rôle dans ces inégalités, c'est la profession du père qui explique le mieux les performances des élèves.
- Au collège, par le biais du choix des options (langues vivantes ou anciennes) ou par l'instauration de « classes de niveaux » ou encore de « classes européennes », les inégalités, déjà bien présentes à l'école primaire, s'accentuent puisque tous les travaux disponibles montrent que l'on progresse plus dans les « bonnes classes » que dans les autres. Le lycée amplifie encore la dynamique inégalitaire : les élèves de Première et de Terminale générales sont au moins deux fois plus souvent issus de milieux socialement valorisés (professions libérales ou cadres) que ceux des classes de Première et de Terminale technologiques (respectivement 28,6 % et 12,9 %). Les formations technologiques rassemblent elles-mêmes des élèves provenant deux fois plus souvent des groupes favorisés que les élèves préparant le baccalauréat professionnel.
- Enfin, l'enseignement supérieur vient parachever la ségrégation scolaire avec une prégnance très forte des phénomènes d'auto-sélection dans les filières les plus sélectives. Les classes préparatoires aux grandes écoles sont nettement plus choisies à niveau scolaire identique par les jeunes issus de milieux favorisés.

B Les inégalités liées au contexte scolaire

- Depuis la fin des années 1980, on sait qu'il y a des établissements scolaires plus ou moins performants et ces différences de performances ne se réduisent pas à la composition sociale des élèves fréquentant les établissements : il y a ce que l'on appelle des « effets-établissement » qui s'observent aussi bien en matière d'orientation qu'en matière de performance des élèves.
- Au-delà de ces « effets-établissement », existent des inégalités liées au contexte proprement dit dans lequel se déroulent la scolarité. Le « climat » qui règne à l'école affecte les pratiques pédagogiques et crée ou pas des dynamiques de travail. Il est donc clair qu'une partie de l'efficacité de l'école est apportée par les élèves eux-mêmes.
- Toutes ces inégalités sont bien perçues par certaines familles qui vont rechercher prioritairement les établissements les plus efficaces, offrant un climat plus calme,

de meilleures relations enseignants/élèves, etc. Dans le système français de carte scolaire, où les établissements recrutent essentiellement sur une base géographique, le choix du domicile permet ainsi aux familles de se positionner à proximité d'un établissement recherché.

2 Comprendre et interpréter les inégalités face à l'école

A Deux explications sociologiques concurrentes

- Pour la théorie de la reproduction formulée par Bourdieu et Passeron en 1970, les inégalités scolaires ne s'expliquent pas par des inégalités d'intelligence (innées ou acquises) entre les groupes sociaux. Rejetant la thèse des inégalités de compétences, ils expliquent l'avantage des « héritiers » par l'inégale distance entre la culture scolaire et la culture des différentes classes sociales, avec une théorie de la domination sociale dont cette culture scolaire est le principal vecteur. À travers l'école, c'est, selon eux, toute une violence symbolique qui s'exerce.
- En opposition avec cette théorie, R. Boudon (*L'inégalité des chances*, 1973) préfère développer un modèle de l'acteur rationnel où les familles réalisent un arbitrage entre le coût de l'éducation et les bénéfices escomptés. Pour comprendre les choix scolaires, il faut donc intégrer les visées inégales de familles qui s'expliquent par les ressources dont elles disposent, ce qui les rend inégalement sensibles au coût des différentes alternatives d'orientation.
- L'opposition entre ces deux grandes théories perd de son intérêt. La thèse de l'héritage culturel mérite d'être nuancée car les performances scolaires des élèves ne varient pas seulement en fonction de l'origine sociale mais aussi en fonction du contexte dans lequel se déroulent les scolarités. La thèse de l'acteur rationnel ne peut ignorer que l'action est socialement située et que les inégalités dans la qualité de l'environnement scolaire, dans la capacité à choisir son orientation, sont subies par une grande partie de la population.

B Un lien non mécanique entre réussite scolaire et position sociale

- Le rôle attribué à l'école dans la réussite sociale est certainement excessif, comme l'a bien montré le sociologue C. Jencks dès 1972. La relation entre le degré de démocratisation scolaire et le niveau de mobilité sociale est loin d'être évidente et l'ouverture du système scolaire ne débouche pas pour autant sur un affaiblissement des relations entre l'origine sociale et la position sociale et donc sur une réduction des inégalités.
- Cela ne signifie pas que la politique scolaire est inutile, mais il est vain de rêver d'une école qui pourrait égaliser les chances des jeunes enfants et qui assurerait une qualité égale des contextes scolaires. En revanche, on a pu montrer que la politique qui consiste à supprimer les sélections précoces et à différencier les choix d'options et d'orientation produit des résultats significatifs. Dans toutes les comparaisons internationales l'ampleur des inégalités est d'autant plus forte que l'on passe d'un système indifférencié (les pays scandinaves) aux pays ayant conservé des filières (Allemagne, Luxembourg).

Dès lors que la société est inégale, il est vain d'espérer que l'école puisse à elle seule assurer une égalité totale des chances. Évidemment, les politiques scolaires ont leur place dans la réduction des inégalités, mais les inégalités scolaires sont dépendantes des inégalités sociétales qui passent par les politiques de l'emploi, du logement ou encore de la ville.

FICHE 83 LA DISCRIMINATION POSITIVE À L'ÉCOLE

Alors que le principe d'une discrimination positive à l'école a fait son chemin en France, non sans difficultés dans un pays où l'égalitarisme républicain fait encore bien souvent figure de dogme incontestable, une étude récente de l'Insee vient semer le doute sur la portée réelle de ce genre de politique en milieu scolaire. Peut-on dire que la politique des zones d'éducation prioritaire (ZEP), menée depuis maintenant 25 ans, est un échec ?

1 Pourquoi une politique de discrimination positive ?

A Définition et bref historique de la discrimination positive

- La discrimination positive est une politique affectant un avantage social particulier à une catégorie jugée défavorisée. Cette politique a été créée aux États-Unis pour tous les citoyens souffrant de discriminations du fait de leur sexe ou de leur origine ethnique. Le premier à utiliser l'expression *Affirmative action* fut le président Kennedy ; cette expression fut ensuite reprise par son successeur Johnson. Leur idée était que les lois en faveur de l'égalité ne permettaient pas à la population noire de combler son retard par rapport au reste de la population américaine. C'est pourquoi une politique visant à faire en sorte que les Noirs, les Latinos ou encore les habitants des quartiers pauvres, soient davantage représentés dans les emplois qualifiés, les universités, fut mise en place avec un succès non négligeable.
- En France, la création des ZEP en juillet 1981 est la première initiative d'ampleur en faveur de la discrimination positive, avec l'objectif affiché de donner plus à ceux qui ont moins. Cette politique sera suivie, à partir de 2001, par une initiative de l'Institut d'études politiques (IEP) de Paris qui met alors en place une procédure spéciale d'admission pour les lycéens venant de ZEP ; ceux-ci sont dispensés de concours d'entrée et sont recrutés sur dossier et sur entretien, bénéficiant ensuite de la formation normale des étudiants de l'IEP.

B Les difficultés du collège unique en France

- Le collège unique, mis en place par le ministre René Haby en 1975, se propose d'accueillir dans un même type d'établissement tous les élèves de la sixième à la troisième, et de leur offrir un enseignement identique dans le but de démocratiser l'accès à l'éducation. Dans cette perspective, on met fin à l'organisation de la scolarité en filières, les sections devenant indifférenciées. Après 40 ans de collège unique, l'inégalité des chances se maintient à un niveau inchangé. Parmi les facteurs responsables de cet état de fait, on retiendra tout d'abord l'affectation inégale des ressources matérielles, humaines et pédagogiques.
- Mais les pratiques pédagogiques ont aussi une part de responsabilité dans cet état de fait ; en effet, face à un public populaire, de nombreux enseignants renoncent aux ambitions qu'ils ont avec d'autres classes. Peu à peu, cette adaptation anticipée aux capacités présumées des élèves contribue à creuser les écarts.

2 Le bilan de l'action des ZEP

A Une évaluation plutôt négative

- Au niveau qualitatif, les ZEP ont rarement exprimé des projets pédagogiques bien affirmés. Il n'y a donc pas véritablement d'identité positive de la ZEP. Certes, elle implique des classes moins chargées, des dotations en heures permettant de dédoubler les classes ou de mettre en œuvre des activités de soutien, mais la ZEP demeure avant tout une zone « en difficulté » gérant un public « défavorisé ». Dans ces conditions, les effets d'étiquetage ne sont pas négligeables et on observe que les enseignants expérimentés, malgré l'incitation financière, ont tendance à laisser la tâche aux jeunes, tandis que les parents les plus favorisés mettent leurs enfants ailleurs, ce qui renforce la « ghettoïsation » des établissements.
- Au niveau quantitatif, et en l'absence d'indicateurs sur des éléments comme le degré de mobilisation pédagogique dont on peut raisonnablement espérer qu'il a un impact sur la socialisation des élèves, leur bien-être ou leurs résultats scolaires, toutes les études semblent montrer que les scolarités des élèves n'ont pas été améliorées par la fréquentation d'un établissement classé ZEP, qu'il s'agisse de l'indicateur d'entrée en Seconde ou celui de l'obtention du baccalauréat. Ceci peut s'expliquer par le fait que la discrimination positive ne joue qu'à la marge et que les ressources supplémentaires sont réparties sur une population trop peu ciblée. Certains moyens mis en œuvre paraissent inefficaces : par exemple, la taille des classes, d'une manière générale, affecte peu les acquisitions des élèves ; ceci peut s'expliquer également par la présence insuffisante d'enseignants chevronnés dans les ZEP ; et, enfin, par l'absence de mixité sociale dont toutes les recherches établissent qu'elle est un handicap pour la population scolaire.

B Les clés de la réussite des ZEP

- Une des clés de la réussite des ZEP consiste à encadrer davantage l'action pédagogique des maîtres sur la base de la valorisation de « bonnes pratiques ». Cela suppose évidemment que des initiatives importantes soient laissées aux équipes pédagogiques et que ces initiatives fassent l'objet d'un suivi et d'une évaluation « *ex post* » ; cela suppose ensuite que ces bonnes pratiques soient plus tard généralisées, ce qui revient d'une manière ou d'une autre à remettre en cause « l'autonomie pédagogique » à laquelle les enseignants français semblent si attachés.
- Une autre clé, plus institutionnelle, est de se donner les moyens d'agir sur les contextes scolaires : pour rendre les contextes scolaires des ZEP plus attractifs, il est indispensable que les enseignants expérimentés soient affectés dans les établissements défavorisés et que le public scolaire soit plus mélangé qu'aujourd'hui. Peut-on obtenir un tel résultat sans utiliser des méthodes assez dirigistes, donc impopulaires ?

À l'heure où l'Éducation nationale met en place un programme « ambition/réussite » s'inscrivant globalement dans la continuité de la politique de discrimination positive à l'égard de l'éducation prioritaire, il importe de comprendre que la réussite de cette politique n'est pas tant une question d'argent que de pratiques pédagogiques. En prenant exemple sur le Royaume-Uni, c'est en réfléchissant aux pratiques pédagogiques les plus efficaces que l'on parviendra à mobiliser contre le fatalisme de l'échec scolaire des plus démunis.

FICHE 84

ÉCOLE ET LAICITÉ

La crise de la laïcité que l'on connaît aujourd'hui correspond à la conjonction de plusieurs facteurs qui sont la difficulté à actualiser un concept lié aux débuts de la IIIe République, les progrès de l'idéologie multiculturaliste, ou encore la montée de l'intégrisme musulman.

I Quelques repères historiques

A La laïcité avant 1905

- La question de la séparation des pouvoirs temporel et spirituel se trouve au fondement de la création des États-nations modernes. Elle a constitué un préalable à la réflexion des philosophes des Lumières qui ont préparé les révolutions américaine et française, et elle a aussi été une condition du développement économique et de la richesse des nations. C'est au XVIe siècle que la distinction entre la souveraineté temporelle et la souveraineté spirituelle est clairement établie, notamment sous la plume de l'écrivain Jean Bodin qui, dans *Les six livres de la République* publiés en 1576, établit la souveraineté, c'est-à-dire le pouvoir de commander, comme le fondement premier de la puissance de l'État. La loi de Dieu, qui est aussi la loi de la nature, existe, mais le Prince est libre de s'y conformer ou non.
- Et, en effet, on peut dire que la reconnaissance de la souveraineté temporelle est la première étape de la constitution d'un État moderne parce qu'elle permet de mettre en place une administration et un droit fonctionnant selon des principes rationnels qui sont la condition du développement économique et des progrès du capitalisme. Quant à la laïcité, elle découle à l'évidence de la reconnaissance de la souveraineté temporelle, de même que le concept de liberté religieuse qui est une conséquence de l'absence de religion d'État.
- Le mot laïcité apparaît dans le Littré en 1871 pour désigner ce qui n'est ni ecclésiastique ni religieux. Ce mot prend tout son sens dans les grandes lois de la IIIe République, qui sont la loi du 28 mars 1882 prévoyant que l'instruction religieuse soit donnée en dehors des édifices et des programmes scolaires, la loi du 30 octobre 1886 qui énonce que l'enseignement est confié exclusivement à un personnel laïc, et la loi du 9 décembre 1905 qui met fin au Concordat (datant de 1801) en instaurant l'indépendance financière de l'Église et de l'État.

B La laïcité depuis 1905

- La loi du 9 décembre 1905 comporte deux articles majeurs : le premier établit que la République assure la liberté de conscience et qu'elle garantit le libre exercice des cultes, sous réserve de certaines restrictions édictées dans l'intérêt de l'ordre public ; le deuxième établit que la République ne subventionne aucun culte. À travers ces textes se dessine un modèle de relation entre l'État et le religieux où le pouvoir politique est indépendant du pouvoir spirituel et où il n'y a pas de religion officielle ou d'Église d'État. La foi devient une affaire personnelle et privée. Cela ne veut pas dire que la laïcité se confond avec l'athéisme, ne serait-ce que parce que la République garantit le libre exercice des cultes.
- Depuis 1905, l'héritage laïc fait consensus dans la société française et a progressé sans arrêt, y compris chez les catholiques, mais on a pu observer que

l'État est intervenu à plusieurs reprises en faveur de l'enseignement privé, notamment par la loi Debré de 1959 qui accorde des subventions publiques aux établissements privés de divers types, et la loi Guermeur de 1977 qui donne des avantages sociaux pour les enseignants du privé et qui oblige les communes à soutenir les écoles privées. Cependant, la société civile reste divisée sur la question de l'enseignement privé, comme lors de la manifestation de 1984 contre le projet de constitution d'un « grand service public unifié et laïque de l'Éducation nationale ».

2 La crise de la laïcité

A Plusieurs facteurs de crise

- Le premier facteur de crise tient au fait que la perception de la notion est devenue floue dans l'esprit de nombreux français ; selon un sondage CSA réalisé en juillet 2000, il apparaît clairement que les Français sont partagés dans leur conception de la laïcité, et 43 % d'entre eux pensent même qu'il s'agit d'une valeur dépassée. On constate une crise des valeurs qui portent la laïcité : celle-ci est à l'origine un projet politique puisqu'il s'agit de former des citoyens et d'émanciper les individus par rapport à leur milieu d'origine, et un projet social puisque l'école doit permettre à chacun de construire son parcours dans la société ; or, ce projet ne tient plus ses promesses de promotion sociale.
- Le deuxième facteur est le progrès du communautarisme. Dans le cadre de cette idéologie, la liberté d'expression et la reconnaissance de différences prennent le pas sur d'autres valeurs, comme l'autorité du maître, la mission d'éduquer et l'émancipation de la personne.
- Le troisième facteur est le progrès du fondamentalisme musulman. Cet intégrisme mérite d'être pris au sérieux puisqu'il constitue une régression profonde, ne serait-ce que parce que les fondamentalistes musulmans contestent le principe de souveraineté temporelle que l'on a évoqué plus haut et qui est au cœur de la laïcité, pour s'en remettre à l'autorité de la loi divine.

B Une illustration de la crise : l'affaire du voile islamique

- L'affaire du voile éclate en 1989 à Creil lorsque plusieurs élèves d'origine maghrébine se voient refuser l'accès de leur collège après qu'elles aient décidé de se couvrir les cheveux d'un voile, comme il est de tradition dans les pays musulmans. Devant l'opposition du corps enseignant et en l'absence de jurisprudence sur cette question, le ministre de l'Éducation nationale décide de porter la question devant le Conseil d'État.
- Dans l'avis qu'il donne, le Conseil essaie de parvenir à l'équilibre : il arrive à la conclusion que le port de signes d'appartenance religieuse n'est pas incompatible avec le principe de laïcité mais qu'il ne doit pas perturber le service de l'éducation, ce qui justifie son encadrement et, le cas échéant, son interdiction.
- L'avis en question laisse cependant les communautés scolaires confrontées à des difficultés d'interprétation ; à partir de quel moment un voile est-il ostensible ? Qu'est-ce qu'un comportement prosélyte ?

D'une certaine façon, l'écho (voire l'émoi) suscité dans l'opinion montre que la question de la laïcité de l'école est encore bien présente dans les esprits et qu'il y a un réelle attente pour que l'école demeure une espace symbolique où nul n'entre sans mettre entre parenthèses ses appartenances religieuses ou politiques.

FICHE 85 LES VIOLENCES URBAINES

Les émeutes de 2005 dans les banlieues françaises sont des violences urbaines qui ont commencé à Clichy-sous-Bois le 27 octobre 2005 puis se sont répandues dans un grand nombre de banlieues pauvres à travers la France. L'état d'urgence a même été déclaré le 8 novembre 2005. Au 17 novembre, la situation était revenue normale. Quel sens peut-on donner à ces violences urbaines ?

1 Une première conceptualisation des violences urbaines

A Essai de définition

- La question des violences urbaines n'est pas un question nouvelle. Les premières émeutes datent de 1981 aux Minguettes (banlieue de Lyon) puis à Vaulx-en-Velin (1990), Sartrouville et Mantes-la-Jolie (1991), Toulouse le Mirail et Montauban (1999), ainsi qu'à Strasbourg où les émeutes sont périodiques.
- Les violences urbaines ne se confondent ni avec les incivilités, ni avec la délinquance. La délinquance en bande relève soit d'agressions et de prédations entre jeunes commises pour les motifs les plus divers, soit de prédations et d'agressions préméditées biens souvent commises hors des cités et dirigées contre des personnes généralement inconnues.
- Alors que les incivilités sont des actes perçus comme insécurisants mais non nécessairement délictueux au regard du droit pénal, les violences urbaines désignent des conduites généralement délictueuses : incendies volontaires, autres modes de destruction des bien privés ou publics, affrontements avec les forces de l'ordre, mise à sac des magasins ou encore agressions en bande. À la différence des actes de délinquance, ce sont des agressions non préméditées, effectuées sous le coup de l'émotion par des groupes moins structurés que les bandes, dirigées contre les représentants de l'État (police, transports publics, et parfois même pompiers) et non dissimulées.

B Quelques explications discutables des violences urbaines

- Pour certains, les violences urbaines marquent le retour des classes dangereuses. Sont alors incriminées le manque d'éducation ou la mauvaise éducation dispensée par les parents, l'oisiveté et l'errance noctambule, l'absence de normes structurantes provoquant le non-respect de la loi et de l'autorité, la consommation de cannabis ou d'alcool. Si ces explications illustrent surtout les préjugés des classes supérieures à l'égard des milieux populaires, rien ne permet d'affirmer que la « mauvaise éducation » des familles soit une cause majeure de la délinquance des enfants.
- Pour d'autres, les violences urbaines sont le signe d'une crise de la civilisation. Ainsi pour Norbert Élias, la civilisation moderne a progressivement évacué la violence selon un processus lent et long au bout duquel l'homme ne peut plus se venger et où la violence légitime n'appartient plus qu'à l'État. Le retour de la violence interpersonnelle, symbolisé par l'augmentation des homicides dans les statistiques de police, serait le signe d'un retournement de tendance dans le pro-

cessus de civilisation des mœurs. Là aussi, cette interprétation est très contestable car elle repose avant tout sur de vieux stéréotypes de la civilisation chrétienne, qui sont l'opposition de la civilisation à la barbarie, de la morale au corps, ou encore de la culture à la nature.

- Pour d'autres encore, ces violences expriment un conflit de culture et on s'inquiète alors de la montée de l'Islam et de la crise des valeurs républicaines. C'est là faire peu de cas du fait que la France se caractérise par une grande homogénéité culturelle et que la grande majorité des jeunes convertis à l'Islam pratiquent une religion assez largement laïcisée visant à reconstruire une identité dans un contexte de crise.

2 L'ANALYSE SOCIOLOGIQUE DES VIOLENCES URBAINES

A La sociologie des « banlieues »

- Dans les années 1980, François Dubet (*La galère. Jeunes en survie*, 1987) décrit le phénomène de la galère chez les jeunes de banlieue comme « la forme de la marginalité des jeunes liée à la fin d'un monde industriel qui ne peut créer de système d'identification stable, ni assurer l'intégration des nouveaux venus ». Si le refus et la révolte sont omniprésents, F. Dubet n'en constate pas moins l'absence totale d'adversaire social, ainsi que d'enjeux de conflits pour ces jeunes. Dans ce contexte, les conditions de la mobilisation ne sont pas réunies.
- Dans les années 1990, le rap s'affirme comme le principal support d'expression des jeunes adeptes du hip hop. Dans l'expression du rappeur, la dimension contestataire de l'ordre social devient primordiale, ce qui est nouveau. Chez de nombreux groupes, on s'approche d'une vision du monde organisée par la représentation d'une situation de ghetto et l'élaboration d'une théorie du complot qui confine les jeunes dans un rôle de victimes méprisées par le reste de la société. La pratique du rap ne débouche pas pour autant sur une action collective, d'abord parce que les rappeurs n'ont pas pour objectif explicite d'agir sur le monde, ensuite parce que le monde du rap de présente pas de véritable unité, enfin parce que les rappeurs ont une méfiance envers toute action politique.

B Violences urbaines et mouvement social

- La sociologie des mouvements sociaux a bien montré que la mobilisation collective ne peut pas s'appuyer uniquement sur l'identité des acteurs et leurs revendications immédiates. Un mouvement social, pour se constituer, nécessite la définition d'une organisation capable de structurer le travail de ses militants, de fixer son discours, de rationaliser les actions sur la durée.
- Or, tout au long des années 1990, il semble bien établi que les différentes situations émeutières larvées ne s'apparentent pas à une véritable action collective organisée, mais plutôt à une réaction collective contre les représentants de l'ordre social. Les émeutes urbaines sont, en quelque sorte, le point d'apogée de représentations sociales mettant en présence des acteurs que tout semble opposer (la police comme symbole de la domination et de l'injustice dans l'esprit des jeunes, le jeune comme le symbole de la transgression de l'ordre social dans l'esprit de la police).

L'exclusion socio-économique qui frappe les quartiers défavorisés est trop connue pour qu'on s'y attarde. Si cette exclusion détermine chez les jeunes un besoin de reconnaissance identitaire, et parfois aussi une agressivité réactive, on aurait tort d'amalgamer incivilités, violences ponctuelles et délinquance et de sombrer dans un discours décrivant les jeunes des banlieues comme des ennemis de la République.

FICHE 86 LA CRISE DU MODÈLE FRANÇAIS D'INTÉGRATION

Les émeutes des banlieues de l'automne 2005 ont révélé une crise véritable du modèle français d'intégration. Cette crise est indubitable, comme le montrent l'existence de discriminations ethniques et raciales, la déstabilisation du compromis laïc avec la montée de l'Islam, les défaillances de l'institution scolaire, la progression des inégalités ou encore la contestation des valeurs républicaines.

1 Les principes du modèle républicain

A La théorie durkheimienne de l'intégration et ses prolongements

- Dans la tradition française de la sociologie durkheimienne, la question des étrangers et de leur intégration individuelle n'est pas abordée. Cette approche sociologique privilégie l'étude des institutions, qui sont les principaux vecteurs de l'intégration, considérée collectivement. La question des différences culturelles ou encore des relations interethniques dans un même cadre social est ignorée par cette tradition de la sociologie française.
- Si on se situe dans ce paradigme, il est évident que la finalité du processus d'intégration est de rendre compatibles entre elles les valeurs des immigrés et celles de la société d'installation. Dans une version maximaliste, cette finalité peut signifier que les immigrés se fondent totalement dans le pays d'accueil, au point de perdre toute identité spécifique, situation que l'on peut qualifier d'absorption ou d'assimilation. Dans une version plus moderne, on se contentera d'évoquer la nécessaire intégration des immigrés, signifiant par là que les pratiques culturelles et sociales des membres des différentes communautés peuvent être conservées, et même encouragées, à condition qu'elles s'inscrivent dans le cadre de la vie privée et qu'elles n'atteignent pas la vie publique où toutes les différences sont gommées à l'intérieur de l'égalitarisme républicain.

B La doctrine politique de l'intégration

- Cette doctrine politique est relativement récente et a tendance à embellir le passé. Comme on le verra plus bas, les relations entre la France et ses immigrés, tout au long du XIXe siècle et du XXe siècle, ont été souvent conflictuelles et contradictoires. Cette doctrine, que l'on peut qualifier de républicaine, cherche clairement à établir la prééminence des valeurs et des normes nationales et à réaffirmer l'unité du peuple. Dans ces conditions, les immigrés sont considérés comme ayant un ensemble de devoirs à accomplir pour entrer dans la nation française.
- Pour la politique d'intégration qui en découle, trois éléments méritent d'être mis en relief : le premier élément est que l'intégration est individuelle et qu'elle ne tolère pas l'inscription des immigrés dans des communautés d'appartenance censées mettre en péril l'unité de la nation ; le deuxième point est que l'entrée dans la citoyenneté est le pivot de l'intégration, c'est-à-dire de l'acquisition de la nationalité française (on cherche à éviter la reconnaissance de « minorités » qui seraient distinguées par leur statut juridique) ; le troisième aspect est que l'intégration est étroitement liée à la question de l'égalité (égalité juridique mais aussi égalité des chances) dont on s'efforce de trouver des traductions dans la réalité sociale.

2 Un modèle qu'il faut relativiser

A Les enseignements de l'histoire et de la sociologie

- Contrairement à une vision répandue, il importe de savoir que la population immigrée n'est pas beaucoup plus importante de nos jours qu'au début du XXe siècle; il est aussi nécessaire d'indiquer que les conditions sociales et politiques de l'incorporation des immigrés dans la société française des années 1930 n'ont rien eu d'idylliques. Les discriminations étaient bien présentes et l'hypothèse du refus d'intégration et de l'« inassimilabilité » a été largement évoquée à l'époque pour les populations italienne et polonaise.
- L'idée selon laquelle la rupture avec la culture d'origine est un signe positif d'intégration mérite d'être mise en perspective et, dès lors que l'on se penche sur la question du degré d'intégration de différentes nationalités, il est très important de prendre de la distance par rapport aux représentation issues du sens commun. En effet, pour ce sens commun, quand on compare par exemple l'immigration portugaise et l'immigration maghrébine, il semble évident que les originaires du Portugal forment un groupe intégré qui a trouvé une position stable dans la société française, alors que les maghrébins ont une insertion plus problématique. En réalité, l'investigation sociologique montre l'inverse. Il n'y a pas de réseaux communautaires actifs et étanches regroupant les migrants du Maghreb, alors que les liens avec le pays d'origine sont très entretenus par les Portugais et que les réseaux familiaux et communautaires sont très denses. Bref, si on pense que le degré d'assimilation au pays d'accueil est un signe d'intégration, on pourrait en conclure que les Maghrébins sont plus intégrés que les Portugais.

B La question de la deuxième génération

- La question de la deuxième génération est la seule véritable nouveauté de l'histoire de l'immigration française. Jusqu'alors, en théorie aussi bien qu'en pratique, le modèle d'intégration transformait les immigrés en citoyens français en une génération. L'idée de deuxième génération est d'ailleurs tout à fait contradictoire avec le projet d'assimilation.
- L'arrivée de cette deuxième génération d'origine maghrébine sur le marché du travail a remis en question ce processus d'assimilation. Les enfants des immigrés ont souvent des cursus scolaires heurtés et sont victimes de discriminations sur le marché du travail. L'exclusion et le déclassement que connaît cette génération sont un défi lancé à ce que l'on a défini comme le modèle français d'intégration.

L'ampleur et la diversité des discriminations que l'on constate aujourd'hui amène à conclure que la doctrine du modèle social républicain, fondée sur l'accès à l'égalité reposant sur l'indifférenciation des publics, est maintenant obsolète. Il convient de mieux prendre en compte les différences et de recourir à des politiques plus ciblées d'intégration des populations immigrées (politiques dites de « discrimination positive » : Fiche 83*).*

FICHE 87 MULTICULTURALISME ET INTÉGRATION RÉPUBLICAINE

Le débat entre les tenants de l'intégration républicaine et les défenseurs de la société multiculturelle resurgit périodiquement en France depuis le début des années 1980, en même temps que les interrogations sur la capacité d'intégrer à la société française des populations apparemment très dissemblables de la culture dominante.

1 Le modèle républicain de la nation

A La nation à la française

- Le modèle républicain de la nation, ou modèle de la nation civique, est illustré par la nation à la française. Son contenu est la « communauté des citoyens », c'est-à-dire une communauté visant à l'unicité de la société sur le plan culturel et ne préjugeant pas les chances de chacun d'y parvenir en fonction de son origine ou de la couleur de sa peau. Dans cette communauté, le système d'instruction et d'éducation est un rouage essentiel fondé sur l'égalité des chances et le principe méritocratique tendu vers la réalisation d'un individu autonome capable de prendre des distances significatives vis-à-vis de ses origines et de ses appartenances, de son héritage culturel et de ses croyances religieuses.
- Le contenu de ce modèle n'a rien voir avec une certaine idéologie de l'« identité française » qui s'inquiète avant tout de la multiplication du nombre des immigrés et de la présence de cultures réputées non assimilables. L'objectif de ce « pessimisme culturel » est en effet de promouvoir une certaine forme de racisme puisqu'il s'agit de condamner les différences à l'intérieur de la société française et de rejeter la philosophie de l'intégration républicaine au nom d'une conception de la race plus forte que celle de la culture.

B Un modèle qui permet tout de même le pluralisme ethnique

- Le modèle républicain a connu son âge d'or au début de la IIIe République, dans une France aux trois quarts rurale, sous une emprise catholique encore majoritaire, où les occasions de mobilité sociale étaient faibles et où les solidarités de voisinage, familiales ou professionnelles, structuraient en profondeur les relations sociales. C'est dire que la culture républicaine a pris tout de même appui sur les multiples attaches caractéristiques d'une société encore traditionnelle, plutôt que de les combattre frontalement.
- Contrairement à une idée reçue, il faut cependant penser que le pluralisme ethnique ne pose aucun problème à la tradition républicaine dans sa version française, marquée par l'idéal régulateur d'assimilation et par le principe de laïcité comme principe de séparation garantissant la coexistence des croyances, dès lors que ce pluralisme se maintient dans les limites de la société civile. Les textes fondateurs de la laïcité permettent un multiculturalisme de fait, relevant de l'espace civil et de la sphère privée, tout à fait compatible avec le principe de la liberté de conscience, autorisant la coexistence des diverses opinions philosophiques ainsi que des croyances religieuses.

2 Le multiculturalisme

A Une défiance vis-à-vis de l'intégration républicaine

- Bien qu'il y ait plusieurs variantes du multiculturalisme, on retiendra que ses tendances privilégient en général une défiance commune à l'égard du concept de « République », préférant invoquer la société civile plutôt que l'État, les mouvements sociaux plutôt que les institutions. De nos jours, ce qui rend le multiculturalisme si séduisant est qu'il se situe plutôt volontiers dans le cadre des droits (droits à l'expression, droits économiques ou sociaux) que dans le cadre de la loi. Le multiculturalisme s'inscrit ainsi dans un courant historique très porteur qui se défie de l'État centralisé et qui prend appui sur des modèles de gestion plus décentralisés, voire autogestionnaires.
- Sur le plan idéologique, le multiculturalisme est donc plutôt bâti sur la sociologie, la culture et l'anthropologie, que sur la philosophie et la valorisation de l'universalisme abstrait. Là aussi, comme on l'a souligné pour l'intégration républicaine, on se méfiera des simplifications abusives puisque la revendication de la différence caractéristique de l'orientation multiculturaliste a souvent été identifiée d'une manière sommaire avec la lutte antiraciste, faisant des adversaires de ce multiculturalisme des adeptes du racisme donc des gens condamnables, alors que le débat de situe à un autre niveau.

B Les pièges du multiculturalisme

- L'intérêt du multiculturalisme est de rappeler aux républicains que la République n'est pas une abstraction et que la visée de l'universel suppose aussi la prise en compte de l'histoire et de la culture. Ce qui fait défaut, en France par exemple, de nos jours, ce n'est pas l'universalisme juridique mais les voies concrètes d'insertion sociale et, notamment, d'intégration par le travail pour les groupes les plus défavorisés qui sont bien souvent les immigrés maghrébins et leurs enfants.
- Cette réalité une fois connue, il n'en reste pas moins qu'il faut prendre ses distances avec une vision irénique de l'histoire qui est celle de bon nombre de multiculturalistes adhérant à l'idée de la « mondialisation heureuse ». Celle-ci s'appuie sur la substitution de l'idée de gouvernance au gouvernement national (la gouvernance ayant un caractère plus cosmopolite) et la substitution de la citoyenneté sans frontières à la citoyenneté nationale. Il est évident que ce ralliement sans nuances aux valeurs et aux normes de la mondialisation plurielle, ne serait-ce qu'à travers l'européisme, mérite d'être considéré avec prudence.
- De plus, le multiculturalisme, si on l'envisage maintenant comme un système sociopolitique, devient une construction extrêmement dangereuse qui viole le principe de la neutralité de l'État vis-à-vis des cultes et des Églises et qui, ne respectant pas le principe constitutionnel de l'égalité de tous devant la loi, sans distinction d'origine, de race ou de religion, risque de multiplier les communautés à base ethnique aux valeurs et aux normes incommensurables entre elles. L'espace public risque alors de se transformer en espace conflictuel, créant des inégalités inévitables et toujours contestables, pouvant déboucher, dans le pire des cas, sur la « guerre de tous contre tous ».

Si les temps modernes exigent de repenser le modèle républicain de la nation civique, eu égard au nouveau contexte international, il n'en demeure pas moins qu'il faut se méfier d'un multiculturalisme politique qui, en soumettant les individus aux valeurs et aux normes de leur identité d'origine, constitue une réelle menace pour les libertés individuelles.

FICHE 88 LA CITOYENNETÉ EN FRANCE

La citoyenneté est liée en France à l'État-nation, ce dernier se définissant comme la « communauté des citoyens ». Aujourd'hui, la citoyenneté semble en crise, à la fois du fait de la désacralisation de l'État-nation et de la mondialisation de l'économie.

1 Les contours de la citoyenneté

A Définition de la citoyenneté

- La citoyenneté se définit comme l'appartenance à une collectivité aux règles de fonctionnement de laquelle on est assujetti tout en étant coresponsable de leur élaboration et de leur gestion. La citoyenneté est donc à la fois une citoyenneté passive qui est celle du sujet soumis à la règle commune et une citoyenneté active dans laquelle l'acteur contribue au maintien et aussi au processus de construction des règles.
- La citoyenneté est en premier lieu un statut juridique : un citoyen français jouit d'un ensemble de droits et s'acquitte d'obligations envers la société. Les droits dont dispose le citoyen sont des droits civils et des libertés essentielles (se marier, être propriétaire, droit à l'égalité devant la loi et la justice, liberté de pensée, d'opinion, d'expression, d'association...), des droits politiques (droit de voter, d'être élu...), des droits économiques et sociaux (droit au travail, droit de grève, droit à l'éducation, Sécurité sociale). Les obligations des citoyens sont de respecter les lois, de participer à la dépense publique en payant ses impôts et de participer à la défense du pays.
- Au-delà du strict aspect juridique, la citoyenneté se définit par la participation active à la vie de la cité ; cette participation active prend son sens avec le droit de vote. En votant, comme en se faisant élire, le citoyen fait valoir son point de vue, remplace ou confirme les gouvernements, décide des grandes orientations de la politique nationale. Les citoyens peuvent jouer dans la vie quotidienne un rôle important dans la société en adhérant à une association, un syndicat ou un parti politique.

B Citoyenneté, valeurs et identité commune

- Trois valeurs sont traditionnellement attachées à la citoyenneté : la civilité qui est la reconnaissance mutuelle et tolérante des individus entre eux, au nom du respect de la dignité de la personne humaine ; le civisme qui consiste à respecter et à faire respecter les lois et les règles en vigueur mais aussi à avoir conscience de ses devoirs envers la société ; la solidarité qui correspond à une attitude d'ouverture aux autres illustrant le principe républicain de fraternité.
- La citoyenneté est le ciment de l'organisation sociale, parce qu'elle est la manifestation d'une identité commune et cela pour trois raisons. La première raison, d'ordre juridique, est le lien commun à l'ensemble des citoyens, signifiant que l'on accepte les contraintes liées à l'appartenance à une communauté. La deuxième raison, d'ordre politique, manifeste le rattachement à la même communauté politique permettant de voter et d'être élu. La troisième raison, d'ordre culturel, est la manifestation d'un héritage commun. Les citoyens partagent des

moments essentiels de l'histoire qui ont marqué la mémoire collective, comme la Révolution française ou les guerres mondiales.

2 La crise de la citoyenneté

A La désacralisation de l'État-nation

- Comme l'a bien montré Tocqueville, l'État français présente l'originalité de constituer la nation par la soumission de tous à l'uniformité de la règle étatique centrale. Ce rapport d'extériorité entre l'État et la société s'accompagne d'une prééminence du premier sur la seconde, puisque l'État incarne l'ordre transcendant de la raison alors que la société est plutôt perçue comme le lieu du désordre et de l'exercice du sentiment.
- En même temps, en France, le lien entre la citoyenneté et l'État-nation est plus fort que dans bien d'autres pays, comme le montre la querelle en 1870-1871 entre le Français Ernest Renan et l'Allemand David-Fréderic Strauss sur la définition de la citoyenneté. Alors que Renan s'en remet à une conception élective de la nation dans laquelle il appréhende celle-ci comme une plébiscite de tous les jours entre les individus qui la composent, Strauss la définit comme un héritage (sang, langue, culture, rites communs). Dans cette perspective, ce n'est pas le contrat qui crée la citoyenneté mais l'appartenance à une descendance (conception culturelle de la nation).
- Tout ceci ne peut fonctionner que si la supériorité de l'État-nation est clairement reconnue par les citoyens ; or, aujourd'hui, la désacralisation de l'État-nation est bien réelle. Ceci s'explique par la mise en place de l'État-providence qui, s'il vise à établir un nouveau contrat social où le fait d'être citoyen donne accès à un ensemble de droits sociaux et économiques (droit à la santé, droit au travail), implique aussi un autre regard sur la puissance publique, nettement plus pragmatique. Le citoyen attend désormais de l'État qu'il le prenne en charge et, quand ce dernier n'assume pas, ou mal, cette tâche, il perd une partie de sa légitimité.

B Les effets de la mondialisation de l'économie

- Avec la mondialisation, on assiste à une amplification de la compétition qui multiplie la fracture entre ceux qui s'intègrent au jeu économique et ceux qui vivent à l'écart des circuits d'échange. Les premiers ont le sentiment que le cadre national est un handicap alors que les seconds se plaignent de ne plus être assez protégés par la puissance étatique, d'autant plus que la mondialisation vise à multiplier les normes, les règles établies à l'occasion des négociations internationales s'imposant aux États.
- La mondialisation débouche aussi sur la construction d'une citoyenneté transnationale où l'individu dispose de droits propres dépassant ceux de l'État ; ainsi la citoyenneté européenne procure aux ressortissants de l'Union des droits spécifiques, comme le droit de circuler et de séjourner librement dans tout l'espace européen, le droit de vote et d'éligibilité aux élections municipales ainsi qu'aux élections du Parlement européen pour tout citoyen résidant dans un État membre dont il n'est pas ressortissant.

La citoyenneté s'élargit aujourd'hui et on voit apparaître les contours d'une société internationale tendant à faire émerger des droits individuels ne se limitant pas aux frontières étatiques. Cela dit, l'identité post-nationale reste encore un concept philosophique et la nationalité demeure toujours et probablement pour longtemps la source majeure des droits et des devoirs des individus.

FICHE 89 LES PRATIQUES CULTURELLES

Depuis trente ans, les pratiques culturelles se développent à tel point qu'en 2000, 4 personnes sur 5 déclarent avoir pratiqué, au cours de l'année, au moins une activité culturelle (lecture, cinéma, théâtre ou concert, visite de musée, expositions ou monuments historiques, pratiques artistiques en amateur).

1 La poursuite de la démocratisation des pratiques culturelles

A Un audiovisuel prépondérant...

- Dans les années 2000, l'arrivée du micro-ordinateur dans les foyers, après celle du magnétophone, du baladeur et de la platine laser dans les années 1990, a permis de diversifier les pratiques audiovisuelles des Français et, en même temps, d'augmenter encore la place que celles-ci occupent dans leur vie. En moyenne, elles occupent maintenant plus de place que le travail dans l'emploi du temps hebdomadaire, puisqu'un Français passe désormais 43 heures par semaine à regarder la télévision ou à écouter la radio, des disques ou des CD.
- Ces mutations technologiques atténuent la frontière entre la culture et les loisirs. Des collectionneurs de DVD aux mélomanes qui accumulent la musique sur leur disque dur, en passant par ceux qui fréquentent les sites culturels sur Internet, tout montre maintenant que la rencontre avec l'œuvre d'art ne dépend plus nécessairement de la fréquentation physique d'un équipement culturel et n'est plus réservée à un espace ou à un temps particulier.
- En même temps, l'augmentation des pratiques audiovisuelles ne s'est pas accompagnée d'un repli sur soi ; les Français sortent plus maintenant que dans les années 1970 : ils sont, par exemple, de plus en plus nombreux à faire partie d'une association et, à un autre niveau, l'augmentation des entrées dans les salles de cinéma vient aussi confirmer cette tendance.

B ...mais aussi des générations plus « cultivées »

- De plus en plus de Français pratiquent l'art en amateur, ce qui est révélateur d'aspirations fortes en matière d'expression de soi et de recherche d'identité. La proportion de Français de plus de 15 ans pratiquant en amateur la peinture, la sculpture, ainsi que la part de ceux qui font de la musique ou du chant, ont doublé depuis 1973, passant respectivement de 5 % à 10 % et de 4 % à 10 %.
- L'accès à la culture progresse au fil des générations ; seule une personne sur six née entre 1976 et 1985 n'a pratiqué, au cours de sa jeunesse, aucune activité culturelle, contre une sur trois pour les générations nées avant 1935. Dans le même temps, les activités se diversifient : la proportion de jeunes qui cumulent 4 ou 5 activités culturelles est plus forte dans les générations récentes que dans les générations anciennes.
- Les activités culturelles se développent, notamment chez les enfants ; ainsi la fréquentation des musées a plus que triplé entre les générations nées avant 1935 et les générations les plus récentes. Il n'y a guère qu'au niveau de la lecture que la

pratique ne semble pas progresser de manière significative. En effet, si la part des lecteurs occasionnels augmente, celle des lecteurs réguliers continue à s'effriter.

2 Les inégalités qui subsistent

A Les PCS : un outil efficace dans l'analyse des disparités culturelles

- L'augmentation des pratiques culturelles, plutôt que de refléter une démocratisation véritable, s'explique par un effet de structure ; il ne s'agit pas d'un réel élargissement des publics mais d'un gonflement des catégories de population les plus familières des équipements culturels, à savoir les cadres et professions intellectuelles supérieures, les professions intermédiaires et les étudiants. Il n'y a pas de « rattrapage » réel des milieux sociaux les moins investis dans la vie culturelle et la démocratisation demeure toute relative.
- Les pratiques et consommations culturelles demeurent avant tout liées à la trajectoire sociale des individus. Quelle que soit la forme de participation à la vie culturelle, les cadres et professions intellectuelles supérieures arrivent en tête, devant les professions intermédiaires et enfin les ouvriers et les agriculteurs dont les taux de pratique sont sensiblement les mêmes.
- L'écart entre les milieux sociaux, déjà important quand on analyse les résultats détaillés, apparaît de manière spectaculaire quand on raisonne sur la fréquentation globale. À partir de la construction d'un indicateur synthétique portant sur la fréquentation de 5 types d'équipement culturel (cinéma, bibliothèques et médiathèques, salles de spectacle, lieux d'exposition, lieux de patrimoine), on observe que la moitié des cadres et professions intellectuelles supérieures s'y rendent de façon régulière, soit près de deux fois plus que les professions intermédiaires et cinq fois plus que les ouvriers.
- Comme dans les années 1960, on arrive alors à la conclusion que la participation à la vie culturelle est favorisée par le cumul d'un maximum d'atouts (diplôme et revenu élevés, proximité de l'offre culturelle, familiarisation précoce avec le monde de l'art, mode de loisir tourné vers l'extérieur) qui se retrouvent en priorité chez les plus favorisés.

B L'âge et le sexe, deux variables également pertinentes dans l'analyse des pratiques culturelles

- Les jeunes ont une vie culturelle plus intense et aussi plus extravertie. Ce fait, qui s'observe sur l'ensemble des pratiques, est particulièrement marqué pour le cinéma : 89 % des 15-24 ans y sont allés au moins une fois au cours des douze derniers mois, contre seulement 23 % des 55 ans et plus.
- Si les pratiques culturelles des hommes et des femmes se sont indiscutablement rapprochées depuis les années 1970, on observe cependant que la lecture et les pratiques artistiques en amateur demeurent des activités plutôt féminines ; les deux tiers des femmes ont lu un livre au cours des douze derniers mois, contre seulement la moitié des hommes.

Toutes les études montrent que l'intérêt pour la culture dans l'enfance, si elle n'annule pas totalement les inégalités liées au milieu social d 'origine, les atténue tout de même très fortement. C'est donc au niveau de l'école, et cela dès l'école primaire, que la politique culturelle éducative doit être accentuée.

FICHE 90

LES LOISIRS DES FRANÇAIS

L'essor des loisirs date du XIXe siècle. Aristocratiques ou limités à la haute bourgeoisie au début, ils deviennent plus populaires au XXe siècle, avec les « congés payés » comme figure emblématique en 1936. La vraie révolution des loisirs est cependant une conséquence de l'enrichissement des Trente Glorieuses ; cet enrichissement a permis une véritable démocratisation des loisirs, qui n'en restent pas moins assez différenciés selon les milieux sociaux.

1 Les grandes tendances

A Les enquêtes « Emplois du temps » de l'Insee

- Les deux enquêtes « Emplois du temps », réalisées par l'Insee en 1986 et en 1999, font tout d'abord état d'un fort accroissement du temps libre des Français au détriment du temps de travail professionnel et aussi, dans une moindre mesure, du temps de travail domestique. En 1999, les actifs occupés consacraient en moyenne 2 h 13 min chaque jour à des activités de loisirs, compte tenu des activités dites de « semi-loisirs » (jardinage et bricolage principalement).
- La progression du temps des loisirs s'explique notamment par la saturation des besoins primaires, le développement de l'économie de services et la politique de réduction du temps de travail (lois Aubry du 23 juin 1998 et du 19 janvier 2000). Cette dernière est toutefois porteuse d'effets différents sur les loisirs, selon ses modalités de mis en œuvre ; quand elle procède par raccourcissement de la durée journalière du travail, elle n'affecte de façon positive que les loisirs dits « interstitiels » (la télévision, pour l'essentiel) ; quand elle procède par l'attribution de demi-journées, elle affecte plus souvent la demande de loisirs au sens habituel du terme (tourisme, sorties culturelles…).

B Temps libre et croissance

- Le temps libre, contrairement à ce que l'on a pu parfois penser, n'est pas un moyen d'échapper à la tyrannie du travail et à l'emprise des besoins économiques : au contraire, le temps libre est le temps de la consommation et le développement des pratiques de loisir (sport, tourisme, sorties culturelles, bricolage…) accroît la demande de biens et services.
- La politique de la RTT place donc la demande de loisir au cœur de la croissance en prenant le contre-pied de l'utopie « post-matérialiste » qui pense que le « non-travail » échappe à la sphère de l'échange économique. Toutefois, ce cercle vertueux, où les gains de productivité sont redistribués sous la forme d'une augmentation du temps de loisir, n'est possible que si les ressources acquises dans le travail permettent d'alimenter la consommation ; or, ces ressources sont loin d'être également distribuées.

2 Les inégalités face au loisir

A Les inégalités entre les sexes

- Dans les enquêtes « Emplois du temps », les activités sont classées en catégories permettant de mesurer la place relative du temps libre par rapport aux autres activités de la journée: temps physiologique (repos), temps de travail et de formation, temps de transport, temps domestique. Les écarts entre hommes et femmes, au niveau du temps libre, sont assez importants et s'accroissent même entre 1986 et 1999. L'accroissement de ces écarts est, pour l'essentiel, dû à la répartition inégale des tâches domestiques pour lesquelles les différences demeurent très élevées, même si elles se tassent légèrement entre les deux enquêtes (de 2 h51 min de durée quotidienne en 1986 à 2 h35 min en 1999).
- L'ampleur de l'écart dépend toutefois de la catégorisation effectuée des activités dites de « semi-loisirs » que sont le bricolage et le jardinage et qui sont essentiellement masculines. Si ces activités sont comprises dans le temps domestique, comme le propose l'Insee, alors l'écart entre les deux sexes se resserre. En revanche, si l'on considère que le bricolage et le jardinage sont des occupations qui permettent l'accomplissement de soi, à ranger dans le « semi-loisir », alors que les autres travaux domestiques, essentiellement féminins (tâches d'entretien du logement, de préparation des repas, d'éducation des enfants) sont des activités vouées pleinement et sans ambiguïté au travail, alors l'écart demeure très important.

B Les inégalités entre milieux sociaux

- Le sociologue Thorstein Veblen, en observant la société américaine de la seconde moitié du XIXe siècle, avait cru pouvoir conclure à l'existence d'une « classe de loisir » pour désigner ainsi les nouveaux riches qui manifestaient leur rang social, non seulement en consommant des biens ostentatoires, mais aussi par l'usage improductif du temps dans les activités de loisirs. Aujourd'hui, en France, il est clair que le temps libre n'est plus le privilège exclusif des classes supérieures; parmi les salariés, les ouvriers sont maintenant ceux qui disposent au quotidien du volume de temps libre le plus important, à l'inverse des cadres, l'écart entre ces deux catégories passant même de 38 minutes à 54 minutes entre 1986 et 1999.
- Cependant, si on divise le temps de loisir en un temps court et un temps long, on constate que les inégalités ressurgissent: les ouvriers qui ont plus de temps libre au quotidien, inscrivent leur loisir dans un temps limité qui est celui des loisirs quotidiens liés à l'espace domestique: farniente, télévision, lecture, radio, hi-fi, semi-loisirs; ces activités présentent en effet l'avantage de s'intercaler facilement dans les autres temps sociaux et d'être aussi relativement peu coûteuses. Les cadres, qui ont de fortes contraintes d'emploi du temps au quotidien, sont inversement ceux dont la propension aux loisirs du temps long est la plus forte et notamment pour les loisirs culturels (théâtre, musées, salles de concerts...); cette surconsommation s'explique à la fois par les ressources financières et culturelles dont ils disposent.

Les inégalités face au loisir demeurent donc bien présentes, ces inégalités tenant à la fois aux revenus et aux dépenses des groupes sociaux, ainsi qu'aux ressources culturelles engagées dans la consommation de biens et de services de loisir. À ces inégalités se sont ajoutées plus récemment des inégalités liées à la maîtrise des temps sociaux, comme le montrent les premières études d'impact des lois Aubry. Les cadres bénéficient en effet assez souvent de journées de congé supplémentaires, tandis qu'ouvriers et employés ne se voient offrir qu'une modulation de la durée journalière du travail.

PARTIE X

FAMILLE, RELIGION ET VALEURS

FICHE 91 FAMILLE ET CHANGEMENT SOCIAL

Selon le sociologue Guy Rocher, le « changement social est toute transformation observable dans le temps qui affecte, d'une manière qui ne soit pas que provisoire ou éphémère, la structure ou le fonctionnement social [...] et modifie le cours de l'histoire » (Introduction à la sociologie générale, *1968). Les sociologues ont toujours recherché la cause première de ce changement complexe. Émile Durkheim retient l'idée de « densité démographique » et de « densité morale » (diversification et intensification des rapports entre les individus) où la famille a une place. La famille (terme sociologique à distinguer de celui économique de « ménage ») est une institution avec des droits et des devoirs. Devant les changements démographiques* (Partie II) *et familiaux* (Fiches 91, 92), *les interrogations sur le changement social se renouvellent.*

1 Diversification des modèles familiaux ou crise de l'institution familiale ?

A La dynamique familiale

- Dans leur ouvrage de 1983, *Le changement social*, Henri Mendras et Michel Forsé soulignaient bien que « la famille est une institution tellement consubstantielle à la société que ses transformations peuvent apparaître comme le reflet des changements de la société globale autant que comme un des mécanismes de transformation de la société globale ». Depuis cette publication, en 25 ans, les évolutions de la famille se sont multipliées mais faut-il mettre en avant l'instabilité de la famille ?
- Les transformations de la condition féminine, confirmées par l'évolution du statut juridique (*Fiche 93*) des femmes depuis la Seconde Guerre mondiale, sont à mettre en parallèle avec les transformations familiales. L'augmentation des divorces, la baisse du nombre de mariages, la montée de l'union libre (*Fiche 92*) sont autant de facteurs explicatifs des changements familiaux et, donc, du changement social.

B La diversité des modèles familiaux

- La montée du nombre de familles monoparentales est incontestable : 720000 en 1968 (9 % des familles) ; 1176000 en 1999 (13,2 % des familles) ; plus de 21 % des familles en 2007. Si les parents isolés étaient en 1968 des veuves (85 % des cas), en 2007 ce sont en majorité des divorcés (59 % des cas) sans oublier la présence nouvelle de 20 % de célibataires. La « vie en solo » s'accroît : 7,5 % en 1975, 12,6 % en 1999. De plus, 14,2 % des Français « n'ont jamais vécu en couple » (Insee, 2004). Cette solitude se retrouve à tous les âges de la vie avant 60 ans.
- Il faut constater avec Louis Roussel (*La famille incertaine*, 1989) qu'il est difficile de croire à « un déclin irréversible de l'institution familiale » : 68 % des Français vivent actuellement en couple et en famille ; 32 % vivent seuls dont 16 % ont connu auparavant une vie de couple et de famille, rompue par le veuvage ou le divorce. L'institution de la famille, très diverse d'une société à l'autre,

a une capacité d'adaptation élevée, capable d'inventer de nouvelles régulations, de nouvelles formes, « remettant au goût du jour l'attachement au bonheur conjugal » (Gilles Ferréol) et familial, se jouant des mythes du changement, de la désintégration ou de l'émiettement…

2 De nouveaux rôles pour la famille ?

A Une nouvelle régulation familiale

- Le constat précédent ne doit pas occulter de profondes modifications (non de mutations) dans l'institution familiale. La régulation familiale, notamment par rapport au travail, est inséparable du changement social, des structures d'emploi, du système productif. Sans remonter à la France agricole et à la famille patriarcale, de 1945 à la fin des années 1970, sous la régulation salariale, la famille devient conjugale, l'épouse travaillant à l'extérieur contre un second salaire (qualifié faussement parfois de « salaire d'appoint »). Depuis 1980, le rapport salarial se modifie sous l'impact du chômage, des emplois à durée déterminée, la famille devient celle de « deux apporteurs » ; la régulation est alors celle du partage du travail, malgré le difficile accès des femmes aux emplois qualifiés et la rigidité de répartition du travail domestique (*Fiche 94*).
- La montée des services, en liaison avec les nouvelles technologies de l'information et de la communication (NTIC) impose de nouveaux arbitrages vie privée / vie professionnelle, avec le retour du travail à domicile (forme moderne d'un *domestic system*), du télé-travail… Cela peut expliquer en partie l'augmentation de la « vie en solo » avec la difficulté de créer une famille sans compter que la rencontre et le choix du conjoint sont moins faciles. Les enquêtes de l'Insee et les études de l'Ined montrent la permanence d'une forte tendance à l'homogamie sociale, sans modification réelle (même s'il y a eu substitution de la discothèque au bal…).

B Réalité bien complexe pour des éléments d'interprétation

- Les enquêtes d'opinion, depuis 2000, mettent en exergue le retour des valeurs traditionnelles ; qualifier le mariage de coutume surannée, la famille d'institution dépassée, la vie de couple stable d'attitude désuète… est une approche excessive. Ces sondages montrent que réussir une vie de couple est un objectif primordial, que la cellule familiale l'emporte sur le monde professionnel, même sur les loisirs. Ces sondages soulignent que la famille est « le seul endroit où l'on se sent bien », lieu de sécurité, de détente, de satisfaction ; « la famille serait-elle le bonheur » ?
- Néanmoins, François de Singly, Agnès Pitrou, Martine Ségalen et bien d'autres sociologues montrent clairement des rapports différents rares durant les Trente Glorieuses. Les différences d'âges, voire de générations, les différences de statut, les appartenances religieuses différentes, les origines sociales opposées (thème de fables, de contes… et de mises en scène) sont un peu moins des obstacles à la formation d'un couple et d'une famille. La société est devenue aussi plus tolérante envers certaines formes d'alliances.

Loin d'être en crise, l'institution familiale, en France, connaît de nouvelles régulations, assez inédites, preuve de la capacité d'adaptation de cet élément de base de la société. Assurément, le changement social, sous l'effet des transformations économiques, est à l'origine de ces mutations auxquelles la famille s'adapte continuellement.

FICHE 92 LA NUPTIALITÉ

La nuptialité est l'un des cinq mouvements démographiques (Adolphe Landry); nombre de mariages mesuré, dans un pays, durant une période (l'année civile généralement), par le taux de nuptialité ou rapport du nombre de mariages à la population moyenne de l'année (4,6 en 2003). Le mariage, à la fois contrat juridique, cérémonie (civile et/ou religieuse), acte symbolique, est une institution, légalisant l'union de deux personnes de genre opposé, entraînant des obligations et des droits spécifiques. La crise du mariage est un thème récurrent depuis trois décennies; au-delà des données chiffrées permettant bien des nuances, il faut surtout chercher à expliquer une évolution contrastée.

1 La nuptialité en chiffres : une diminution certaine

A La stabilité passée du mariage est remise en cause

- Durant les Trente Glorieuses (1945-1975), un « âge d'or » s'affiche: mariages précoces (vers 21-23 ans au premier mariage), peu de divorces (*Fiche 93*), peu de veuvages, peu de naissances illégitimes (ou hors-mariages), très faible taux de remariages… De 1956 à 1972, le nombre de mariages n'a cessé d'augmenter (à relier comme facteur au *baby-boom*) pour atteindre 417 000, soit une croissance de 34 % en 15 ans. Depuis, le nombre de mariages diminue: 334 400 en 1980, 255 200 en 1993. Les règles du mariage n'ont pas changé depuis 1945 avec les conditions requises de 18 ans révolus pour l'homme, de 15 ans pour la femme (sauf dispense pour « motifs graves » par le procureur de la République) ; depuis 2006, de nombreux politiques souhaiteraient une parité pour porter une seule limite à 18 ans.
- Pour mieux suivre le déclin, les démographes utilisent l'indice conjoncturel des premiers mariages (ou indice synthétique de primo-nuptialité): somme des taux de nuptialité des célibataires selon l'âge de 18 à 50 ans ; indépendant de la structure d'âge, l'intérêt de ce paramètre est de fournir, pour chaque genre, la proportion de personnes d'une génération fictive qui contracteraient un premier mariage avant son 50e anniversaire si les conditions de nuptialité du moment étaient permanentes. Cet indice traduit bien une baisse, plus accusée chez les hommes que les femmes: en 1965, 1,01 pour les hommes, 0,99 pour les femmes; en 1985, 0,53 et 0,54 respectivement pour hommes et femmes; en 1993, 0,48 et 0,50.

B Le déclin du mariage est relatif

- Si déclin de la nuptialité est brutal au cours des années 1970, depuis la baisse est assez faible. Le taux de nuptialité est maintenant soutenu par le taux de remariages. La plus grande modification est celle de l'âge au premier mariage: en 2004, 28,8 ans pour les femmes et 30 ans pour les hommes.
- La part des remariages a été très faible de 1965 à 1975 (environ 8 % des mariages). Depuis, avec l'augmentation des divorces, cette part a augmenté fortement de 1975 à 1987, plus lentement ensuite. Depuis 1995, 25 % des mariages, en

moyenne annuelle, sont un remariage pour au moins l'un des époux (environ, 14 % des femmes, 16 % des hommes). Le remariage des hommes est donc un peu plus répandu ; l'éducation reçue, les rapports de force et de pouvoir entre conjoints expliquent cette situation, renvoyant à l'organisation de la sphère domestique que peut révéler la répartition du travail domestique (*Fiche 94*).

2 Le mariage dans la société française : une institution en crise ?

A La cohabitation : une alternative

- À mesure que le nombre de mariages est orienté à la baisse, corrélé avec la montée du nombre de divorces (*Fiche 93*) et au nombre de naissances illégitimes (11 % en 1980, 30 % en 1990, 37 % en 1995, 48 % en 2006 sur l'ensemble des naissances), la cohabitation se développe à tous les âges (il est donc devenu faux de mettre en exergue la seule cohabitation juvénile). Il s'agit de l'union libre (ou cohabitation hors-mariage) : couples non mariés vivant *de facto* avec un conjoint sans reconnaissance *de jure*.
- Jusqu'au recensement de 1968, moins de 3 % de couples non mariés étaient dénombrés, limités à des personnes veuves ou divorcées cherchant une alternative au mariage. Depuis 1975, la cohabitation a « explosé » (12,4 % des couples en 1990 ; 21 % en 2002, ayant en moyenne 1,5 enfant). Nonobstant, il faut convenir que les couples mariés constituent la grande majorité des cas (80 %) mais, par rapport aux décennies passées, la situation a bien changé, le contrôle social, le poids de l'environnement social étant moins fort ou plus tolérant.

B De nouveaux types d'alliance : de l'union libre au PACS

- Face à la stabilité relative des mariages, indépendamment du « pic » de 2000 (305 400 mariages contre 278 700 en 1998 et 286 300 en 2002), « effet du millénaire », on assiste à un développement du pacte civil de solidarité (PACS, qui est la reconnaissance légale, créée en 1999, d'une relation stable entre personnes, même de genres opposés. Par contre, le législateur français, en opposition à ceux de certains pays (Belgique, Espagne, Pays-Bas, Royaume-Uni...), ne reconnaît pas les « mariages homosexuels ». Le PACS est un nouveau protocole d'alliances permettant, outre le fait d'une reconnaissance sociale et légale, d'accéder, comme pour tous les autres couples, à l'octroi de prestations, de profiter de droits de succession plus équitables. Leur nombre, peu élevé, ne cesse d'augmenter : 32 000 en 2003, 41 000 en 2004, 54 000 en 2005. Mais, près de 15 % des PACS, depuis 1999, ont été dissous (7 000 en 2004).
- Toute analyse du mariage ne doit pas occulter les mariages mixtes : mariage avec une personne de nationalité étrangère. Quoique faible (2 à 4 % par an), leur nombre tend à augmenter, surtout pour les hommes. Le mariage s'exerce de plein droit et n'a aucun effet sur la nationalité, même si le conjoint étranger a le droit, surtout si le couple a un enfant, de demander la nationalité française par simple déclaration devant le juge d'instance (mais, c'est le président de la République seul qui accorde ce droit comme le droit exceptionnel du « mariage posthume »), sachant que la France, contrairement à nombre de pays, n'accorde pas officiellement la double nationalité depuis la fin des années 1970.

Certes, le nombre de mariages est en baisse mais les conditions sont loin d'être réunies pour conclure à une crise réelle de l'institution du mariage.

FICHE 93 DIVORCE ET CRISE DU COUPLE

*Malgré la baisse relative du nombre de mariages (*Fiche 92*) et l'image véhiculée par les médias du « bonheur à deux », ce thème est d'autant plus important à mettre en lumière que près de 35 % (estimation 2007, d'après l'Insee) de personnes vivent seules. L'isolement relationnel, doublé d'un sentiment de solitude, est une source possible d'exclusion et une question de lien social (J.-C. Kaufmann). Si P. Bourdieu y décelait des liens avec* La domination masculine *(1999), la solitude, touchant plus particulièrement les femmes, est à mettre en parallèle avec la montée des divorces, ce qui pose de nombreuses questions sur la vie en couple aujourd'hui en France.*

1 La montée des divorces

A Les données chiffrées

- Les démographes utilisent le taux de divorce ou de divortialité, plus exactement la « somme des divorces réduits » : pour une année donnée, somme des taux de divorces prononcés pour chaque promotion de mariages ; c'est un calcul complexe mais ayant l'avantage d'être une image fidèle de la réalité. Les divorces prononcés, pendant une année civile, sont classés selon la durée du mariage et rapportés successivement à la promotion de mariages dont ils sont issus ; un taux est ainsi obtenu pour chaque durée de mariage, addition permettant d'avoir un indicateur global.
- Les divorces ont surtout augmenté de 1976 à 1980 (+ 37 % en 4 ans) dans les années suivant la réforme du divorce (loi de 1975). Cependant, cette loi n'est pas la seule explication puisque, après 1980, le taux de divorce ne connaît plus la même progression (+ 28 % en 4 ans, de 1980 à 1984), ce qui s'explique par la diminution des mariages et la montée de la cohabitation (*Fiche 92*). Le divorce, stabilisé à 40 000 par an, des années 1950 à 1975, concerne, depuis 1985, plus de 100 000 couples mariés. Globalement aujourd'hui, le divorce touche un peu plus de 40 % des couples.

B La banalisation du divorce

- La loi du 11 juillet 1975, reconnaissant toujours le bien-fondé du divorce « pour faute » issu de la législation du XIXe siècle, permet, d'une part, la reconnaissance de la « rupture de la vie commune depuis six ans au moins » et, d'autre part, le divorce « par consentement mutuel » (soit sur demande des deux époux, soit sur demande d'un des époux et accepté par l'autre). Cette loi n'est probablement pas la cause directe de l'augmentation des divorces, mais elle donne plus de facilités de séparation légale pour les couples en difficulté et en mésentente ; elle a permis la régularisation, en les officialisant, de situations anciennes.
- Il existe bien une banalisation du divorce. En France, dans plus de 70 % des cas, la femme est à l'origine de la demande de divorce. Les divorces se multiplient et surviennent de plus en plus tôt dans la vie de couple. Pourtant, malgré les facilités offertes par la loi de 1975, le divorce est une épreuve, notamment financière, entraînant une « prestation compensatoire » sous forme de capital ou de rente mensuelle indexée, sans oublier les « pensions alimentaires » (mais seules 35 % de ces dernières sont versés intégralement et régulièrement).

2 La remise en cause du couple ou les effets de l'environnement social

A Les explications causales de la montée des divorces

- Les explications ne manquent pas. Toutefois, il existe une très forte corrélation entre le taux de divortialité et l'activité professionnelle de la femme. Le divorce est le plus fréquent dans les catégories (employés, professions intermédiaires) où les femmes sont entrées sur le marché du travail depuis une vingtaine d'années. Cela ne retire rien aux autres facteurs de « risque » : urbanisation accrue, absence d'enfant, individualisme développé, perte de la hiérarchie des valeurs, opportunités de rencontres plus nombreuses… Le premier grand risque est le mariage précoce, notamment pour les femmes de moins de vingt ans, mais ce risque s'estompe par le recul de l'âge au mariage.
- L'allongement de la durée des études, la diminution des pratiques religieuses comme du contrôle social, la montée de l'individualisme, le chômage, les difficultés de passer de l'adolescence à l'âge adulte, la perte de prégnance des rites familiaux… sont autant d'explications se conjuguant pour expliquer la plus grande fragilité de la vie en couple, sans compter l'augmentation de l'espérance de vie conjugale. Néanmoins, l'institution familiale semble bien se porter (*Fiche 92*), le nombre de familles augmentant.

B Intérêts ou sentiments… ?

- Compte tenu du constat précédent, ce sont certainement de nouveaux protocoles relationnels qui se mettent en place, surtout à la lumière de l'augmentation des familles recomposées, plus proches des « réseaux relationnels » à la « recherche de pérennité » (Irène Théry), que d'une image du couple, idéalisée par la tradition, d'où l'augmentation des unions libres. La « vie à deux » devient une période transitoire (parfois très longue…) précédant un choix définitif. Il existe une « privatisation des valeurs », où l'intimité personnelle, l'égalitarisme prime sur la fidélité, les concessions. De plus, le mariage repose sur des stéréotypes encore solides (homme plus diplômé, mieux payé, plus âgé… voire plus grand… que la femme), or la réalité est devenue plus complexe.
- La preuve de ce changement est l'étroite corrélation entre la réussite professionnelle et le célibat féminin : plus le calendrier matrimonial est tardif, plus les opportunités se font rares. L'attente de l'« Enfant-Roi » (*Fiche 12*) est précédée peut-être, encore plus qu'hier, par la rencontre du partenaire souhaité… C'est l'affaire des très nombreuses agences matrimoniales dont l'utilité dépasse maintenant les abus du passé. La clientèle de ces agences a des comportements rationnels dans le but sincère de fonder une famille, à l'époque d'une banalisation de la relation amoureuse, source de divorces.

L'institution familiale ne connaît pas une crise stricto sensu, mais les conditions sociétales et sociales ont modifié la réalité du couple. La réussite des couples ne repose peut-être pas seulement sur l'entente sexuelle et l'amour pour lutter, dans la durée, contre la routine conjugale…

FICHE 94 LA RÉPARTITION DU TRAVAIL DOMESTIQUE

Malgré des symboles médiatisés (d'Anne-Marie Idrac à la tête de la SNCF à Ségolène Royal, présidente de la région Poitou-Charentes, en passant par Laurence Parisot, la « patronne » du MEDEF), les Françaises sont loin de connaître une parité avec les hommes, pourtant inscrite dans la Constitution depuis 1946, en ce qui concerne le travail domestique. Le « pays des droits de l'homme » peine à faire valoir celui des femmes comme le révèle l'inégalitaire répartition des rôles domestiques ; un révélateur probable de l'institution familiale en France.

1 UNE RÉPARTITION TRÈS INÉGALITAIRE DU TRAVAIL DOMESTIQUE

A Les modèles évoluent mais non les rôles

- Malgré la domination du modèle familial traditionnel (*Fiche 90*), les modèles familiaux évoluent nettement avec le poids des familles monoparentales et les divorces, sources de nouveaux statuts tant pour les femmes que les hommes. Cependant, les rôles n'évoluent guère depuis 1950. Les tâches domestiques (des tâches ménagères aux achats, en passant par la préparation des repas, le repassage…) restent très peu partagées ; la France apparaît très loin des modèles scandinaves, voire anglo-saxons. Les études de l'Insee, entre 1986 et 1999, montrent une diminution légère (– 10 %) du travail domestique des femmes (de 5 h 07 à 4h36) sans être compensée par l'augmentation (+ 4,7 %) de celui des hommes (de 2h 07 à 2h13).
- Sur la même période, le temps libre masculin, qui a augmenté moins (de 3h53 à 4h09, soit + 6,9 %) que celui féminin (de 3h13 à 3h31, soit 9,3 %), conserve une solide avance, l'écart n'étant pas près de se combler… De plus, si le temps libre des femmes est bien délimité et balisé (taux de temps de lecture – plus important que les hommes –, promenade…), le temps libre des hommes se confond parfois avec des activités domestiques (jardinage, bricolage…). À la maison, les femmes en font deux fois plus, les contraintes familiales pesant bien plus sur leur carrière professionnelle et son déroulement (toute chose égale par ailleurs, les périodes de congés pré et post-natales exclues).

B Des rapports aux enfants et aux besoins du ménage très différents

- En ce qui concerne le temps passé aux soins aux enfants, le rapport est décisif ; les femmes y consacrent un temps bien supérieur (sur la même période que *supra*, de 0h42 à 0h38, soit – 9,5 %) à celui des hommes (0h10 à 0h11, soit une augmentation de 10 % mais plus de trois fois moins). Malgré les images de « papa-poule », même dans les plus jeunes couples, les hommes sont loin de donner aux enfants une sollicitude d'importance égale. Par contre, les hommes profitent bien de la législation ; si seulement 1 % en 2003 ont profité de l'allocation parentale (interrompant leur activité pendant trois ans maximum), ils sont 61 % à avoir pris le congé de paternité mis en place en 2002 ; mais, après les 11 jours ouvrables de ce congé, se soucient-ils tous de l'éducation des enfants ?

- Avec la diffusion de l'électro-ménager, des plats cuisinés, des achats Internet…, les femmes consacrent moins de temps aux achats, aux « courses », de 3h50 à 3h40 (– 4,3 %, de 1986 à 1999), baisse peu compensée par le temps que les hommes y consacrent : de 1h11 à 1h15, soit une augmentation de 5,6 %, mais qui est attribuée aux courses et non aux ménages et autres tâches domestiques.

2 Le poids des contraintes : famille, enfants, société

A Enfants et carrière professionnelle féminine

- Le temps donné aux tâches domestiques et aux soins des enfants a un impact sur la carrière des femmes tant employées que professions intermédiaires. Beaucoup choisissent leur profession (enseignement, employée à mi-temps, travail à domicile…) pour mener de front les « deux journées de travail ». Les femmes en ont conscience : 69 % déclarent (sondage SOFRES, avril 2003) qu'avoir un enfant est un frein à leur carrière ; mais, les hommes aussi : 78,5 % reconnaissant que l'enfant est une gêne dans le déroulement d'une carrière féminine (contre 27,5 dans leur propre carrière).
- Le féminisme a permis nombre de dispositions légales, mais les pratiques concrètes n'ont guère évolué ; c'est le bilan amer que dresse Élisabeth Badinter ainsi que le sociologue Daniel Welzer-Lang ; nombre d'hommes souhaiteraient aussi sortir de la domination masculine avec une meilleure répartition du travail domestique.

B L'image sociale de la femme et les rapports sociaux de genre

- Alors que le nombre de femmes a augmenté dans tous les groupes socioprofessionnels, la répartition des tâches domestiques n'a guère évolué par rapport au passé ; la répartition reste très tranchée. Les femmes au foyer sont encore considérées comme « inactives » puisque les investigations, portant essentiellement sur les actifs, occultent la part considérable du travail social qu'est le travail domestique, ce qui compromet toute compréhension des processus de reproduction.
- Pourtant, François de Singly (*Fortune et infortune de la femme mariée*, 1987) démontre que dans les trajectoires tant familiales que professionnelles, l'époux s'approprie souvent les richesses scolaires et sociales de son épouse ; bien des hommes doivent en effet leur carrière à leur conjointe. Loin d'être un fait naturel, le primat de la masculinité dans une société comme la France est une construction symbolique provenant des systèmes de représentations et des règles différentes d'éducation des petites filles et des garçons. De ce fait, les stéréotypes ont la vie dure et se transmettent, même inconsciemment, dans l'éducation des enfants (les catalogues de jouets sont éloquents dans la distinction des rôles des garçons et des filles). La France est loin du modèle suédois où les jouets militaires ont été interdits (1979) et où toutes les tentatives sont faites pour décrier les mythes des rôles sociaux des genres.

La répartition du travail domestique est un moyen de suivre et d'observer le changement social. Si les modèles familiaux évoluent, les rôles demeurent bien délimités. Dans la quotidienneté, les inégalités entre hommes et femmes restent fortes ; la parité appartient plus au domaine public qu'à la sphère privée et familiale.

FICHE 95 L'ÉVOLUTION DU DROIT DE LA FAMILLE

Le droit est l'ensemble des règles régissant les rapports entre les personnes constituant une même société. Selon Henri Lévy-Bruhl, ces « règles sont obligatoires » et « déterminent les rapports sociaux ». Très souvent, la loi (votée par le Parlement) légalise des comportements nouveaux qui tendent à dominer en fixant les limites à ne pas dépasser sous peine de sanction ; ainsi, le législateur a dû prendre en compte les nouveaux rapports humains émergeant au sein de la famille. Mais, les normes juridiques s'adaptent avec retard à l'évolution des normes sociales. Les aspects du « droit de la famille » (qui n'est pas une branche autonome du droit puisqu'il relève aussi bien du droit civil, du droit pénal…) sont nombreux ; il reste possible pour donner les pistes essentielles des évolutions actuelles de distinguer les rapports entre les personnes et la place de l'enfant.

1 Le rapport entre les personnes

A Droit de la femme et relations entre les conjoints

- Si le législateur interfère dans la sphère privée (contraception, interruption de grossesse… ; *Fiche 12*), il a surtout pris en compte le statut de la femme qui n'est plus du tout celui fixé par le législateur napoléonien (la femme ne peut plus, dès qu'elle est mariée, exercer plusieurs de ses droits civils : ester en justice, signer un contrat, vendre un bien, travailler sans l'autorisation de son époux…) ; mais, l'évolution a été très lente en France : 1907, la femme obtient le droit de disposer de son salaire ; 1938, elle dispose de sa capacité juridique ; 1944, elle obtient le droit de vote ; 1965, elle peut exercer une profession librement ; 1970, elle reçoit la même autorité vis-à-vis des enfants que le père ; 2004, les parents peuvent choisir de donner le nom du père ou de la mère à leurs enfants.
- Le devoir de secours entre époux (article 212 du Code civil) ne peut exister que dans le mariage et ce droit est donc strictement limité par rapport au droit d'assistance entre parents et enfants. Par contre, de plus en plus de droits du couple marié sont reconnus aux couples vivant en union libre (*Fiches 92, 93*), en matière de prestations familiales et sociales, de bail d'habitation, de fiscalité, d'exercice de l'autorité parentale en commun ; sur ce dernier point, le principe posé (en 1804) de la puissance paternelle au sein de la famille n'existe plus. Les relations hommes/femmes se modifient et le législateur en a pris compte, la société évoluant vers un « patriarcat » (prépondérance du père) plus faible ou plus nuancé.

B Les solidarités familiales

- La solidarité familiale (*Fiche 96*) est dorénavant définie par la loi qui organise, voire impose des normes. Ainsi, le Code civil (articles 205 et suivants) définit une « obligation alimentaire réciproque entre ascendants et descendants », sans limitation de degré et, aussi, entre gendres ou belles-filles et beaux-parents. De même, les parents ont une obligation d'entretien envers leurs enfants (article 203 du Code civil) que ces derniers soient nés d'un couple marié (naissance légitime) ou hors mariage (naissance illégitime). En cas de divorce ou de séparation, cette norme obligatoire subsiste pour le parent qui n'a pas reçu du juge la garde des enfants.

- Le droit des successions est un autre point juridique clé qui a évolué sur la dernière décennie. Un héritier a désormais le droit de renoncer à son héritage au profit de ses enfants avant l'ouverture même de la procédure de succession, devant notaire. De plus, la donation peut se faire directement des grands-parents aux petits-enfants. Le législateur a tenu compte du vieillissement de la population (*Fiche 13*) et de l'évolution des modes de vie bouleversant les relations entre générations ; les jeunes ont autant besoin d'aide que des personnes âgées n'ayant plus les moyens d'assurer leur indépendance seuls.

2 La place de l'enfant dans le droit de la famille

A Le droit de l'enfant

- Le droit des enfants a beaucoup évolué de 1974, année où la majorité a été abaissée de 21 à 18 ans, à 2004 quand le législateur modifie le droit du père qui doit « s'impliquer dans l'éducation des enfants par une assistance éducative ». De même, les droits des grands-parents et beaux-parents envers les enfants ont été modifiés dans le code civil avec, notamment, le demande d'un droit de visite.
- La reconnaissance des enfants par le juge devient une réalité, du moins en partie. Il « peut » auditionner les enfants à partir de 13 ans, voire avant dans certaines conditions ; par contre, en matière de divorce, l'enfant n'a pas à être entendu. Aujourd'hui, se pose la question de la majorité pénale dans la mesure où des enfants de moins de 13 ans se rendent coupables de crimes et de délits, échappant à l'autorité (conjointe) de leurs parents.

B Comment réformer le droit de l'enfant et la protection de l'enfance ?

- Cette question primordiale a été posée brusquement après les affaires d'Outreau, d'Angers, de Drancy... révélant un système insuffisant, voire défaillant, de protection de l'enfance (une réforme sera proposée en 2007). En 2004, le nombre d'enfants (95 000) ayant fait l'objet d'un signalement a augmenté de 7 % (la plus forte hausse depuis 1998). La loi Dorhlac de 1989 sur la prévention des mauvais traitements paraît donc très insuffisante.
- La difficulté de toute réforme est liée au manque de relation et de formation commune entre le juge pour enfants, le travailleur social (après des enfants) et l'instituteur ; la réforme doit passer par des échanges interdisciplinaires. Le rapport Nogrix (2005) sur l'amélioration de la procédure de signalement de l'enfance en danger propose la création d'un « secret partagé » (assez comparable au secret médical) pour mieux disposer d'information sur un sujet qui demeure un réel tabou.

*L'évolution du droit de la famille prend en compte l'évolution des normes sociales, évidemment avec retard. Avec la multiplication des textes, le pluralisme normatif n'est pas sans créer des situations d'incertitude. Le législateur essaie d'y remédier régulièrement mais les normes sociales se modifient de plus en plus rapidement (*Fiche 91*) et le droit de la famille reste un droit éclaté.*

FICHE 96

LES SOLIDARITÉS FAMILIALES

Religion (Fiche 97) *et famille* (Fiche 91) *ne sont pas sans relation : « Si l'affirmation d'une pratique religieuse [...] ne permet pas de rattacher une personne à un groupe [...], elle influence par contre la façon dont elle constitue sa famille » (X. Niel, « L'état de la pratique religieuse en France »,* Insee Première, *n° 570, 1998). Quand la même revue constate que « les Français se parlent de moins en moins » (N. Blanpain,* ibid.*) et s'interroge « d'où sont mes amis venus ?.... » (J.-L. Pan Ké Shon,* ibid., *n° 613), il faut bien constater que la famille reste un lieu important de solidarité, sur lequel il est possible de compter, un réseau de sociabilité actif. C'est le cadre d'un soutien moral et matériel réel, surtout en cas de difficulté (chômage, divorce, veuvage...), et aussi d'une aide financière gratuite. Il existe ainsi une économie cachée de la parenté (E. Crenner, « Famille, je vous aide »,* ibid., *n° 631) et cela dans tous les milieux sociaux.*

1 Les multiples formes de solidarité familiale

A La présence de nombreuses expressions de solidarité

- Les solidarités familiales offrent un éventail très large, du prêt d'argent au soutien moral, en passant par l'entraide (jardinage, bricolage, *baby-sitting*...), le soutien scolaire, les services les plus variés. Cette aide n'est pas obligatoirement de courte distance (enfants/parents) et peut s'exprimer sur plusieurs degrés de parenté, avec des individus n'habitant pas ensemble. Si cette aide s'oriente principalement vers la famille proche, elle existe aussi entre collatéraux. Ainsi, les études de l'Insee, depuis 1990, montrent que 75 % des personnes ont aidé un proche, matériellement ou moralement, et au moins une fois un membre de leur famille ne vivant pas sous leur toit.
- L'enquête de l'Insee sur « les réseaux de parenté et entraide » (depuis octobre 1997) montre globalement trois constats : l'aide dominante est celle des parents aux enfants et *vice versa* presque dans les mêmes proportions ; ensuite, viennent les aides entre frères et sœurs ; enfin, l'aide entre grands-parents et petits-enfants prend de plus en plus d'importance dans la dernière décennie. Après, avec une différence marquée, mais sans être à la marge, viennent les entraides entre oncles et neveux et entre cousins. Une certitude : l'éloignement géographique modifie peu la sociabilité familiale.

B Les solidarités selon le milieu social et l'âge

- Les milieux aisés apportent évidemment une aide financière plus importante, d'autant plus que ces milieux bien informés connaissent les moyens légaux pour faire des dons dans le cadre des modalités fiscales. Ces ménages soutiennent plus souvent leur parenté, matériellement. Par contre, l'aide psychologique existe dans tout milieu.
- Le critère de l'âge ne semble pas le plus déterminant : l'aide apportée à sa famille apparaît aussi bien à 30, 50 ou 70 ans. Les bénéficiaires de l'aide changent avec le temps pour s'inverser : des grands-parents vers les petits-enfants puis des der-

niers (installés après le recherche d'un emploi) vers les premiers (devenus plus âgés). Les solidarités évoluent avec l'âge en même temps que la composition du réseau de parenté change et que les générations s'y succèdent.

2 Les réseaux familiaux de solidarité et leur sens

A Une fréquence plus grande de solidarité

- Les diverses études et enquêtes (Insee, Sofres…) montrent que la fréquence de la solidarité est de plus en plus grande depuis les années 1990. Même dans les milieux les plus modestes (agriculteurs, ouvriers, employés…), les réseaux familiaux sont de plus en plus étendus et actifs. La fécondité joue sur ce plan ; les couples ayant plusieurs enfants, surtout sur trois ou quatre générations, connaissent une forte densité relationnelle.
- Si l'éloignement géographique joue peu, l'innovation technique avec le succès du téléphone portable a probablement un impact, le téléphone venant préparer ou compléter les rencontres, surtout dans les familles de faible dimension. L'effet de génération (être plus à l'aise avec le téléphone) l'emporte sur l'effet d'âge. De ce fait, les générations les plus anciennes ont un potentiel familial plus faible (ce qui a été vérifié, avec des situations d'isolement, lors de la surmortalité due à la canicule d'août 2003).

B La place privilégiée des femmes

- Les études déjà citées de l'Insee (depuis octobre 1997) mettent en exergue la place particulière des femmes, rendant plus de services à leur famille que les hommes, constat à relier à l'évolution de la famille (*Fiche 91*), du couple (*Fiches 91, 93*) et, assurément, du partage du travail domestique (*Fiche 94*). Qu'elles soient actives ou non, les femmes participent plus à l'entraide familiale tant par la diversité des services (« courses », ménage, cuisine, garde d'enfants…) que de leurs fréquences. De même, les démarches administratives de solidarité sont en majorité effectuées par des femmes (qui rencontrent aussi des femmes, plus souvent employées administratives).
- Les femmes ont une sociabilité plus développée (à relier aux codes éducationnels des petites filles en opposition aux petits garçons) qui a un impact sur leur attitude de solidarité familiale. Les femmes semblent avoir plus de capacités psychologiques pour apporter une aide morale, aux membres de la famille, en cas de besoin ; ce constat avait déjà été fait en 1949 par Simone de Beauvoir (*Le deuxième sexe*). Par contre, les hommes ne devancent (légèrement) les femmes que dans les relations avec les collègues de travail, probablement parce qu'ils sont plus nombreux à être actifs.

Les solidarités familiales affichent un véritable démenti face au cri bien connu d'André Gide « Famille, je vous hais ». Ces solidarités sont très probablement la recherche d'un socle de référence alors que l'individualisme s'affirme en France comme dans toutes les sociétés développées capitalistes.

FICHE 97 LES RELIGIONS EN FRANCE

La France connaît deux traditions solidement enracinées : religion et laïcité (Fiche 84)*. Depuis dix siècles, l'histoire de la France reflète leurs conflits, leurs réconciliations temporaires, dominant encore de nombreux aspects de la société* (Fiche 98 *et « voile islamique »). La France est un pays de tradition chrétienne mais dans lequel l'effondrement de la pratique prend les aspects d'une réelle déchristianisation.*

1 Un pays de tradition chrétienne comptant des minorités religieuses

A La présence de monuments religieux

- Comptant beaucoup d'églises (plus de 40 000 paroisses) et de cathédrales (92 diocèses), la France demeure l'un des pays (après l'Italie) ayant le plus de monuments religieux (devenus parfois de hauts lieux touristiques à l'image du Mont-Saint-Michel). Des pèlerinages y sont organisés sous l'égide du Comité général des pèlerinages nationaux. Si l'Église catholique possède une structure administrative solidement hiérarchisée, elle procède, depuis 2005, à un regroupement de paroisses pour faire face à une « crise des vocations », le nombre de prêtres séculiers (55 000 en 1960 ; 25 000 en 2005) diminuant encore plus vite que celui des réguliers (religieux suivant une règle spirituelle bien définis).
- La présence de monuments religieux n'exclut pas une forte tradition de laïcité ; cette dernière remonte au siècle des Lumières. Cette tradition a été légalisée en 1905 par la loi de séparation de l'Église et de l'État (loi ne s'appliquant pas à l'Alsace, à l'époque sous la législation allemande). Ce texte pose le principe de la neutralité de l'État en matière religieuse (même si les bâtiments religieux sont entretenus par lui). Il est interdit en France de faire du prosélytisme, notamment dans la fonction publique, et de mentionner administrativement l'appartenance religieuse (la Commission nationale de l'informatique et des libertés est chargé d'y veiller).

B Les minorités religieuses en France

- La tradition catholique majoritaire n'exclut pas la présence de minorités religieuses. Le protestantisme, à l'origine très répandu en France, est devenu minoritaire après les guerres de religions et la Révocation de l'Édit de Nantes. La France compte moins de 2 % de protestants ; ils restent confinés plutôt en Alsace, Cévennes, Franche-Comté et dans quelques grandes villes (Nantes, Strasbourg). Longtemps divisés, les protestants sont, depuis 1938, unis en grande majorité au sein de l'Église réformée de France.
- Malgré les persécutions et déportations dont les juifs ont été victimes durant la Seconde Guerre mondiale, le culte israélite est resté très vivace, placé sous l'autorité du Consistoire central et du grand rabbin de France. Depuis une décennie, d'autres minorités religieuses apparaissent (bouddhisme), alors que l'Islam est devenu la deuxième religion sous l'effet de l'immigration, notamment maghrébine. Des jeunes mal insérés dans la société ont trouvé dans la pratique reli-

gieuse musulmane, parfois avec un fort militantisme, un moyen de mieux s'intégrer avec une identification sociale ; de plus, des intellectuels ont été séduits par la conception musulmane de la place active de l'individu dans la société.

2 L'effondrement de la pratique religieuse

A Les modification des pratiques religieuses

- Les sondages les plus récents (2004 et 2006) révèlent que les « sans religion » se situent entre 25 et 30 %, les « non-croyants » entre 40 et 45 %. Le nombre des premiers (athées, septiques, agnostiques, déistes – croyants sans religion) est donc inférieur de 15 %. De plus en plus de Français déclarent une appartenance religieuse mais ne croient pas (ou plus) en Dieu. Ce n'est donc pas une « appartenance religieuse » mais une « appartenance culturelle » ; il serait donc plus facile de « se débarrasser de Dieu » que de rompre avec une tradition religieuse.
- L'analyse des mariages est aussi riche d'enseignements ; la baisse des mariages célébrés dans une église a été, jusqu'en 1981, encore plus forte que celle des mariages civils. À la diminution de la nuptialité (*Fiches 92, 93*), affirmée depuis les années 1970, s'ajoute l'effet d'une diminution de la pratique avec une sécularisation croissante des alliances. Cette baisse du nombre de mariages catholiques est accentuée par l'augmentation de divorcés se remariant, l'Église catholique n'acceptant pas le divorce.

B Des attitudes religieuses diversifiées

- Les Français paraissent plutôt rationnels, d'après un sondage d'avril 2003 : 74 % « ne prient jamais » ; 62 % affirment que « la foi ne revêt pas d'importance dans la vie de tous les jours ». Les convictions sont cependant plus affirmées que les pratiques : 12 % sont des pratiquants réguliers, 30 % des pratiquants irréguliers (se limitant, par ordre d'importance décroissante, à quatre fêtes : Toussaint, Pâques, Noël, Pentecôte). Par contre, les pratiquants sont beaucoup plus engagés dans leur paroisse ou dans une spiritualité spécifique, comme en témoigne le nombre croissant des groupes de spiritualité (à l'image de l'Action catholique ou de la « Communauté de Vie chrétienne », constituant aussi de véritables réseaux d'entraide et de solidarité.
- La laïcité a dû faire face à de nouvelles donnes notamment dans le rapport de l'État à l'école confessionnelle (en réalité plus privée que chrétienne) avec les lois Debré (1958), Guermeur (1977) et les accords Lang-Couplet (1993) sur la formation et le recrutement des enseignants de cette école. Aujourd'hui, la laïcité se trouve confrontée à l'Islam, situation nouvelle et complexe puisque l'Islam ne sépare pas religion et politique ; les signes extérieurs d'appartenance (question du voile) ont un poids autant social que religieux.

La France laïque compte donc de nombreux signes extérieurs religieux mais la pratique tend à disparaître. Néanmoins, la religion chrétienne reste une référence culturelle forte (peut-être moins chez les jeunes, d'où le besoin exprimé d'enseignement des faits religieux).

FICHE 98

LES VALEURS DES FRANÇAIS

Les valeurs sont les idéaux collectifs d'une société, influençant les actions des individus dans des degrés divers de la rationalité. Les valeurs sont nombreuses et forment un système hiérarchisé : valeurs centrales, unanimes, structurantes, finales, instrumentales, périphériques, globales, sectorielles, explicites, latentes... (R. Rezsohay, Sociologie des valeurs, *2006). Nommées les « mœurs » par Montesquieu, les « passions » par Tocqueville, la « conscience collective » par Émile Durkheim, les valeurs sont « les manières d'être et d'agir qu'une collectivité reconnaît comme idéal » (Max Weber). Au-delà de la question de la recherche des valeurs des Français, se pose la réflexion de l'évolution de ces valeurs, comme dans toute société occidentale où se développe parfois un « relativisme », notamment chez les jeunes qui, à travers une perte de la hiérarchie des valeurs, trouvent moins de repères sociaux.*

1 Évolution et spécificités des valeurs des Français

A Des valeurs en évolution

- Les valeurs évoluent assez rapidement en France comme dans toutes les sociétés développées. Pour les suivre, les saisir, les étudier, il existe une enquête internationale (*European Value Survey*), à laquelle participe un réseau de chercheurs en sciences sociales ; l'exploitation en est assurée, en France, par l'Association pour la recherche sur les systèmes de valeurs (ARVAL). Trois vagues d'enquêtes ont eu lieu (1981, 1990, 1999) et permettent de suivre toute évolution dans des perspectives comparatives d'une société à l'autre.
- De nettes tendances sont observées mais elles constituent plus une évolution marquée dans le prolongement du passé qu'une révolution : déclin de la religion (*Fiche 97*), croissance de la permissivité, désintéressement à la sphère politique (*Fiche 99*), retour de l'autorité dans le domaine social, tolérance plus accentuée (à l'égard de l'homosexualité notamment), confiance un peu plus grande pour la police et l'armée... Des valeurs centrales demeurent (amitié, honnêteté, respect des droits de l'homme, dignité de la personne), d'autres s'accentuent (la référence à la famille), d'autres encore s'affirment de nouveau dans la « société de consommation » (le sens aigu de la propriété privée qui se révèle dans le langage avec la substitution du pronom possessif à l'article défini : « mes affaires »...). Des valeurs sont latentes (solidarité, justice, bienveillance, respect...), prêtes à être revitalisées en cas de mobilisation (face à la guerre, aux massacres, aux drames humains comme dans le cas du tsunami du 24 décembre 2004).

B Des valeurs plus françaises qu'européennes

- Si de nombreux auteurs (Jean-Baptiste Duroselle, Denis de Rougemont...) ont souligné, depuis plusieurs décennies, l'émergence de valeurs communes aux Européens (attachement à la démocratie, respect du droit...), la France se distingue par des valeurs propres ; ce sont des valeurs originales, mal comprises parfois par d'autres pays (comme les États-Unis) : l'indépendance d'esprit, la laïcité, l'égalité, la liberté individuelle (que reflète assez bien la devise républicaine de « liberté, égalité, fraternité »).

- Parmi ces valeurs, celles laïques, inséparables de l'histoire de la République française, distinguent la France des autres pays de l'Union européenne. La question du « voile » islamique, interdit (comme tout signe religieux ostentatoire) dans les écoles et lieux d'activité, a été très révélatrice. L'attachement à la liberté de penser est aussi manifeste, la France étant l'un des rares pays à avoir voté des lois contre la présence de sectes.

2 Les valeurs révèlent des clivages sociaux en évolution

A Le clivage des valeurs moins marqué

- Les enquêtes montrent de moins en moins de clivages structurant l'opinion des Français ; autrement dit, un plus grand nombre adhérent aux mêmes valeurs. Ainsi, les préférences en matière de religion constituent un clivage moins bien affirmé, les pratiquants étant de moins en moins nombreux. Les Français s'accordent aussi, dans la vieille « tradition colbertiste » sur le fait que l'État a un rôle à jouer, en assurant la justice sociale ; les institutions de protection sociale, même si l'individualisme progresse, gardent toujours une large confiance de l'opinion publique.
- Également, les Français s'accordent sur le fait que, si la laïcité est « sacrée », face à la déchristianisation, il serait utile et nécessaire de développer un « enseignement de culture religieuse » ; loin de tout prosélytisme, il s'agit de redonner aux jeunes les clés de compréhension de la culture passée, tant pour la littérature, l'architecture (religieuse) que l'art (sacré ou non). Pourtant, l'une des personnalités préférées des Français était un prêtre : l'abbé Pierre (Henri Grouès, dit).

B Des clivages encore persistants

- Malgré cette évolution, des clivages demeurent persistants. Le niveau d'instruction est toujours une ligne de clivage marquée tant pour les valeurs familiales que spirituelles (ce qui n'a rien à voir avec la religion comme le souligne le philosophe André Comte-Sponville). Mieux que l'appartenance socioprofessionnelle, le revenu a aussi un impact important, bien après le lieu de résidence, la situation matrimoniale, le statut familial. L'explication est nette : les clivages reflètent une montée de l'individualisme, les valeurs, correspondant toujours à des choix, sont plus dépendantes des destins personnels ou individuels que des appartenances collectives ou sociales.
- Ce point est à relier à la faible participation électorale (*Fiche 99*) – sauf exception comme aux élections présidentielles de 2007 – ; néanmoins, ces mêmes citoyens « abstentionnistes » sont prêts à des actions de protestations (pour l'écologie, contre les mines anti-personnelles...). La consommation (*Fiche 24*) reflète bien l'évolution des valeurs : augmentation de la demande de produits biologiques, souci de sécurité alimentaire (la « traçabilité »), les produits éthiques (le label « Max Havelar ») les « voitures » propres... Mais là les clivages sont marqués selon les groupes.

La France a des valeurs propres la distinguant des autres pays européens surtout avec un attachement à la laïcité. Cependant, depuis près de deux décennies, ces valeurs évoluent imperceptiblement, moyen évident de suivre le changement social.

FICHE 99 LES COMPORTEMENTS POLITIQUES DES FRANÇAIS

Nés de l'extension du droit de suffrage, les partis politiques ont joué un rôle essentiel dans la IIIe (1871-1940) et la IVe (1946-1958) Républiques ; ces partis se sont longtemps organisé sur une opposition de la gauche et de la droite. Durant la Ve République, surtout depuis deux décennies, il devient de plus en plus difficile de répondre aux questions : « qui est de droite ? » ; « qui est de gauche ? ». Les clivages traditionnels s'estompent à mesure que la montée de l'absentéisme à toutes les élections pose clairement les enjeux de la dépolitisation.

1 GAUCHE/DROITE : UNE IDENTIFICATION PLUS DIFFICILE

A Le changement des repères politiques

- Les valeurs de droite comme celles de gauche sont de moins en moins identifiables ; très globalement, dans le dernier quart du XXe siècle, les électeurs de droite soutenaient les valeurs morales (le mariage, la famille…), l'ordre, la sécurité, la libre entreprise…, ceux de gauche réclamaient plus d'égalité entre les personnes, l'intervention de l'État, la présence d'un grand service public… Aujourd'hui, ces différences s'estompent de plus en plus et la distinction n'a plus de contours aussi nets, aussi tranchés. D'après les sondages, les « notions de gauche et de droite sont dépassées » pour 56 % des Français en 1989, 60 % en 1991, 56 % en 1994 ; « elles sont valables » pour seulement 34 %, 30 %, 33 % des Français aux mêmes dates.
- Avec les nouvelles technologies, l'internationalisation, de nouveaux rapports à la consommation, à l'argent, les valeurs du libéralisme tant économique (économie de marché, acceptation des entreprises privées…) que culturel (Internet…) influencent nombre de Français sans référence à leur choix ou couleur politique. À droite, progressent les valeurs de permissivité, de tolérance, de différence, notamment en matière de comportements et de mœurs ; à gauche, bien des valeurs individualistes sont reconnues, souvent acceptées (rôle du profit, de la concurrence, de la Bourse, de la fortune, de la consommation privée au détriment de celle collective…). S'il existe des clivages marqués, ce sont aux marges, extrême droite, extrême gauche, qui ne remportent pas une audience majoritaire.

B Des convergences plus nombreuses que les divergences

- Au-delà du rapport droite/gauche, des points de convergences se multiplient. Les électeurs de droite comme de gauche s'accordent pour reconnaître le rôle des syndicats (même si le taux de syndicalisation en France est faible, *Fiche 66*) ; les « tabous » politiques (profit, gros patrimoine, stock-options…) tendent à disparaître sauf aux marges de l'extrême gauche. La majorité des Français, toutes tendances confondues, reste attachée aux services publics, consciente pourtant de ses lourdeurs, gaspillages, dérives bureaucratiques ; de même, une majorité est favorable à un service minimum en cas de grève. Le rôle de l'État, régulateur de l'économique et du social, est plutôt soutenu tant à gauche qu'à droite, voire aux extrêmes.

- L'offre politique s'est diversifiée et le dualisme droite/gauche perd de sa prégnance, Par contre, il reste tout de même quelques références de gauche et de droite; il existe bien une culture de gauche (plus ouverte à l'immigration, aux étrangers, au PACS, aux valeurs de solidarité, à la conception des prélèvements obligatoires...) et une culture de droite (traditions locales, préséance des valeurs nationales...); autre constante, le degré de pratique religieuse a toujours un impact prégnant parfois complexe (il existe une droite athée et des « catholiques de gauche »).

2 Absentionnisme ou dépolitisation ?

A La montée du nombre d'abstentionnistes

- Les observateurs français ne distinguent pas particulièrement bulletin blanc, bulletin nul... sans compter d'autres règles complexes (bulletin sans enveloppe, bulletin tâché...). De plus, l'obligation d'inscription sur les listes électorales n'existe pas en France. L'abstentionnisme est de plus en plus répandu surtout aux élections européennes (53 % en 1999), aux régionales (42 % en 1998), aux municipales (32,6 % en 2001), un peu moins aux législatives et aux présidentielles; néanmoins, les élections présidentielles de 2007 montrent que les électeurs sont capables de se mobiliser.
- L'anatomie de l'abstentionniste est bien connue grâce à un très grand nombre d'études de sciences politiques, portant surtout sur les élections municipales et législatives; ce sont surtout des jeunes (44 % des 18-24 ans), des habitants des grandes villes (37 % à Paris), des diplômés (32 % des « bac + 2 » contre 24 % n'ayant suivi que les études primaires), les chômeurs (44 %), les personnes sans religion (44 %).

B L'orientation vers d'autres engagements

- L'engagement politique ne se limite pas aux élections et au secret de l'isoloir. À mesure que l'abstentionnisme progresse, de nombreuses formes d'actions collectives, de nature politique, se multiplient. Cette orientation est à relier à la vie associative de défense des intérêts collectifs, au militantisme, aux engagements... De nombreuses manifestations de soutien (durant la guerre des Balkans en 1995), d'opposition (opposition au contrat première embauche ou CPE au printemps 2006) montrent une activité politique engagée et intense. D'autres formes existent encore, des pétitions aux occupations de locaux, en passant par les *sit-in*, les boycottages (notamment contre des produits, des firmes...) pour ne citer que les situations légales; mais, les expressions illégales sont aussi nombreuses (« tags » sauvages, affichage interdit, vandalisme...).
- Toutes ces formes légales sont devenues légitimes aux yeux de l'opinion publique. La composition de nombreuses manifestations dépasse les clivages jeunes/personnes âgées, inclus/exclus, diplômés/non-diplômés... Ces comportements montrent bien que, dans son ensemble, la société française est devenue plus tolérante, plus permissive, plus soucieuse du respect des différences... Bien des éléments qui déroutent les responsables des partis politiques, de plus en plus à la recherche d'un nouveau langage.

Les comportements électoraux des Français révèlent bien un changement social; il s'agit aussi très probablement d'une réaction rationnelle face au discrédit touchant la classe politique affectée d'un bon nombre d'« affaires » tant à gauche qu'à droite.

Fiche 100

RÉGIONALISATION, RÉGIONALISME ET RETOUR DES VALEURS LOCALES

La Révolution française de 1789 fait disparaître les anciennes provinces, les remplaçant par les départements, nouveau cadre administratif pour rompre avec les traditions monarchiques. En 1955, l'aménagement du territoire met en place 21 Régions qui sont délimitées par des décrets de 1964. Malgré l'échec du référendum de 1969, la loi de 1972 crée un réel pouvoir régional, comme dans tous les autres pays européens. Or, dès 1860-1875, le régionalisme (mouvement défendant les particularités des régions) se diffuse; 27 « pavillons régionaux » sont présents lors de l'Exposition universelle de 1937. Face à l'internationalisation, le retour aux valeurs locales n'est-il pas une recherche « de racines » pour retrouver ou garder des repères?

1 Le cadre de la régionalisation

A Le cadre original à l'heure de la globalisation

- Le « village planétaire » annoncé par le sociologue Marshall MacLuhan ne s'est peut-être pas réalisé, mais il faut convenir avec Kenichi Ohmae, porte-parole de la Triade, que l'économie mondiale devenue si puissante a englouti les frontières traditionnelles. En effet, les frontières ou limites, tant nationales que régionales, ont été désactivées par de grands événements, de la chute du Mur de Berlin (1989), aux attentats terroristes du World Trade Center (2001), en passant par la cotation de la société Nestcape en bourse (1995), acte de naissance d'Internet… Ce cadre dominant n'exclut pas un retour des valeurs régionales, un attachement au pays avec son sens de contrée.
- Le mouvement de fond de la globalisation est bien une apparence. D'une part, le régionalisme commercial existe avec la valorisation des produits régionaux et, d'autre part, même le marketing des firmes transnationales se recentre sur une stratégie locale: l'exemple le plus saillant est celui de Coca-Cola avec son slogan *Every Where and Always* mais qui adapte la composition de son produit aux goûts et aux composantes nationales (voire régionales).

B La régionalisation est une réalité prégnante

- La loi de 1972 donne à la Région, définie comme un « établissement public » et non comme une collectivité territoriale (à l'instar des départements et des communes) des pouvoirs importants. La Région a dès lors pour mission centrale de contribuer au développement économique et social régional; cela permet la création de pôles régionaux de compétitivité tenant compte des données locales tant économiques et sociales que géopolitiques. Des enjeux politiques raniment alors le régionalisme et, parfois, des tentations autonomistes apparaissent (en Corse, au Pays basque, moins en Bretagne ou en Alsace).
- À partir de 1981, la régionalisation devient l'élément central de la politique de décentralisation. Par des lois de 1982 et 1983, la Région devient une collectivité territoriale (et non plus un établissement public) administrée par un conseil régional élu au suffrage universel direct. Ses compétences sont nombreuses: aménagement du territoire; promotion du développement économique, social et

sanitaire ; maître d'œuvre du déploiement des activités culturelles, scientifique de la région. Ses attributions ont depuis augmenté au fil des ans : exploitation des ports fluviaux ; gestion et équipement des lycées ; formation professionnelle…

2 Le retour aux valeurs locales : une recherche de repères

A La région, un lieu de vie et un espace économique

- Les sondages montrent un fort sentiment d'attachement à la région qui tend à se développer de plus en plus. Nombre de Français manifestent ouvertement ce sentiment ; c'est le cas des automobilistes affichant un signe « ostentatoire » de rattachement comme le fameux BZH pour Breizh (la Bretagne), ou le drapeau corse, ou l'étendard de Franche-Comté, ou bien de l'Occitanie (ceci est de plus en plus visible lors de rencontres sportives). L'Observatoire du changement social soulignait déjà aux débuts des années 1980 l'attachement grandissant à la région.
- Paradoxalement, la globalisation est aussi un « débouché » pour les valeurs locales : vins (crus régionaux), fromages (indépendamment des lois nationales et des normes européennes imposant le lait cuit et non cru), les produits locaux « labellisés » ont une diffusion accrue, sont le moyen d'une reconnaissance dans un espace plus vaste (le succès du foie gras du Périgord au Royaume-Uni). C'est aussi un atout touristique (*Fiche 29*). Pour K. Ohmae, « la mondialisation entraîne le dépérissement des grands États-nations mais favorise l'émergence de régions économiques », régions non pas repliées sur elles-mêmes, mais ouvertes à la compétition mondiale. La région a donc un bel avenir.

B La région, un espace social, politique et culturel

- Si l'Union européenne se cherche entre régions et nations, la France s'interroge toujours sur son découpage administratif, l'un des plus hiérarchisés du monde (communes, arrondissements, cantons, départements, régions). La région paraît alors privilégiée ; la création de symboles ou logos régionaux comme les prouesses architecturales pour construire les hôtels de Région sont les preuves d'une volonté de visibilité accrue. La région se reconstruit sans cesse, des musées locaux (aux aspects muséologiques plus ou moins scientifiques) aux restaurants régionaux, sans oublier les associations folkloriques, le retour aux musiques régionales, à l'étude de langues régionales (que les candidats ont le droit de présenter aux examens et concours).
- Depuis 1970, le régionalisme apparaît comme une force politique, après avoir souffert de l'intérêt que lui avait porté le régime de Vichy (1940-1944) et du jacobinisme centralisateur. Mais, le régionalisme peut aussi parfois être source d'excès ; certains cas (Corse, Pays basque, la Bretagne des années 1970) montrent qu'il est difficile de démêler le régionalisme du nationalisme local.

La globalisation, probablement par compensation, encourage l'attention au local et à la défense des petites identités. L'ethnologie y gagne, devenant plus proche de celle pratiquée uniquement sur les sociétés exotiques, permettant de conjuguer passion du patrimoine, vision critique et reconsidération des enjeux du « village planétaire ». La phrase de Jean Jaurès est connue : « un peu d'internationalisme éloigne de la patrie, beaucoup y ramène ». L'internationalisation ne sonne donc pas la fin des régions ; l'Observatoire du changement social le soulignait déjà dans les années 1980.

BIBLIOGRAPHIE

Andolfatto Dominique, Labbé Dominique, *Histoire des syndicats*, Paris, Le Seuil, 2006.

Ariès Philippe, Duby Georges (dir.), *Histoire de la vie privée*, tome V, *De la Première Guerre mondiale à nos jours*, Paris, Le Seuil, 1997.

Barbey Adélaïde, Willerval Bernard (dir.), *Encyclopédie touristique des vins de France*, Paris, Hachette, 1994.

Baudelot Christian et Establet Roger, *Avoir 30 ans en 1968 et en 1998*, Paris, Le Seuil, 2000.

Beaud Michel, *Histoire du capitalisme de 1500 à nos jours*, Paris, Le Seuil, 1990.

Beitone Alain, Parodi Maurice, Simler Bernard, *L'économie et la société française au second XXe siècle*, Paris, Armand Colin, coll. « U », 1994.

Beitone Alain, Beloeil-Benoist Yves Jean et *alii*, *Analyse économique et historique des sociétés contemporaines*, Paris, Armand Colin, coll. « Prépas économie », 2007.

Becker Jean-Jacques, *Histoire politique de la France depuis 1945*, Paris, Armand Colin, 1988.

Berger Suzanne, *Made in Monde. Les nouvelles frontières de l'économie mondiale*, Paris, Le Seuil, 2006.

Blanpain Nathalie, « Les Français se parlent de moins en moins », Insee, *Première*, n° 571, mars 1998.

Boissonat Jean, *Le travail dans vingt ans*, Commissariat général au Plan, La Documentation française, 1995.

Boltanski Luc, *Les cadres. La formation d'un groupe social*, Paris, Éditions de Minuit, 1982.

Borne Dominique, *Histoire de la société française depuis 1945*, Paris, Armand Colin, coll. « Cursus », 1998.

Boudon Raymond, *L'inégalité des chances*, Paris, Armand Colin, 1973.

Bourdelais Patrice, *L'âge de la vieillesse. Histoire du vieillissement de la population*, Paris, Odile Jacob, 1997.

Bourdieu Pierre, *La misère du monde*, Paris, Le Seuil, coll. « Points », 1998.

Bourdieu Pierre, *Liber*, Paris, Le Seuil, 1999.

Braudel Fernand, *Identité de la France*, Tome I, *Espace et histoire*, Paris, Flammarion, coll. « Champs », 1990.

Camplong Louise, *Pauvres en France*, Paris, Hatier, 1992.

Carsalade Yves, *Les grandes étapes de l'histoire économique*, Paris, Ellipses, 1998.

Chaunu Pierre, *La France*, Paris, Fayard, coll. « Pluriel », 1985.

Chauvel Louis, *Le destin des générations. Structure sociale et cohortes en France au XXe siècle*, Paris, PUF, coll. « Le lien social », 1999.

Chevalier Louis, *Classes laborieuses et classes dangereuses*, Paris, Perrin, 2002.

Collectif, « La société française contemporaine », *Cahiers français*, n° 191, mai-juin 1999.

Crenner Emmanuelle, « Famille, je vous aide », Insee, *Première*, n° 631, février 1999.

Crozet Yves et *alii*, *Les grandes questions de l'économie française*, Paris, Nathan, 1997.

Dejours Christophe, *Souffrance en France*, Paris, Le Seuil, 1998.

Dewitte Philippe (dir.), *Immigration et intégration. L'état des savoirs*, Paris, La Découverte, coll. « Textes à l'appui », 1999.

Dirn Louis, *La société française en tendances*, Paris, PUF, 1990.

Dubar Claude, *La crise des identités*, Paris, PUF, 2000.

Dubet François, *La galère. Jeunes en survie*, Paris, Fayard, 1987.

Duby Georges (dir.), *Histoire de la France urbaine*, tome V, *La ville aujourd'hui*, Paris, Le Seuil, 1985.

Dumont Gérard-François, *Les racines de l'identité européenne*, Paris, Économica, 1999.

Durand Jean-Pierre, Merrien François-Xavier, *Sortie de siècle : la France en mutation*, Paris, Vigot, coll. « Essentiel », 1996.

Eck Jean-François, *Histoire de l'économie française depuis 1945*, Paris, Armand Colin, coll. « Cursus », 1990.

François Michel (dir.), *La France et les Français*, Paris, Gallimard, coll. « Encyclopédie de la Pléiade », 1972.
Galbraith John Kenneth, *Le Nouvel État industriel*, Paris, Gallimard, coll. « NRF », 1967.
Galland Olivier, Lemel Yannick, *La nouvelle société française : trente années de mutation*, Paris, Armand Colin, coll. « U », 1998.
Gerbet Pierre, *La construction de l'Europe*, Paris, Imprimerie nationale, 1983.
Gravier Jean-François, *Paris et le désert français*, Paris, Flammarion, 1958 (1re éd. 1947).
Halbwachs Maurice, *La classe ouvrière et les niveaux de vie*, Paris, 1912.
Herpin Nicolas, Verger Daniel, *La consommation des Français*, Paris, La Découverte, coll. « Repères », 1999.
Hoggart Richard, *La culture du pauvre. Essai sur le style de vie des classes populaires en Angleterre*, Paris, Éditions de Minuit, 1971 (1re éd. 1957).
Iribarne Philippe d', *L'étrangeté française*, Paris, Le Seuil, 2006.
Joffrin Laurent, *La régression française*, Paris, Le Seuil, 1992.
Kaeble Hartmut, *Vers une société européenne. 1880-1980*, Paris, Belin, 1998.
Le Bras Hervé, *Essai de géométrie sociale*, Paris, Odile Jacob, 2000.
Lecerf Jean, *Histoire de l'unité européenne*, Tome III, *La Communauté face à la crise*, Paris, Gallimard, 1984.
Lévy-Leboyer Maurice, « Le patronat français a-t-il été malthusien ? », *Le mouvement social*, 1974.
Maruani Margaret, *Travail et emploi des femmes*, Paris, La Découverte, coll. « Repères », 2000.
Mendras Henri, *La seconde révolution française (1965-1984)*, Paris, Gallimard, coll. « Folio Essais », 1994.
Mendras Henri et Forsé Michel, *Le changement social*, Paris, Armand Colin, coll. « U », 1983.
Montoussé Marc (dir.), *Analyse économique et historique des sociétés contemporaines*, Paris, Bréal, 2007.
Niel Xavier, « L'état de la pratique religieuse en France », Insee *Première*, n° 570, mars 1998.
Noiriel Gérard, *Le creuset français. Histoire de l'immigration XIXe-XXe*, Paris, Le Seuil, 1988.
Pan Ké Shon Jean-Louis, « D'où sont mes amis venus… ? », Insee, *Première*, n° 613, octobre 1998.
Piketty Thomas, *Les hauts revenus en France au XXe siècle*, Paris, Grasset, 2001.
Rezsohay Rudolf, *Sociologie des valeurs*, Paris, Armand Colin, 2006.
Rocher Guy, *Introduction à la sociologie générale*, Paris, Le Seuil, 1968.
Roussel Louis, *La famille incertaine*, Paris, Odile Jacob, 1989.
Schwartz Olivier, *Le monde privé des ouvriers*, Paris, PUF, coll. « Quadrige », 2002 (1re éd. 1990).
Singly François de, *Fortune et infortune de la femme mariée*, Paris, PUF, 1987.
Sirinelli Jean-François, Couty Daniel, *Dictionnaire de l'Histoire de France*, 2 vol., Paris, Bordas, 2003.
Supiot Alain, *Au-delà de l'emploi*, rapport pour la Commission européenne, Paris, Flammarion, 1999.
Tocqueville Charles Alexis de, *De la démocratie en Amérique*, T. I : *1835*, T. II : *1840*, Paris, Flammarion, coll. « GF », 1981.
Touraine Alain, *Pourrons-nous vivre ensemble ?*, Paris, Fayard, 1997.
Tournier Éric, *Économie et société française depuis 1973*, Paris, Nathan, coll. « Circa », 1999.
Tribalat Michèle, *Faire France*, Paris, La Découverte, 1995.
Van Zanten Agnès, *Éducation : l'état des savoirs*, Paris, La Découverte, 2000.
Verley Patrick, *L'échelle du monde. Essai sur l'industrialisation de l'Occident*, Paris, Gallimard, 1997.
Weber Eugen, *Ma France*, Paris, Fayard, 1991.
Wieviorka Michel, *La différence*, Paris, Balland, 2000.

INDEX DES NOMS DE PERSONNES

■ *Les termes recensés dans cet index sont accompagnés du numéro de la fiche dans laquelle ils apparaissent.*

INDEX DES NOMS DE LIEUX

■ *Les termes recensés dans cet index sont accompagnés du numéro de la fiche dans laquelle ils apparaissent.*

INDEX DES SIGLES

■ *Les termes recensés dans cet index sont accompagnés du numéro de la fiche dans laquelle ils apparaissent.*

J

L

N

O

P

R

S

T

U

Z

INDEX DES NOTIONS

■ *Les termes recensés dans cet index sont accompagnés du numéro de la fiche dans laquelle ils apparaissent.*

Aubin Imprimeur
LIGUGÉ, POITIERS

Achevé d'imprimer en août 2007
N° d'impression P 71345
Dépôt légal, août 2007
1702007/01
Imprimé en France